El fulgor de la noche

El fulgor de la noche

El comercio sexual en las calles
de la Ciudad de México

Marta Lamas

OCEANO

Diseño de portada: Cristóbal Henestrosa

EL FULGOR DE LA NOCHE
El comercio sexual en las calles de la Ciudad de México

© 2016, Marta Lamas

D.R. © 2017, Editorial Océano de México, S.A. de C.V.
Eugenio Sue 55, Col. Polanco Chapultepec,
C.P. 11560, Miguel Hidalgo, Ciudad de Mexico
Tel. (55) 9178 5100 • info@oceano.com.mx

Primera edición: 2017

ISBN: 978-607-735-965-4

Impreso en México / Printed in Mexico

Para Ana Luisa Liguori,
que tenía razón

ÍNDICE

A modo de introducción, 11

    I. Algunos antecedentes históricos, 19
   II. Mi llegada al *ambiente* de la *prostitución*, 43
  III. Hay de todo. Las trabajadoras y sus circunstancias, 71
  IV. Los clientes y su criminalización, 107
    V. El nuevo abolicionismo y el nuevo activismo, 133
  VI. ¿Un trabajo como cualquier otro?, 161
VII. Conclusión: *el fulgor de la noche*, 189

Notas, 213

Bibliografía, 227

Índice analítico, 241

A MODO DE INTRODUCCIÓN

¿**P**or qué el trabajo sexual es el trabajo mejor pagado para las mujeres?,[1] ¿qué implica la *invisibilidad* de los clientes?, ¿qué significa hablar de las mujeres que *venden sus cuerpos* y qué significa callar sobre los hombres que los compran?, ¿por qué se etiqueta a todas las trabajadoras sexuales como víctimas y se despliegan operativos para rescatarlas?

Justo sobre el trabajo sexual se desarrolla uno de los debates más encarnizados del feminismo: una parte sustancial del movimiento plantea la necesidad de acabar con la *prostitución* por considerarla una práctica degradante y opresiva para las mujeres, mientras que otra sostiene que la lucha debe ser por la legalización y el reconocimiento de los derechos laborales de estas trabajadoras. Las feministas estamos divididas al respecto: hay quienes subrayan la autonomía en la toma de tal *decisión*, mientras que otras insisten en la *explotación* y coerción. Ahora bien, estas posturas no son excluyentes entre sí: puede haber tanto decisión como explotación, tanto autonomía para ciertos aspectos, como coerción para otros (Widdows, 2013). Algunas feministas argumentan que ninguna mujer *elige* prostituirse, que siempre son engañadas u orilladas (por traumas infantiles de abuso sexual); otras, entre las que me encuentro, consideramos que la mayoría lleva a cabo un análisis del panorama laboral y prefiere la opción de un ingreso superior ante las demás posibilidades que están a su alcance. *Elegir* en este caso no implica una total autonomía, ni siquiera supone optar entre dos cosas equiparables, sino escoger, no un bien, sino el menor de los males. Yo he tomado partido en esta disputa y en estas páginas intentaré explicar mi posición.

Este libro es producto de mi feminismo y de la información que me han brindado decenas de trabajadoras sexuales independientes con las cuales he compartido tiempo y sueños. Por eso intento relatar lo que han sido estos 27 años de experiencias, investigación y reflexiones en torno a eso que se sigue mal llamando *prostitución.*

Las connotaciones denigrantes que tiene este término lo hacen una forma extremadamente sexista de referirse al comercio sexual, ya que sólo se *prostituye* la mujer, no el cliente. En este trabajo uso el término *comercio sexual* para lo relativo al conjunto de transacciones en torno a la compraventa de servicios sexuales y el de *trabajo sexual* para el desempeño de las mujeres en la relación con el cliente. A lo largo del texto mantengo en cursivas mi uso del término *prostitución* para fines de recordatorio sobre su carácter sexista. Cuando cito, lo dejo tal cual lo usan los autores, sin comillas ni cursivas.

A finales de los años ochenta, inicié una relación de acompañamiento político a trabajadoras sexuales de la vía pública en la Ciudad de México, que después derivó en la realización de una investigación antropológica. Desde entonces a la fecha, he continuado la relación política con algunos grupos de trabajadoras sexuales independientes, incluso colaboré en el establecimiento de una casa de retiro para trabajadoras sexuales ancianas. Luego conocí a un grupo de trabajadoras independientes y politizadas del metro Revolución, las acompañé en varias ocasiones en su proceso de lucha y compartí un trecho de su camino de reflexión. Recientemente, en 2014, me encontré con otras trabajadoras sexuales independientes que habían logrado, luego de un litigio jurídico, que una juez reconociera su condición de trabajadoras no asalariadas, y obligara al gobierno de la Ciudad de México a otorgarles la licencia correspondiente para laborar en la vía pública. Desde entonces establecí una relación de colaboración con la asociación civil que las apoya: Brigada Callejera, y retomé el tema del comercio sexual en la calle, tanto como activista como en mi trabajo intelectual, presentando ponencias y dando conferencias.

No he estudiado a trabajadoras sexuales en locales cerrados (estéticas y departamentos), ni a las *escorts,* que trabajan vía el internet o ciertas agencias de modelos. No conozco lo que dicen las universitarias que llevan a cabo, de manera esporádica, servicios sexuales a cambio de promociones laborales, viajes, regalos o diversos "apoyos" económicos. Por eso no hay que olvidar que el mundo del comercio sexual es mucho más de lo que ocurre en la calle, aunque en estas páginas solamente se atisbe esa parte.

Tampoco investigué el intercambio íntimo de las trabajadoras callejeras con los clientes, ni las rutinas y zozobras de lo que es el acto propiamente sexual. Mi proceso de investigar y documentar se limitó a una escucha de lo que las trabajadoras dicen y a apuntalar mi reflexión con escritos e investigaciones de otras personas. Indudablemente explorar esa dimensión oculta del comercio sexual es un desafío que espero que otra investigadora aborde.

A lo largo de estos años he visto cambios sorprendentes, tanto en la autoconciencia de las trabajadoras como en la postura de varios grupos de la sociedad, y en estas páginas quiero consignar mi nivel de compromiso con el tema, en especial, mi postura ante la contraposición que circula hoy, en la Ciudad de México (y en muchas partes del mundo), entre un discurso que habla de todas las mujeres que trabajan en el comercio sexual como *víctimas* (y por lo tanto pretende la erradicación total de esa labor), en oposición a otro enfoque que reivindica los derechos laborales de quienes trabajan en ese oficio. La perspectiva crítica sobre el comercio sexual a la que me adhiero reconoce el gravísimo problema de la trata y considera que hay que combatirla de formas más eficaces. La trata y el tráfico de personas son un pavoroso flagelo criminal, del cual la explotación sexual es sólo una parte. Pero se puede exigir que los gobiernos desarrollen mejores estrategias ante el horror de la trata y, al mismo tiempo, que reconozcan los derechos de las trabajadoras sexuales; quienes, por cierto, son grandes aliadas en procesos de detección y rescate de mujeres que han sido secuestradas y son forzadas a otorgar servicios sexuales.

El motor que me ha impulsado a escribir este libro ha sido mi preocupación por la manera en que en el neoabolicionismo se distorsiona el fenómeno del comercio sexual, se respaldan posiciones puritanas sobre

13

el sexo y se obstaculizan formas de regulación que otorgarían derechos a las trabajadoras sexuales callejeras y disminuirían su vulnerabilidad.

Estas páginas tienen tres objetivos: 1) ofrecer un recorrido histórico de por qué hoy se mezclan los conceptos de comercio sexual y trata; 2) dar cuenta del nuevo activismo a favor de las trabajadoras sexuales, y 3) explicar qué es el neoabolicionismo y las consecuencias de su manipulación discursiva que mezcla comercio sexual y trata.

No daré un panorama de lo que está ocurriendo en todo el mundo, ni siquiera en todo el país: me centro en la Ciudad de México. Sin embargo, aludo a la influencia que la política de Estados Unidos tiene, así como a algunas experiencias europeas. Cito varias investigaciones, pero no comento casos notables de organización de las trabajadoras sexuales, como los que ocurren en la India y Tailandia (Kempadoo y Doezema, 1998; Kempadoo, 2012). Hay mucha y muy buena investigación al respecto, a la que remito en la bibliografía.

Tampoco profundizo en la interpretación psicoanalítica, aunque sí la menciono. Ésta deposita una explicación en los deseos inconscientes y las pulsiones, que complementa la justificación económica de la persistencia del comercio sexual y registra la complejidad psíquica que también acompaña e impulsa su demanda y oferta. Pero la realidad psíquica requiere ser abordada con una metodología diferente, lo que rebasa totalmente mi formación profesional.

Como antropóloga, pretendo esclarecer las causas culturales que han llevado a la intensa contraposición de posturas que se manifiesta actualmente. Y como activista/feminista me interesa también dar cuenta de una de las consecuencias de tal contraposición: la polarización política entre feministas. Hoy en día están, por un lado, quienes hablan de *abolir* el comercio sexual y *rescatar* víctimas, y del otro quienes reclaman derechos laborales para trabajadoras sexuales, como hago yo. Esas dos posturas han tenido efecto en las políticas públicas y en la ley, por eso en la Ciudad de México hay operativos *antitrata* que acosan y detienen a las trabajadoras sexuales, al tiempo que existe una resolución judicial que obliga al gobierno de la Ciudad de México a reconocer sus derechos laborales.

14

Behind sexual division of labor [handwritten marginal note]

Her Think [handwritten marginal note]

Varias interrogantes atraviesan mi reflexión: si el trabajo sexual es la actividad mejor pagada para cientos de miles de mujeres[2] en nuestro país, ¿por qué hay tanta resistencia a regularlo y a otorgar derechos laborales?; si la llamada *prostitución* no es delito, ¿por qué se prohíben formas de organización de ese trabajo?, y finalmente, ¿por qué las *buenas conciencias* se rasgan las vestiduras ante la *explotación* sexual y permanecen en silencio ante la explotación laboral de otras trabajadoras?

Me indigna el discurso flamígero que condena al comercio sexual como un mal absoluto y representa a todos los clientes como *depredadores*, incluso como *psicóticos*, pues distorsiona e incita la exigencia de su criminalización y la total erradicación de cualquier forma de comercio sexual. Esta postura del neoabolicionismo es peligrosa, porque ignora las variadas maneras de desempeñar ese trabajo y desvía la atención de la violencia económica estructural que impulsa a las mujeres al trabajo sexual. Indudablemente muchas de las mujeres y adolescentes que ingresan al comercio sexual son inducidas mediante el consumo de drogas o enganchadas *por amor* a sus padrotes. Sin embargo, no hay que olvidarlo: también hay quienes realizan una fría valoración del mercado laboral y eligen la estrategia de vender servicios sexuales para ganar buen dinero, cambiar de residencia, independizarse, incluso pagarse una carrera universitaria o echar a andar un negocio. En ese sentido, más que un claro contraste entre el trabajo libre y el trabajo forzado se da un *continuum* de relativa libertad y coerción. Es indudable que lo que Marx calificó como el "inhumano poder del dinero" cohabita regularmente con la sexualidad, y está entretejido con variadas formas de poder. Una mezcla de creencias, tabúes y rechazos tiñe el entrecruzamiento de la actividad económica y las relaciones sexuales. Sin embargo, mientras que los cuerpos de los hombres deambulan libremente por las variadas formas de la sexualidad comercial, los cuerpos de las mujeres lo hacen bajo el estigma, la violencia y el riesgo.

Diopura [handwritten marginal note]

En torno al comercio sexual hay políticas de salud pública que requieren, para ser eficaces, un trabajo de colaboración entre el gobierno y las trabajadoras sexuales (Gruskin *et al.*, 2013). En este libro apenas menciono las posiciones de los especialistas en el tema; tampoco ahondo en el valioso trabajo de instancias como Censida, el Instituto Nacional de

15

Salud Pública y ONUSIDA, pues me centro en desplegar argumentos relativos a cómo se conceptualiza el comercio sexual, más que a dar cuenta con detalle de su impacto en la salud pública. Ana Luisa Liguori continuamente me ha señalado que, desde las instancias de salud que trabajan la problemática de las infecciones de transmisión sexual, resulta impensable no tomar en cuenta a las trabajadoras sexuales ni respetar sus derechos. Pero no profundizaré en ese tema, pues mi objetivo en estas páginas es desarrollar una perspectiva que conduzca a la aceptación de las ventajas humanitarias, políticas y de salud pública que tendría el reconocimiento de formas de organización del trabajo sexual, que permitan a las mujeres trabajar de manera independiente y fuera de las mafias.

Hago otra puntualización: en este libro hablo únicamente de mujeres no porque no sepa de la existencia de trabajadores sexuales varones, sino porque siempre he realizado mi trabajo como activista y como investigadora con ellas. Pero los imprescindibles cambios en la regulación del comercio sexual por los que abogo también los beneficiarían.

Una de mis mayores preocupaciones es la actual ambigüedad jurídica que alienta la violencia y el peligro para las trabajadoras sexuales. Nuestra legislación está llena de omisiones e incongruencias: aunque la prostitución individual y libre es legal, se penaliza cualquier forma de organización del trabajo sexual como si fuera lenocinio. Así, si tres o cuatro amigas decidieran trabajar juntas, a quien rente el departamento se la podría acusar de *lenona*. Igual ocurre con los familiares (madres, hermanos, hijos) que acompañan a las trabajadoras. Es necesario terminar con la hipocresía social de aceptar que una mujer se venda *libremente*, con todos los riesgos que implica hacerlo sola, y reconocer formas de organización del trabajo que no son lenocinio. También es necesario difundir el hecho de que en la Ciudad de México ya se reconoce legalmente el trabajo sexual en la vía pública como un trabajo no asalariado, así como respaldar a quienes ya tienen la licencia (que aprueba su condición laboral) y luchan por sus derechos. Las intervenciones más eficaces a las políticas públicas en relación con prevención de violencia no deben consistir en la prohibición de ese oficio sino en modificar las condiciones estructurales que llevan a ejercerlo. Reconocer sus derechos y dar oportunidades laborales desincentiva el abuso machista en todas sus formas: el de los clientes, los policías, los funcionarios, incluso el de sus parejas. Nada de esto va a ocurrir por magia. Es indispensable que las mujeres que se dedican al trabajo sexual hagan lo mismo que quienes ya obtuvieron sus licencias: organizarse, iniciar litigios jurídicos y hacer intervenciones políticas como las que consigno en estas páginas. Y es imperativo que los académicos realicemos investigaciones y las difundamos, y que los periodistas investiguen e informen, y así se conozca la complejidad de una situación que no debe ser reducida a los términos maniqueos que plantea el neoabolicionismo.

Por último, resulta significativo que las feministas asuman posturas contrarias: de un lado están quienes insisten en la *explotación*, la coerción y el sufrimiento, mientras que del otro nos encontramos quienes pensamos que hay múltiples formas de comercio sexual, y que puede haber elección, a pesar de la explotación (como suele ocurrir con todos los trabajadores en el capitalismo), y que también puede haber cierta autonomía y estrategia laboral, incluso un tipo de goce.[3]

He decidido poner mi reflexión por escrito, pues con demasiada frecuencia me encuentro explicando mi postura y tratando de establecer un puente entre enfoques que parecen irreconciliables. Ahora bien, no pretendo contar la historia de todo lo sucedido. Este libro es un acercamiento, personal y limitado, a una parte de lo que ha ocurrido en la Ciudad de México. Hay muchas más cosas que contar, pero mi eje es justamente el vínculo que tuve con algunas de estas trabajadoras. Y, aunque este relato no hubiera sido posible sin el apoyo de las propias trabajadoras sexuales independientes, de compañeras solidarias con su causa, como Adela y Margarita, y el compromiso de la organización ciudadana Brigada Callejera, soy la única responsable de lo que aquí expreso. Probablemente ellas discrepen con varias de mis apreciaciones, y den una interpretación distinta de lo sucedido. Sin embargo, les agradezco todo lo que me han dado a lo largo de estos años: información, apoyo, aventuras y solidaridad. También doy las gracias al Programa Universitario de Estudios de Género (PUEG) de la UNAM, donde laboro, que me permite combinar mi trabajo académico con mi activismo.

Además, la lectura previa de este texto se benefició de los comentarios y críticas de Jean Franco, Chaneca Maldonado, Jenaro Villamil, Elvira Madrid, Jaime Montejo (de Brigada Callejera), María Teresa Priego, Patricia Uribe Zúñiga, Fabio Vélez y Ana Luisa Liguori, quien durante años me insistió en que había que enfrentar la ola neoabolicionista que invadía crecientemente el discurso sobre el comercio sexual. A ella le debo su impulso constante para actuar y difundir las consecuencias negativas que implica el neoabolicionismo. A mi editor en Océano, Pablo Martínez Lozada, le agradezco sus valiosas sugerencias.

I
Algunos antecedentes históricos

En torno a la sexualidad se organiza la vida social y las personas son clasificadas según esquemas que valoran o estigmatizan ciertas prácticas y conductas. Por eso, las relaciones sexuales nunca son simplemente el encuentro de dos cuerpos, sino que también son una representación de las jerarquías sociales y de las concepciones morales de una sociedad (Illouz, 2014). En México, una creencia general que circula ampliamente es la de que los hombres *necesitan* sexo, y que las mujeres lo *otorgan*, sea que lo regalen amorosamente, lo intercambien por favores o lo vendan. Sí, la relación sexual suele ser concebida como un servicio que requieren los hombres y que las mujeres dan, algunas *gratuitamente* en el ámbito privado (a cambio de manutención y seguridad), mientras que en el ámbito público las *prostitutas* lo intercambian por dinero.[1] Además existe una amplia gama de arreglos intermedios, como el intercambio de favores sexuales por promociones laborales, compensaciones salariales u otro tipo de beneficios. También existen prácticas y arreglos sexuales entre varones, pero como ya dije, de ellos no hablaré, puesto que he enfocado mi trabajo de acompañamiento político e investigación antropológica en las mujeres.

En México, la llamada *prostitución* se ha ido transformando a lo largo de los siglos, entretejiéndose con aspectos económicos (como el mercado laboral y el desempleo), restricciones de orden ideológico (como la distinción entre los trabajos *femeninos* y los *masculinos*) o el contrato matrimonial (con transformaciones causadas por cambios demográficos, económicos o culturales). Actualmente, el término *prostitución* se refiere a un fenómeno muy extendido que engloba diversos tipos de actividades (jerarquizadas económica y socialmente) clandestinas, públicas y semioficiales, que van desde el *taloneo* hasta la refinada atención de alto nivel, que es moneda de cambio entre políticos y hombres de negocios.

Los investigadores hablan del crecimiento y la expansión del comercio sexual, lo que expresa no sólo un fenómeno económico sino también una transformación cultural (Weitzer, 2012; Kempadoo, 2012). Este notorio aumento surge de la liberalización de las costumbres sexuales y de la apertura neoliberal de los mercados que han permitido la expansión de la industria sexual como nunca antes, con una proliferación de nuevos productos y servicios: shows de sexo en vivo, masajes eróticos, *table dance* y *strippers*, servicios de acompañamiento (*escorts*), sexo telefónico y turismo sexual (Altman, 2001). Aunque las drogas y el VIH han impactado dramáticamente a la industria mundial del sexo, ésta se ha convertido en empleadora de millones de personas que atraen a una gran cantidad de clientes. Los empresarios de esta industria tienen agencias de reclutamiento y sus operadores vinculan a los clubes y burdeles locales de varias partes del mundo, en un paralelismo con las empresas transnacionales. Y al igual que éstas, algunas se dedican a negocios criminales, como la trata de personas.

A pesar de las diferencias que hay entre el tipo de trabajo sexual que realizan las mujeres, es generalizada la apreciación social de que *se prostituyen*, mientras que quienes compran sus servicios no son estigmatizados. Esta diferencia sustantiva es lo que llamo la *marca del género*,[2] que condensa las concepciones sociales en torno a lo que significa ser hombre o mujer en México. ¿Por qué en nuestra cultura se valora de manera diferenciada la actividad sexual, gratuita o comercial en los varones y en las mujeres?, ¿por qué el ideal cultural de virtud femenina se basa en la represión de la sexualidad?, ¿por qué la *castidad* y el *recato* se han constituido como características femeninas esenciales? Responder a estas interrogantes implica desentrañar la génesis de lo que hoy se conoce como doble moral sexual.

Cuando inicié el trabajo de *acompañamiento* político a trabajadoras sexuales callejeras poco sabía yo de la *prostitución* en México; sólo había leído los textos de Salvador Novo (1979), Carlos Monsiváis (1981) y Sergio González Rodríguez (1989) y había visto las inefables películas mexicanas con escenas de cabaret o de burdel. Busqué estudios sobre la *prostitución* en nuestro país,[3] que no voy a glosar ni analizar aquí, pues lo que pretendo va en otra dirección: desarrollar un argumento político. Sin embargo, consignaré brevemente algunos datos históricos básicos para enmarcar el fenómeno de la *prostitución* femenina como un proceso de larga duración que se desarrolla hasta nuestros días, en el cual confluyen usos y costumbres, tanto de los antiguos mexicanos como de los españoles. Para ese propósito, más que hacer una *arqueología* con precisas referencias cronológicas, haré un breve recorrido histórico con la intención de comprender la *prostitución* como un *habitus* (Bourdieu, 1991) de nuestra cultura.

En México, la forma de pensar la sexualidad ha estado determinada por la construcción social del género (que divide al mundo en lo *propio de los hombres* y lo *propio de las mujeres*), que es una de las características culturales del contexto histórico. Antes de la llegada de los conquistadores españoles, en nuestro país la *prostitución* era un hecho común y corriente. Al parecer, en la época prehispánica existieron varias formas de *prostitución*: la hospitalaria (la sociedad azteca conoció la fórmula de recibimiento a los extranjeros), la religiosa o ritual (que alegraba el reposo del guerrero o las últimas horas de las víctimas destinadas al sacrificio) y la civil. Enrique Dávalos López (2002) revisó los textos que un grupo de frailes historiadores[4] elaboró acerca de las prácticas sexuales del México antiguo. Al analizarlos y cotejarlos con otras fuentes, surgieron elementos que lo llevaron a sugerir que "la cultura sexual de los indios mexicanos presentaba rasgos notablemente diferentes a los esbozados en el discurso de los frailes historiadores" (2002: 6). Para los religiosos, por sus concepciones, creencias y valores sobre la sexualidad era "inconcebible tratar el deseo, el placer y las prácticas sexuales sin condenarlas a la vez" (2002: 81), lo cual condicionó su trabajo. De ahí la reserva con la que manejaron ciertos temas o el silencio que guardaron sobre determinados aspectos.

Respecto a la *prostitución* religiosa, en México las *alegres* constituían no sólo "una especie de premio para los guerreros destacados" (2002: 23), sino que además eran protagonistas de ceremonias. Tal parece que "ciertas sacerdotisas o monjas de los templos/escuelas cumplían funciones sexuales/religiosas" (2002: 23). Según este historiador, varios elementos sugieren que probablemente sacerdotisas y *alegres* no estaban diferenciadas, como ocurría en España. Dávalos insiste en que Sahagún, siguiendo el esquema ideológico hispano, dividió a *prostitutas* y sacerdotisas, distinción que los frailes remarcaron a partir del modelo europeo de las rameras y las monjas. Aunque los frailes trataron de separar a las sacerdotisas de las *alegres*, la oposición entre *puta* y *decente* "no correspondía a las instituciones religiosas y educativas del México prehispánico" (2002: 25).

Tanto Dávalos como Moreno de los Arcos comparten una certeza: los textos indígenas permiten atisbar formas de intercambio sexual distintas, más libres, no estigmatizadas. En esa época había varios nombres para designar a las mujeres, siendo el más común *ahuianime* (del verbo *ahuia*, que significa *alegrar*), por lo cual Moreno de los Arcos (1966), siguiendo a Miguel León-Portilla (1964), las designa como *alegradoras*. Alfredo López Austin (1998) discrepa de tal traducción y, a su vez, señala que se trata simplemente de las *alegres*. Las *prostitutas* andan alegres por la calle y se enorgullecen de lucirse y embellecerse. Dávalos encuentra que las *alegres* contaban con un singular reconocimiento social y religioso, e igual que Moreno de los Arcos, se interroga sobre el término que alude a la *puta honesta*.[5] Lo incomprensible para los cronistas españoles que intentaban registrar una cultura tan distinta era la existencia de una *puta* sin estigma. También los sorprendió que los indios no las tuvieran segregadas en barrios, calles o casas especiales y que se confundieran con las buenas mujeres. Todos los estudiosos afirman algo significativo: no había espacios especiales para la prostitución, ni casas específicas para su trabajo, cada mujer vivía donde le apetecía. Sahagún es quien trata con más extensión el asunto, describiendo con todo detalle a las *prostitutas* y sus actividades: "es andadora o andariega, callejera y placera, ándase paseando, buscando vicios, anda riéndose, nunca para y es de corazón desasosegada" (Sahagún, 1956: 129-130). Como no coincidían con sus valores culturales, las relaciones sexuales indígenas (distintas, abiertas, sin estigmas) les resultaron incomprensibles a los frailes, que resolvieron la contradicción censurándolas (consciente e inconscientemente) y eliminando las referencias a ellas, aunque algunas se les escaparon.

Con la llegada de los españoles, ante el arribo de una población principalmente masculina que había dejado a esposa o amante en España, se desarrolló muy pronto el modelo de comercio sexual hispano. La *prostitución* que se extendió en México y se practicó durante todo el periodo virreinal es parecida a la que se ejerció en los reinos hispánicos al final de la Edad Media: bajo el control de proxenetas o alcahuetas, con un limitado margen de acción de las mujeres (Atondo Rodríguez, 1992).

Carmen Nava (1990) consigna la autorización expresa de la corona española para la construcción de un burdel en 1524 y el permiso para una casa de mancebía en 1538. A través de las *casas públicas* oficiales, la corona española ejerció control sobre los burdeles. La práctica de una *prostitución* con rasgos domésticos, arraigada frecuentemente en el medio familiar, generó *tolerancia* y convivencia, pero las mujeres que se dedicaban a esta actividad dejaron de ser bien vistas, a diferencia de las *alegres* entre los antiguos mexicanos, y comenzaron a ser consideradas *mujeres de la mala vida*. Las mujeres *públicas* en los siglos XVI y XVII novohispanos contaban con la *protección* de proxenetas y alcahuetes, incluso podían ser su madre o su marido, quienes hacían las transacciones con los clientes, y su relación se extendía a lo largo de toda su vida. Esa variante doméstica del comercio sexual se transformó en el siglo XVIII ubicándose en las calles y las tabernas; así despuntaron formas distintas de establecer relaciones sexuales/mercantiles y apareció una nueva visión sobre el comercio sexual paralela a la entrada, en 1711, del término *prostitución* al lenguaje castellano que describe ese tipo de actividad que "se extiende a la calle, a las vinaterías y pulquerías, y que cobra una dimensión normal y permanente en la vida urbana" (Atondo Rodríguez, 1992).

Durante el siglo XIX, siguiendo el modelo jurídico francés de control sanitario, con sus discursos moralista e higienista, México reglamentó la *prostitución* (Núñez, 1996). En 1851 ya había un proyecto de decreto y reglamento sobre la *prostitución* que, durante el breve imperio de Maximiliano, se convirtió en un reglamento sobre control sanitario de las *mujeres públicas*. A partir de 1865, las *prostitutas* se inscribieron en un registro que incluía su nombre y fotografía, su lugar de origen, edad, domicilio, categoría (primera, segunda o tercera) su forma de trabajo (en prostíbulo o independiente), las enfermedades que padecían y sus cambios de estado civil. Esta disposición legal se complementó con el establecimiento de prostíbulos al cuidado de una matrona y con la encomienda de que el Hospital de San Juan de Dios[6] las atendiera en exclusividad (Núñez, 1996). Este sistema reglamentarista abrió la puerta a coerciones, abusos y corruptelas por parte de las autoridades sanitarias y de la policía, por lo que en 1898 se emitió un nuevo reglamento para mejorar al original.

Núñez señala que a partir de ese momento la *prostitución* se empezó a ver como un *problema social*, es decir, dejó de percibirse como una actividad entre personas libres de relacionarse sexualmente, bajo reglas mínimas, como había sido en los siglos anteriores. Núñez describe una época en que las angustias en torno a la *prostitución* son marcadas por "abundantes reportes policiacos, ensayos higienistas, novelas, tesis médicas"; pero también detecta "el deseo de imponer una nueva moral social, con el fin de higienizar, regular y pulir las costumbres" (Núñez, 1996: 3).

Resulta plausible pensar que los acontecimientos del proceso revolucionario favorecieron el comercio sexual. Muchas mujeres quedaron desamparadas, viudas, huérfanas o como madres solteras, por lo que tuvieron que encontrar los medios para sostenerse económicamente y mantener a sus hijos o familiares mayores. Es probable que muchas trabajaran como *prostitutas*, la tabla de salvación tradicional. Otras simplemente se fueron a la *bola* y convivieron con sus hombres. Esta mayor actividad sexual trajo consigo un incremento de las enfermedades venéreas, por lo que se intentó un mayor control sanitario (Bliss, 1996).

La obsesión *higienista* prosiguió hasta el siglo xx, y en 1914 se estableció un nuevo Reglamento para el ejercicio de la prostitución en el D.F. El higienismo influyó en las políticas públicas y en el discurso político posrevolucionario.

En 1933 se estableció el Código Sanitario de los Estados Unidos Mexicanos, que ante el preocupante estado de la salud pública incluía un capítulo referente a la *prostitución* (sobre enfermedades de transmisión sexual, como la sífilis). Además, el gobierno de Lázaro Cárdenas decidió suscribir el convenio abolicionista impulsado por la Federación Abolicionista Internacional, que entró en vigor en 1940 (Bliss, 1996). Ese abolicionismo, distinto al de hoy, significó cancelar la intervención del Estado en el otorgamiento de permisos o inspección de las trabajadoras sexuales. Así, con la retirada del Estado del negocio, oficialmente se terminó el libro de registro de las trabajadoras y el control sanitario.[7]

Durante siglos, las trabajadoras sexuales fueron figuras típicas en nuestra ciudad. Ernesto P. Uruchurtu,[8] el *regente de hierro* que gobernó durante 14 años (1952-1966), trató de desmantelar la *zona roja* del D.F., que incluía desde Cuauhtemotzin (que luego se llamó Fray Servando Teresa de Mier) hasta La Merced, incluyendo las calles 2 de Abril, Vizcaínas, San Juan de Letrán y Santa María la Redonda (actualmente Eje Central Lázaro Cárdenas). También clausuró las casas de citas, incluso las famosas: la de La Bandida, en la calle de Durango, y la de La Malinche, en la calle de Xola (Monsiváis, 1998).

En el sexenio de Echeverría las trabajadoras sexuales volvieron a las calles del D.F., y fue hasta mitad de la década de 1980 cuando éstas se organizaron para enfrentar las redadas policiacas. Su lucha logró el establecimiento de *puntos tolerados*, con el nombramiento de *representantes* autorizadas por Carlos Hank González, jefe del Departamento del Distrito Federal en el sexenio de López Portillo. Esto correspondió al primer reordenamiento del trabajo sexual en la vía pública en el D.F.

En 1977, a partir de la creación del Fideicomiso del Centro Histórico, la política urbana del gobierno del D.F. en asociación con los corporativos empresariales hizo de la gentrificación[9] su eje de intervención e inició un proceso de *limpieza urbana* que afectaría a las trabajadoras callejeras. En 1988, la Asamblea de Representantes del D.F. modificó el Reglamento Gubernativo de Justicia Cívica para el Distrito Federal e incluyó la queja vecinal como elemento probatorio para detener a hombres y mujeres que ofrecieran servicios sexuales en la vía pública.

Justo al año siguiente, en 1989, entré en contacto con Claudia Colimoro y descubrí el *mundo* del trabajo sexual callejero. En ese entonces, había estado leyendo sobre la movilización y los procesos de organización de las *prostitutas* en otras partes del mundo, vinculados al nuevo feminismo de la década de 1970 (Jaget, 1977; Delacoste y Alexander, 1987; Bell, 1987, y Pheterson, 1989). Ese feminismo no sólo generó las condiciones para discutir el estatuto simbólico de la *prostitución*, sino que provocó que muchas de las trabajadoras sexuales que participaron en dichos procesos se asumieran como feministas. Margo St. James, la norteamericana considerada como precursora del movimiento internacional, dijo que para iniciar una organización para la defensa de los derechos de las *prostitutas* sólo se requería una *hooker*[10] politizada, una feminista, un periodista y un abogado.[11] St. James narró que su proceso de politización se dio entre 1970 y 1973, en California, con su participación en un grupo de autoconciencia del naciente movimiento de la liberación de la mujer. Cuando St. James cuestionó a las feministas de la National Organization for Women (NOW) sobre qué hacían a favor de las *prostitutas*, recibió como respuesta: "Tienen que ser las propias víctimas las que hablen. Ésa es la única manera de que las escuchen" (St. James, 1989: xvii). Aunque St. James sólo había trabajado cuatro años como *prostituta*, decidió asumirse como esa *víctima*, capaz de hablar en público. En 1972, junto con varias amas de casa, entre las que había lesbianas y *hookers,* fundó WHO (Whores, Housewives and Others) en Sausalito, California.

En 1973 buscó a los abogados, periodistas y policías que había conocido diez años antes, en San Francisco, y trató que algunas *hookers* se sumaran a su recién creada organización: COYOTE (Call Off Your Old Tired Ethics).[12] Para iniciar su trabajo consiguió un donativo de cinco mil dólares de una iglesia,[13] rentó una oficina barata que se convirtió en el punto focal de las trabajadoras sexuales y reunió información sobre la situación de las *prostitutas,* lo cual le resultó relativamente fácil porque la conocían en el *ambiente*.[14]

Un amigo, médico de la cárcel, le dio información sobre qué pasaba con las *prostitutas* detenidas: las mantenían en una especie de cuarentena forzada, hasta tener los resultados de los exámenes de las enfermedades venéreas. En 1974, St. James organizó una campaña para liberar a las mujeres de esa detención ilegal y ganó. COYOTE trabajó mucho, creció y se reprodujo en otras ciudades, aunque con otros nombres:

CAT, PASSION, KITTY, OCELOT, PUMA, DOLPHIN, CUPIDS, PONY y PEP (Pheterson, 1989: 5).

Luego de su éxito en Estados Unidos, St. James se dio cuenta de que tenía que influir en el ámbito internacional. En 1975 asistió a una reunión de trabajo de la IFA (Federación Abolicionista Internacional, por sus siglas en inglés), una organización que originalmente solicitaba a los gobiernos que se retiraran del control del comercio sexual, pero que se transformó y cambió su objetivo hacia la erradicación de la *prostitución*. Ahí entró en contacto con Grisélidis Réal, una prostituta suiza, activista del movimiento de *prostitutas* en París. Ninguna de las dos había sido invitada formalmente a esta reunión, auspiciada por la UNESCO, pero ambas habían solicitado intervenir, y una abogada feminista con legitimidad en la IFA consiguió que fueran escuchadas. Durante esa visita a París, St. James y otra compañera de COYOTE se entrevistaron con Simone de Beauvoir para discutir la fundación de una organización internacional para defender los derechos de las *prostitutas*, iniciativa que cristalizaría años más tarde (Pheterson, 1989).

En 1974, en Francia, varios escándalos en torno a movimientos de *prostitutas* reivindicaban el derecho a defenderse de las tropelías de la policía y solicitaban protección ante los crímenes que habían estado ocurriendo (Jaget, 1977). Las *prostitutas* de Montparnasse y de Lyon se manifestaron en contra de la violencia de la policía y de la inseguridad, expresada en horribles asesinatos.[15] Las *prostitutas* de Lyon redactaron un texto en el que denunciaron las agresiones sufridas, señalaron las dificultades que enfrentaban para desarrollar su trabajo y cuestionaron al Estado sobre su responsabilidad para garantizarles seguridad. El movimiento feminista las apoyó y con dicho respaldo decidieron participar en una emisión televisiva, iniciativa que no logró el impacto que ellas anhelaban: al contrario, desató una ola moralista de parte de las autoridades.

En junio de 1975, las mujeres de Lyon decidieron ocupar la iglesia de Saint-Bonaventure para dar a conocer sus demandas y así evitar las redadas policiacas. El día elegido, a las 9 de la mañana, cuando los periodistas y la policía rodeaban Saint-Bonaventure, más de un centenar de *prostitutas* invadieron la iglesia de Saint-Nizier. El párroco las apoyó y declaró que la represión no podía ser la solución al conflicto. Afuera, en la fachada, colgaron un letrero: "Nuestros hijos no quieren que sus madres vayan a la cárcel" (Jaget, 1977: 20). El objetivo mediático era aparecer en las primeras planas de los periódicos. Las mujeres de Lyon se dirigieron por escrito a la población y al presidente de Francia (en ese entonces Giscard D'Estaing), haciendo un dramático llamado: "Son madres las que os hablan. Mujeres que por sí solas tratan de educar a sus hijos lo mejor posible, y que hoy tienen miedo de perderlos. Sí, somos prostitutas, pero si nos prostituimos no es porque seamos unas viciosas: es el único medio que hemos encontrado para hacer frente a los problemas de la vida" (Jaget, 1977: 20).

La carta termina así:

> Ni ellas ni nosotras iremos a la cárcel. La policía tendrá que masacrarnos para arrastrarnos hasta allí. Les opondremos una resistencia pasiva. Somos las víctimas de una política injusta. No pedimos que se defienda la prostitución, sino que comprendan que no tienen derecho a hacernos lo que nos hacen actualmente. Nunca nadie ha podido cambiar de vida recibiendo golpes de porra. Uníos a nosotras contra la injusticia que nos agobia. DESPUÉS PODREMOS DISCUTIR PARA SABER SI LA SOCIEDAD NECESITA LA PROSTITUCIÓN (Jaget, 1977: 20-21).

El llamado creó una red de apoyo impresionante. Todo tipo de personas les llevó comida, periódicos, ropa limpia. Mujeres *no prostitutas*, feministas y amas de casa, manifestaron su apoyo. Grupos de música y teatro llegaron para entretenerlas. La rebelión se propagó a otras regiones: en Marsella, Grenoble y Montpellier también ocuparon iglesias; en Toulouse hubo una huelga; en Saint-Étienne y Cannes hubo movilizaciones. En París, las *chicas* invadieron la capilla de Saint-Bernard, en Montparnasse; sin embargo, la policía, a puñetazos y patadas, arrastrándolas de los cabellos, las desalojó. El escándalo se volvió mayúsculo y se abrió una discusión pública respecto a la violencia policiaca. Con gran cobertura mediática, el movimiento cobró dimensión nacional. La prensa internacional consignó: "Las prostitutas de Francia ocupan las iglesias" (Jaget, 1977: 25).

Grisélidis Réal participó con las francesas en su lucha. Y, al regresar a su país, además de dar varias conferencias sobre lo ocurrido, reunió información y creó, en Ginebra, un Centro Internacional de Documentación sobre Prostitución. Meses después, Grisélidis coincidió con Margo St. James en la reunión convocada por la UNESCO (Pheterson, 1989: 6).

De 1975 a 1985 diversas organizaciones de *prostitutas* surgieron en Europa, casi siempre vinculadas a las feministas. En 1975, en Inglaterra, se formó el English Collective of Prostitutes; en 1980, en Berlín, Alemania, se integró Hydra, y pronto surgieron otros grupos.[16] En 1982, en Italia, se fundó el Comitato per i Diritti Civili delle Prostitute; mientras que en Estados Unidos la organización feminista National Organization for Women formó un comité sobre derechos de las *prostitutas*. En ese mismo año, en Suiza surgió Aspasie, que aglutina *prostitutas*, feministas, abogadas y trabajadoras sociales; en 1983 se formó Anais, una organización exclusivamente de *prostitutas*. También en 1983, en Toronto, Canadá, se creó CORP (Canadian Organization for the Rights of Prostitutes); en Austria se fundó la Sociedad Austriaca de Prostitutas, un órgano con personalidad jurídica, partícipe en la discusión de las políticas respecto a la *prostitución* con las autoridades; en Suecia se creó el grupo o. En 1984, en Holanda se fundó De Rode Draad, un grupo exclusivamente para *prostitutas* (en oposición a De Roze Draad, que era para todas las mujeres).

Si bien hubo un consistente crecimiento del movimiento, no todos los intentos acabaron bien. Algunos esfuerzos fueron aplastados ferozmente, como en Tailandia; otros incluso cobraron víctimas, como en Irlanda, donde una *prostituta* que trató de organizar a sus compañeras fue asesinada (Levine y Madden, 1988).

Para mediados de la década de 1980, los grupos, ya conectados entre sí, realizaron foros y encuentros. En 1984, en Estados Unidos, se llevó a cabo el Women's Forum on Prostitutes Rights. En 1985, en Ámsterdam, se realizó el Primer Congreso Mundial de Prostitutas y ahí mismo

29

se fundó el International Committee on Prostitutes' Rights (ICPR). El segundo congreso se llevó a cabo en Bruselas, en octubre de 1986.

En ese momento, en América Latina también despuntaron varias organizaciones de trabajadoras sexuales. El caso más temprano del que encontré referencia es la Asociación de Mujeres Trabajadoras Autónomas que surgió en 1982, en la provincia de El Oro, en Ecuador, el cual logró su estatus oficial en 1987 (Abad *et al.*, 1998). En 1985, en Uruguay se creó la Asociación de Meretrices Profesionales del Uruguay (AMEPU), que obtuvo reconocimiento jurídico en 1988. En 1987, en Brasil, Gabriela Leite organizó el Primero Encontro Nacional de Prostitutas, con sede en Río de Janeiro, y en 1992 fundó Davida, una organización a favor de los derechos civiles y la salud de las *prostitutas*. A lo largo de los noventa surgieron más grupos organizados: en 1994 se conformó la Asociación de Mujeres Meretrices de la Argentina (AMMAR); en 1997, en República Dominicana, surgió el Movimiento de Mujeres Unidas (Modemu); y en Chile, la Fundación Margen. Finalmente, en San José, Costa Rica, se estableció la Red de Mujeres Trabajadoras Sexuales de Latinoamérica y el Caribe (RedTraSex), en la que actualmente participan organizaciones de trabajadoras sexuales de 15 países.

En México, en 1997, en Querétaro, se conformó la Organización Mujer Libertad. Y en 1998 las mujeres de 18 estados formaron la Red Mexicana de Trabajo Sexual, a partir de la cual se creó la Red Interestatal de Trabajo Sexual que une a los estados de Querétaro, Guanajuato, Michoacán y San Luis Potosí.

Mientras que en otros países el impacto del movimiento feminista fue lo que impulsó la organización política de las trabajadoras sexuales, en México un elemento fundamental fue la epidemia del sida. Carlos Monsiváis (1995) señaló que para las trabajadoras sexuales ganarse el sustento no sólo implicaba el estigma, sino que el VIH realmente afectó sus vidas y modificó sus opciones: "fue como dar un paso en el abismo". La campaña de prevención del sida generó una conciencia distinta y, poco a poco, a partir de los trágicos contagios, se fueron transformando sustantivamente ciertas condiciones del ejercicio del trabajo sexual, como el uso del condón.

Hay que recordar que el primer caso de sida en México se diagnosticó en 1983, y dos años después se notificó el primer caso femenino (Uribe y Panebianco, 1997). En febrero de 1986 se creó el Comité para la Prevención y el Control del Sida, que luego se transformó en el Consejo Nacional de Prevención y Control del Sida (Conasida).[17] En noviembre de 1987 salió al aire la primera campaña en medios masivos de comunicación (Rico *et al.*, 1995). En ese tiempo la información sobre la epidemia era muy escasa y, por lo común, equivocada. Además, muchísimas trabajadoras sexuales pensaban que el sida era un *mito* del gobierno para cerrar sus fuentes de trabajo.

En 1987, Enrique Jackson, que en ese momento era el titular de la Delegación Cuauhtémoc, mandó un citatorio a todos los denominados *giros negros* (bares, casas de citas, estéticas, baños públicos) para presentarse en la Dirección de Policía y Tránsito, en las instalaciones de Fray Servando. En un auditorio repleto, cientos de asistentes llenaron un cuestionario con los datos del negocio al que representaban, la dirección, su nombre y el puesto que tenían. Jackson explicó que tenían perfectamente ubicados a los giros negros, pero que no los clausurarían: el objetivo era que escucharan una plática sobre el sida en la que participaron el entonces director de Conasida, Jaime Sepúlveda Amor; la coordinadora de comunicación, Gloria Ornelas; y María Antonieta, una mujer joven que adquirió sida trabajando en la *prostitución*. La plática fue impactante para todos los asistentes. Algunos encargados de los giros negros, que consideraban que la información sobre el sida era un recurso del gobierno para obtener fondos, tenían *permitido* (por los dueños de los establecimientos) dar un *donativo* económico, pero se llevaron una sorpresa cuando las autoridades no lo aceptaron. En esa reunión solamente había representantes de giros negros, no había trabajadoras de la vía pública, pero a partir de entonces, las trabajadoras sexuales tuvieron la inquietud sobre la epidemia, y empezó la zozobra por saber si estaban infectadas.

Desde la prohibición de Uruchurtu a las casas de citas y burdeles, y con la amenaza del lenocinio, el comercio sexual callejero daba servicio en hoteles. Con la campaña de prevención contra el sida los hoteles se convirtieron en lugares que propiciaron el uso del condón. El gobierno decidió que cada una de las habitaciones de los hoteles debía tener un mínimo de dos condones. En los bares, en las estéticas y en los baños públicos los condones tenían que estar a la vista y debían ser gratuitos. En el cuestionario, los representantes de los establecimientos debían especificar la cantidad de condones que solicitarían mensualmente. En la actualidad, debido a la campaña neoabolicionista, la presencia de condones en cabarets, antros y hoteles se ha convertido en un *indicio de trata*.[8]

El impacto de ver a María Antonieta, la chica infectada, eliminó la creencia de que el sida era una mentira del gobierno y, finalmente, la conciencia del peligro se instaló. Conasida estableció un espacio en el Centro de Salud de la colonia Portales (en la misma calle donde vivía Monsiváis: San Simón) para que toda la población se realizara análisis rutinariamente. En otros espacios se daban pláticas sobre el sida, para que todas las trabajadoras se sensibilizaran; además, en la Quinta Alicia se les otorgaba la credencial de Promotora de sexo seguro a aquellas cuyos análisis fueron favorables y aceptaban promover el uso del condón. Precisamente en este Centro de Salud, la doctora Patricia Uribe conoció a Claudia Colimoro y la invitó al I Encuentro Nacional de Sida y Participación Social, que se llevó a cabo en 1989, en el Hotel Presidente de la Ciudad de México. Ahí fue donde la vi por primera vez.

A instancias de Conasida, se formó "Humanos del mundo contra el sida", una asociación civil que recibía fondos de la Fundación Hivos. Su presidenta era la doctora Gloria Ornelas; su vicepresidenta, María Antonieta Espinoza (una de las grandes madrotas del comercio sexual en departamentos); su tesorera, la doctora Patricia Uribe y su secretario, Fernando Jaimes (de reputación dudosa, pues laboraba como checador de tiempos y apuntaplacas de la señora Soledad Ramírez, una madrota de Sullivan). Poco a poco, *Jaimito* se fue convirtiendo en una figura clave de la estrategia gubernamental.

Aunque "Humanos del mundo contra el sida" se conformó con la pretensión de defender la salud de las trabajadoras sexuales, pues incorporó a varios grupos de la vía pública, los intereses contrapuestos de las madrotas de la calle *versus* las trabajadoras de departamentos y estéticas generaron confrontación política.

Los funcionarios de Conasida habían detectado en Claudia Colimoro a una líder potencial, y por ello la invitaron a formar parte de la asociación civil. Claudia era un bicho raro, pues además de sus dotes naturales (era muy atractiva y no venía del ambiente de la calle), trabajaba en departamentos y estéticas, y tenía un estilo distinto. Y, aunque el proyecto de hacer algo por las demás trabajadoras sexuales resonó con su antigua aspiración de hacer política, su proceso fue difícil.

En una junta, Ornelas les dijo a las madrotas que Colimoro sería su representante pues, por su facilidad de palabra y su atractivo personal, era la mujer idónea. Ornelas le pidió a Claudia que leyera la ponencia que tanto éxito tuvo en el Encuentro Nacional de Sida y Participación Social, pero a esas mujeres no les hizo gracia; incluso se manifestó un rechazo evidente de una madrota de Sullivan llamada Margarita, quien había intervenido en el llamado Simposio de Ixtapa[19] con una breve ponencia que no tuvo el mismo éxito. Era evidente la distancia entre Claudia y ellas, pero yo no entendía por qué le hacían la guerra. Ésa fue la época en la que nos conocimos Claudia y yo, y la acompañé a varias juntas con las madrotas de Sullivan.

Claudia pronto discrepó por el trato que otros integrantes de "Humanos del mundo" daban a las trabajadoras, por el manejo abusivo del dinero (sin que Conasida lo supiera, Jaimes cobraba por el servicio de las tarjetas de control, que debía ser *gratuito*) y por la resistencia de esa asociación a cuestionar los malos tratos de las autoridades delegacionales y judiciales. La influencia de sus ideas se manifestó entre algunas *chicas* del *ambiente*, y éstas confrontaron a las representantes, por lo que el conflicto estalló dentro de "Humanos del mundo", ocasionando su salida.

En esa época yo no hacía preguntas y tuve que ir reconstruyendo una historia de la que nadie quería hablar: un liderazgo impuesto por las autoridades, del que Claudia se fue alejando más y más, mientras trataba de construir otro más comprometido con las trabajadoras. En menos de seis meses, Claudia había transitado de tomar conciencia sobre el peligro real de la enfermedad a la necesidad de conformar una organización. Entonces decidió unirse con Gerardo Ortega, *la Mema*, líder de un grupo de *vestidas* (*trans* y travestis), quien ya había trabajado con Conasida el tema de la *prostitución* masculina. Coincidimos con él en varias reuniones y se estableció entre nosotros una relación amistosa. Además, Ana Luisa Liguori, que investigaba la *prostitución* masculina, se había hecho su amiga, por lo que también lo vi varias veces con ella.

Al ver la ruptura con Fernando Jaimes y las madrotas de Sullivan, la Mema le propuso a Claudia fundar Cuilotzin, una asociación civil que pretendía luchar por todos los trabajadores del sexo: mujeres y hombres. Poco después, los inevitables conflictos de rivalidad y competencia en el mercado entre las *chicas* y las *vestidas* llevaron a Claudia a separarse. Entonces decidió trabajar exclusivamente con mujeres, bajo el nombre de Musa (Mujeres Unidas por la Salud), que registró en 1993 como asociación civil sin fines de lucro.

Pero su despunte como líder se dio independientemente de las asociaciones civiles, y su intento de organización autónoma tuvo rápidamente una respuesta política. En agosto de 1990, la Asamblea de Representantes del D.F.[20] convocó a unas jornadas de análisis sobre la *prostitución* como problema social en la ciudad. Asistieron centenares de prostitutas, obligadas por las personas que las controlan. Durante las jornadas hubo un intento por deslegitimar a Claudia como líder, por su postura independiente. La asociación civil "Humanos del mundo" presionó a las trabajadoras para que dijeran que, para ellas, Claudia no era su representante. La maniobra se desinfló por la pronta y sencilla respuesta de Claudia: "Yo no soy la líder de todas las compañeras, sino sólo de las que quieran estar conmigo; si hay otras líderes, bienvenidas".

A pesar de ese incidente, durante las jornadas se respiró un ambiente nuevo: se empezó a hablar de la *prostitución* como de una forma de ganarse la vida; no como un pecado, un vicio o un destino. Muchas trabajadoras escucharon por primera vez discusiones sobre la historia de la *prostitución* en México, sobre si debería reglamentarse, sobre cómo denunciar los abusos de las autoridades; oyeron también las intervenciones de médicos, psicólogos, funcionarios y políticos con diferentes posturas, unos defendiéndolas, otros atacando su *modus vivendi*, pero reivindicándolas como personas con derechos. Tal vez esto fue lo novedoso: que además del interés por controlar la epidemia del sida en el ambiente de la *prostitución*, se puso en evidencia una incipiente preocupación por los derechos de estas trabajadoras.

En estas jornadas se garantizó el anonimato de las *prostitutas*: las trabajadoras entraban a una cabina con un micrófono y quedaban ocultas a la vista del público. Todas las intervenciones, excepto la de Claudia, lamentaron el abuso de las autoridades. Temerosas de las represalias de quienes las *representaban*, ninguna aprovechó para quejarse de ellas, de la extorsión económica y el control al que estaban sujetas. Sólo la intervención de Claudia, por su índole de líder independiente y por su excepcional proceso de reflexión, reivindicó el derecho al trabajo y a la organización, y denunció las pautas moralistas con las que la sociedad las juzga.

A partir de ese momento, Claudia se dedicó a construir una organización nacional de trabajadoras sexuales; viajó por diferentes estados dando asesorías y organizando pequeños grupos de trabajadoras, en pos de constituir una red nacional. Asistió también a reuniones internacionales y fue la representante para América Latina de la Asociación Internacional de Trabajadoras del Sexo.

Aunque los frutos de su trabajo fueron escasos (el peso del estigma y la magnitud de los intereses económicos involucrados fueron obstáculos mayores), Claudia se convirtió en un referente para muchas trabajadoras. Esto le ganó también varios enemigos, tanto entre las autoridades como en el *ambiente*. Durante los primeros cinco o seis años fue la única *exprostituta* que daba la cara en eventos políticos y culturales, así como en programas de televisión, donde planteó las contradicciones que genera la *tolerancia* de la *prostitución*, en especial, la corrupción de las autoridades y los riesgos de trabajo para las trabajadoras.[21]

El desarrollo de la conciencia política de Claudia y su papel como líder son el resultado de un conjunto de factores: su inteligencia encontró un contexto que potenció su liderazgo. Su colaboración con Conasida y su participación en varios procesos políticos[22] la llevaron a desarrollar su talento. Gracias a su rápido aprendizaje en la negociación, tanto con las autoridades como con otros agentes políticos, logró medidas concretas y novedosas como la instalación de una guardería para hijos de las trabajadoras sexuales con servicio de 24 horas.[23] Sin embargo, nadie es perfecto, y ella no estuvo exenta de cometer graves errores, como su participación, en 2004, en el cierre del Centro de Atención Interdisciplinaria y Servicios (CAIS) de la Comisión de Derechos Humanos del Distrito Federal (Reyes Parra, 2007).

A partir de 1996, Claudia se hizo cargo de la Casa de las Mercedes, un albergue para jovencitas de la calle, prostituidas, drogadas y embarazadas, que se mantiene gracias a donativos de personas filántropas y convenios de cooperación con Cáritas y el gobierno de la Ciudad de México. El contexto político mexicano, con el auge del debate público sobre los derechos humanos, y el contexto internacional, con el ascenso del neoabolicionismo, desempeñaron un papel definitivo en su cambio hacia esa postura.

El abolicionismo tiene una larguísima historia, vinculada a la lucha contra la esclavitud. Josephine Butler, una feminista cristiana, cuya familia estuvo involucrada en la lucha antiesclavista, hizo una analogía con la situación de las mujeres y habló de "esclavitud sexual". Butler encabezó en Inglaterra la campaña contra las leyes de enfermedades contagiosas (1864, 1866 y 1869). Estas leyes permitían que las autoridades hicieran un examen vaginal a las mujeres sospechosas de ser *prostitutas* y a ponerlas en cuarentena durante tres meses, encerradas en un hospital. Si se negaban, eran encarceladas. Bastaba la sospecha por parte de la policía para detenerlas, y muchas mujeres acusadas injustamente perdieron sus trabajos, incluso una de ellas se suicidó. Josephine Butler calificó dicho examen de ser una "violación quirúrgica" y abogó por su cancelación. Convencida de que la regulación gubernamental de la *prostitución* alentaba la práctica y esclavizaba a las mujeres, fundó la organización Ladies National Association for the Repeal of the Contagious Diseases Acts (LNA) e hizo campaña en Europa entre 1874 y 1875 para conseguir apoyo internacional al movimiento abolicionista (Jordan, 2007). En 1877 colaboró en la fundación de The British, Continental and General Federation for the Abolition of the Government Regulation of Vice, durante un Congreso paneuropeo que se llevó a cabo en Ginebra. Ése fue el primer nombre que tuvo la asociación que pretendía que los gobiernos ya no regularan la *prostitución*. Su agenda para los congresos siguientes (en

París en 1878 y en Génova en 1880) planteaba la libertad individual, el respeto al estado de derecho y la abolición de la regulación de la *prostitución*. En esos congresos no se discutió si la prostitución era una forma ilícita de sexualidad. En Inglaterra la ley fue eliminada en 1886, después de una lucha de más de 20 años. En 1889, en el quinto congreso se denunció la *trata de blancas* a nivel internacional. En 1898 la organización se instaló en Ginebra y en 1902 se transformó en la International Abolitionist Federation (IAF)[24] (Jordan, 2007). Luego de la primera guerra mundial, la IAF se involucró en los debates que se desarrollaban en la Liga de las Naciones; después de la segunda guerra mundial, participó en las convenciones de la ONU, con el objetivo de eliminar regulaciones injustas, que violaran los derechos de las mujeres. En diciembre de 1947, la IAF participó en la elaboración de la Declaración Universal de Derechos Humanos; y en 1949, en el Convenio para la represión de la trata de personas y de la explotación de la prostitución ajena. Este documento no fue ratificado por varios países donde la *prostitución* era legal. En cambio, el Protocolo de Palermo del año 2000[25] usó una definición distinta de tráfico y fue ratificado por más países. De la postura abolicionista de Butler el neoabolicionismo retomaría el término "esclavitud sexual".

El neoabolicionismo, que pretende erradicar totalmente el comercio sexual, está ligado a lo que se denominaron las *Sex Wars* (guerras en torno a la sexualidad) entre feministas de Estados Unidos.[26] A finales de la década de 1970 y principios de 1980 circularon los textos feministas fundacionales de la postura neoabolicionista.

Los debates iniciales giraron en torno a la pornografía y la censura, pero la *prostitución* rápidamente se convirtió en un tema clave para las feministas autodenominadas radicales. La *prostituta* fue tomada como un símbolo de la situación de las mujeres: usada sexualmente, estigmatizada, víctima de violencia y presa de peligros. El libro de Kathleen Barry *Female Sexual Slavery* (1979), que más tarde se amplió en *The Prostitution of Sexuality. Global Explotation of Women* (1995), sirvió como obra fundacional. Barry, que en 1988 fue la impulsora y cofundadora de la Coalition Against Trafficking in Women (CATW), define la *prostitución*, siguiendo a Josephine Butler, como *esclavitud sexual*:

37

Cuando el sexo es cosificado y los seres humanos son reducidos a medios para obtenerlo, la dominación sexual penetra y se arraiga en el cuerpo. Éste es el fundamento de la prostitución y su normalización es la prostitución de la sexualidad (Barry, 1995: 26).

Carole Pateman publicó en 1988 *El contrato sexual,* en el que plantea que al contrato social que sostiene la ciudadanía subyace un contrato sexual: los hombres dominan a las mujeres, y éstas deben otorgarles servicios sexuales y domésticos. Así se constituye el patriarcado moderno: con ese *contrato sexual* previo al contrato social. El contrato sexual implica la sumisión de las mujeres y, para Pateman, hablar de *comercio sexual* es un eufemismo que oculta la esclavitud sexual de las *prostitutas.* Ella insiste en que aceptar la *prostitución* significa admitir que los hombres son los dominadores.

La discusión y la confrontación de las dos posturas, la neoabolicionista y la que defiende los derechos de las trabajadoras, se evidenciaron en la escena mundial durante el Segundo Congreso Mundial de Prostitutas, que se llevó a cabo en Bruselas en octubre de 1986. La Alianza europea de diputados verdes y alternativos (Pheterson, 1989) abogó por la desestigmatización de las *prostitutas* y la despenalización de la *prostitución* en una sesión del Parlamento Europeo, un poco antes del Segundo Congreso de Prostitutas.

Una feminista holandesa, diputada de la fracción socialista en el Parlamento Europeo, Hedy d'Ancona, después de ser contactada por quienes organizaban ese congreso, propuso al Parlamento Europeo una resolución sobre la violencia contra las mujeres, que incorporaba la distinción, planteada por el International Committee on Prostitutes' Rights (ICPR), entre lo que es el trabajo sexual y la violencia del tráfico de mujeres. La resolución (Documento A2-44/86) recogía no sólo las demandas de autorrepresentación y de protección de los derechos civiles de las *prostitutas,* sino también la exigencia a los gobiernos europeos de incluir a estas mujeres en sus deliberaciones sobre las políticas respecto a la *prostitución.* Aunque esto significó un triunfo en la concepción del problema, la *prostitución* se caracterizó como una forma de explotación para las mujeres. Por eso el documento resultó ambiguo: apoyaba el derecho de las mujeres a trabajar como *prostitutas*, pero al mismo tiempo hablaba de la necesidad de disuadirlas de ese trabajo (Pheterson, 1989).

Para que en el Parlamento se oyeran las denuncias de las *prostitutas* de cada país, se restringió el acceso a la prensa y se prohibió que se tomaran fotografías en las sesiones. A las conferencias de prensa asistieron algunas *prostitutas* con máscaras y otras dando la cara. Básicamente sus testimonios versaron sobre cómo la ilegalidad pone a las mujeres en una situación de riesgo, y sobre la magnitud de las agresiones y de las violaciones a sus derechos humanos por parte de las fuerzas del orden. Dado que el contexto era la epidemia del sida, el tema se tocó en la sesión sobre la salud. Sin embargo, las controversias estallaron: mientras los diputados conservadores manifestaban su indignación de que en el Parlamento "se le diera la palabra a las putas", las organizaciones feministas en Bruselas discutían si solidarizarse con ellas o no.

Fuera del Parlamento, las feministas se enfrentaron entre sí. Hubo expresiones de horror, asco y rechazo, pero también de solidaridad, cariño y respeto. El grupo Women's Organization for Equality (woe), que agrupaba a feministas de varios países, se reunió varias veces en Bruselas con el ICPR (Pheterson, 1989). Mientras unas decían que la *prostitución* era una actividad degradante, otras la veían como algo similar al intercambio sexual cotidiano. "¿Cuál es la diferencia entre ser promiscua y que te paguen?", decía una manta que enarbolaban unas jóvenes. Hubo también agresiones: el grupo Femministe in Rivolta, utilizando pases de prensa, se coló dentro del Parlamento y lanzó monedas a las prostitutas, gritando que el sexo con hombres era una violación (Pheterson, 1989). Después de escuchar a las *prostitutas*, muchas feministas reconocieron que si las propias mujeres insistían en trabajar y en que no habían sido engañadas, había que respetar su decisión (Pheterson, 1989).

Mientras las feministas se dividían, la ICPR publicó una declaración sobre *prostitución* y feminismo con nueve puntos a debatir: 1) autonomía financiera, 2) elección ocupacional, 3) alianza entre mujeres, 4) autodeterminación sexual, 5) desarrollo infantil sano, 6) integridad, 7) pornografía, 8) migración y tráfico, y 9) un movimiento para todas las mujeres (Pheterson, 1989: 192-197). En ella se separaba conceptual y discursivamente la *trata* de mujeres y el trabajo sexual elegido. Además, se condenaba duramente la prostitución infantil. Siguiendo esa línea, los grupos europeos denunciaron la hipocresía y el puritanismo sobre el comercio sexual, e insistieron en la necesidad de separar las prácticas abusivas de otras formas de coordinación y administración del trabajo sexual, incluso propusieron cooperativas manejadas por las propias trabajadoras sexuales. Pese a ello, la confrontación entre las dos posturas feministas ya estaba en marcha, y los avances logrados en torno a la organización internacional, los derechos laborales y la sindicalización se detuvieron, ante el activismo de un sector del movimiento feminista que cuestionó duramente la *prostitución*.

A lo largo de la década de 1990, se consolidó la división entre las dos posturas, en un contexto de movimientos migratorios con flujos de mujeres que buscaban los trabajos que las habitantes locales habían desechado: en el sector de servicios, en el trabajo doméstico o el sexual; incluso despuntaron los matrimonios arreglados entre mujeres de países pobres (tercermundistas) y varones de países ricos. Las mujeres inmigrantes, impulsadas por la pobreza y por el anhelo de independencia o huyendo de la violencia, aprovecharon la movilidad y las redes organizadas de tráfico de personas para encontrar mejores condiciones de vida, aunque algunas fueron víctimas de organizaciones criminales.[27] Sin embargo, durante esa década el debate mundial sobre la *prostitución* también se vinculó a la migración indocumentada, y en el discurso público se empezó a construir la imagen de la *víctima de trata*.

México estuvo un tanto rezagado en debatir esa problemática. En 1994, Luis de la Barreda Solórzano, ombudsman de la Comisión de Derechos Humanos del Distrito Federal (CDHDF), emitió la Recomendación 8/94 (primera y hasta la fecha, única) sobre el trabajo sexual en la vía pública, en la cual planteó que los sexoservidores son personas trabajadoras. En 1998, la CDHDF abrió el Centro de Atención Interdisciplinaria y Servicios (CAIS), con un consultorio de atención médica y psicológica, y una guardería para los hijos de las trabajadoras sexuales. Posteriormente, con la llegada de Emilio Álvarez Icaza como ombudsman a la CDHDF se suscitó un conflicto en el CAIS, donde Claudia Colimoro y otras trabajadoras tuvieron un papel nefasto,[28] que provocó el lamentable cierre de ese espacio de atención a las trabajadoras sexuales y sus hijos en 2004.[29]

A principios de 2000, cuando volví a entrar en contacto con las trabajadoras sexuales independientes y politizadas del metro Revolución, no me di cuenta del neoabolicionismo. Fue más recientemente, en 2014, a partir de mi relación con las mujeres organizadas en torno a la Red Mexicana de Trabajo Sexual y a la asociación civil Brigada Callejera, cuando cobré conciencia de la polarización en relación con el comercio sexual. Tanto por mi trabajo previo de acompañamiento como por mi nueva relación con las trabajadoras sexuales independientes, además de mis lecturas sobre el debate académico/político internacional, no he dejado de escandalizarme por los discursos que circulan en los medios sobre la llamada *prostitución*, pues la caracterizan como algo espantoso y terrible, como un inframundo de víctimas femeninas. Lo que he experimentado personalmente, así como lo que he leído y estudiado, me ha mostrado un panorama muy distinto, aunque complejo. La dificultad para tratar las diversas situaciones del trabajo sexual se agrava cuando no hay una experiencia empírica y una mirada teórica. Teoría y práctica fortalecen el conocimiento y, aunque no pretendo establecer en estas páginas un debate teórico, es necesario incorporar algunas reflexiones e interpretaciones de varios autores, que explican por qué el discurso cultural *naturaliza* el trabajo sexual como un *problema* de la mujer. También intento transmitir que el *ambiente* del comercio sexual está inserto en procesos sociales que cruzan a toda la sociedad y que tienen matices que es necesario reconocer, como la ambigüedad de las valoraciones sobre la sexualidad de las mujeres.

41

II

MI LLEGADA AL *AMBIENTE* DE LA *PROSTITUCIÓN*

———

¿Qué lleva a una mujer a entrar al trabajo sexual?, ¿hasta dónde es una decisión basada en lo económico?, ¿acaso ser criminalizada deriva en adquirir conciencia política? Este tipo de preguntas me rondaban en la cabeza cuando empecé a hacer acompañamiento político y me propuse comprender cómo funcionaba el comercio sexual en mi ciudad.

Mi experiencia arranca, como ya lo mencioné, durante el I Encuentro Nacional de Sida y Participación Social, que se llevó a cabo en 1989 en el Hotel Presidente Intercontinental de Polanco, en la Ciudad de México. Como feminista comprometida con la lucha contra el sida, me tocó hablar en una mesa con personalidades muy variadas: un representante de la Secretaría de Salud, un religioso, un gay y una guapísima rubia platinada, que conmocionó al auditorio al reconocer públicamente: "Yo trabajé como prostituta". Su declaración me atrajo, y su planteamiento sobre la necesidad de concientizar a sus *compañeras* coincidía con la propuesta feminista que me interesaba: la organización de las trabajadoras sexuales.

Entre mis preocupaciones políticas como feminista estaba la manera en que el ejercicio libre o comercial de la sexualidad femenina se vuelve en contra de las mujeres para clasificarlas y humillarlas. Al enterarme del debate internacional feminista sobre el trabajo sexual y las nuevas formas de organización de las mujeres, en el encuentro me resultó indispensable acercarme a una mujer perteneciente al colectivo social de la *prostitución*. Aunque ya en esa época, a finales de la década de 1980, en la Ciudad de México había *prostitutas* disponibles para todos los niveles del mercado, desconocidas y famosas, que habían entrado en el *ambiente* de manera *voluntaria* o presionadas económicamente, sus actividades seguían siendo un misterio para las demás mujeres. Yo era como cualquiera de las personas *decentes*, marcadas por la doble moral dominante, que se sorprenden y se deslindan de ellas. Por eso, cuando escuché a Claudia Colimoro en aquel encuentro deseé conocer más. Al final de su intervención, quise felicitarla y hacerle saber mi interés en trabajar políticamente con ella. Le pedí a la doctora Patricia Uribe, entonces directora del Centro Flora de Conasida,[1] quien inició el trabajo de prevención entre trabajadoras sexuales, que nos presentara. Apartamos a Claudia unos minutos de las personas que la rodeaban y le solté mi discurso activista: le dije que el feminismo se preocupa por establecer relaciones más equitativas, y que yo consideraba importante ahondar en la problemática del comercio sexual, no sólo a favor de las trabajadoras involucradas sino también para las demás mujeres y para la sociedad en su conjunto. Le hablé de que, como feminista, creía en la necesidad de acabar con el estigma que pesaba sobre la sexualidad femenina activa. Además le comenté que tenía información sobre las experiencias de organización de las *prostitutas* en otros países, por lo que consideraba que se podía hacer algo similar en México. Ella me miró, primero con sorpresa y después con suspicacia, pero tomó mi número de teléfono, diciendo que se pondría en contacto.

A los pocos días recibí la primera llamada, pero no fue para platicar. Cuando Claudia me buscó, varias madrugadas, fue para ponerme a prueba: me pidió que la acompañara a la Delegación a sacar a sus compañeras detenidas. Poco a poco se dio entre nosotras una relación de colaboración política que desembocaría en amistad. Después de pasar algunas pruebas, Claudia me aceptó como *asesora política*[2] e iniciamos un proceso de negociación con las autoridades delegacionales y judiciales. Conasida había propuesto el uso de una tarjeta sanitaria, que tenía que ser refrendada cada tres meses con un examen de VIH y que podía solicitarse con nombre falso (*nombre de batalla*). Como en ese entonces las autoridades de la Ciudad de México aún no definían una política general para el problema de transmisión del sida y su relación con la *prostitución*, Conasida estableció sus propios mecanismos y vías de comunicación con las trabajadoras sexuales para convencerlas de los beneficios de su programa de prevención: los Servicios Integrales para las Enfermedades de Transmisión Sexual (SIETS), que luego se convertirían en Centro Ambulatorio para la Prevención y Atención en SIDA e Infecciones de Transmisión Sexual (CAPASITS).

Cuando empecé a acompañar a Claudia, ella lideraba a un grupo de *representantes* (madrotas)[3] e intentaba incidir en las trabajadoras ubicadas en las tres delegaciones con el índice más alto de *prostitución* visible: Cuauhtémoc, Venustiano Carranza y Miguel Hidalgo. La falta de una política global desde el DDF (que entonces encabezaba Manuel Camacho Solís) permitió que cada delegado decidiera individualmente. Ante los infructuosos esfuerzos de Claudia por conseguir una cita con las autoridades delegacionales y judiciales, le pedí apoyo a Carlos Monsiváis. Él comprendió de inmediato la importancia del asunto, aceptó y nos ayudó a entrevistarnos con dos delegados y con el procurador de Justicia del D.F.

Luego de llevar un tiempo acompañando a Claudia, el entonces director de Epidemiología de la Secretaría de Salud, Mauricio Hernández Ávila, y Patricia Uribe, del Centro Flora, me invitaron a participar en la investigación internacional Multicenter Intervention Study on Commercial Sex Workers and HIV Transmission, que la AIDS and Reproductive Health Network llevó a cabo en México, Etiopía, Estados Unidos y Tailandia. El propósito era investigar el uso del condón entre las trabajadoras sexuales de la calle. En México esta investigación (Uribe *et al.*, 1991) se realizó por medio de métodos cualitativos y cuantitativos, sobre una muestra de 914 trabajadoras sexuales a las que se les aplicó un cuestionario con 120 variables. Además de la observación etnográfica, que estuvo a mi cargo, se realizaron entrevistas personales profundas y se llevaron a cabo reuniones con ocho grupos focales. El objetivo de mi intervención, como antropóloga, fue detectar y registrar las modalidades de la negociación del uso del condón, tanto por parte de las trabajadoras como de los clientes: las actitudes y la forma en que les proponían usar condón y las respuestas de ellos. Aunque las mujeres que aceptaban entrar al programa de Conasida decían utilizar condón, en las entrevistas individuales aparecía un problema: muchas argumentaban que les producía irritación vaginal si lo usaban en más de tres coitos seguidos, al grado de generar escoriaciones y llagas (especialmente aquellos condones con nonoxinol-9),[4] y por eso no los podían usar con todos los clientes. ¿Qué estaba sucediendo realmente?, ¿en verdad usaban y promovían el uso del condón?

La propuesta de los doctores Hernández Ávila y Uribe conllevaba un aspecto espinoso del trabajo etnográfico: el uso que se le da a lo investigado. Mi paso por la ENAH me inculcó la preocupación de cómo formular una perspectiva de investigación ética, pues es evidente que lo que se descubre de un grupo estudiado puede ser usado en su contra. El ejemplo más analizado y denunciado de cómo una ciencia social puede ser utilizada opresivamente ha sido precisamente la antropología. Sin embargo, aunque no siempre coinciden las necesidades de las personas estudiadas con los objetivos de la investigación científica, a veces es posible encontrar un interés compartido.

El objetivo de esa investigación era muy pragmático: ¿cómo se da (si es que se da) la negociación del uso del condón entre trabajadora sexual y cliente? Al valorar los usos potenciales que se le podían dar a la investigación, y sabiendo del riesgo de contagio de VIH que pendía sobre las trabajadoras sexuales, vi con buenos ojos investigar algo que tendría utilidad para ellas. Frente a la amenaza del sida, me pareció importante esclarecer sus actitudes y conductas ante el condón. Aunque una necesidad apremiante de las trabajadoras sexuales era no infectarse, ¿hasta dónde éstas estaban realmente negociando el uso del condón con los clientes?, ¿cuáles eran los problemas que enfrentaban?

Una práctica antropológica ética obliga a pensar las condiciones de reciprocidad, asimetría o explotación que se establecen a lo largo del proceso de investigación entre el sujeto investigado y quien investiga. Antes de aceptar esa encomienda hablé ampliamente el asunto con Claudia y ella reforzó la importancia de llevarlo a cabo. Así, con su anuencia explícita, emprendí esta pesquisa tan relacionada con los intereses concretos de las investigadas. Para la antropología los principios de responsabilidad profesional son muy claros: proteger los intereses de las personas investigadas, además de actuar con sensibilidad y respetar su dignidad y derechos, entre los cuales se encuentran el derecho a conocer el objetivo de la investigación y el derecho a la privacidad. Esa cuestión fue extremadamente importante: Claudia había decidido asumirse públicamente, pero las demás *chicas*[5] no. Desde el principio estuvo claro que yo no pretendía identificarlas: aceptaba sus *nombres de batalla* e hice explícito que no requería detalles personales para realizar lo que me había propuesto. Y aunque Claudia y las otras compañeras conocían el objetivo de mi investigación (obtener información útil para lograr que el uso del condón se convirtiera en una exigencia obligatoria para los clientes), las relaciones desiguales no se borran simplemente, por muy buenas intenciones que se tengan.

A pesar de mi actual alejamiento de Claudia Colimoro, reconozco lo fundamental que fue su compañía durante los años en que hicimos las rondas por los *puntos*. De su mano descubrí una dimensión que desconocía: esos territorios nocturnos, que me parecieron de una sordidez deprimente. Yo percibía que mi mera presencia, ¡tan atípica!, de alguna manera violentaba a las *chicas*. ¿Quién era yo?, ¿qué pretendía? No era una de ellas ni tampoco podía pasar por *tira* ni por madrota. Monsiváis criticaba a ciertas personas que salían de noche a visitar lugares proletarios (*antros de mala muerte*) como si fueran al zoológico a fascinarse con las rarezas. Yo no quería ser una asombrada espectadora, y en los *puntos* del *ambiente* sentía pudor y trataba de no mirar fijamente a las *chicas*, temiendo que mi presencia las incomodara. Pero, con el tiempo, ellas y yo nos acostumbramos.

A lo largo de mi primer año de *acompañamiento político* fui absorbiendo información de manera informal, como cualquier persona recién llegada a una nueva situación social. Hacer observación antropológica es como ser un extranjero que, sin saber las reglas tácitas de conducta social, trata de aprender a comportarse en un contexto distinto (Spradley, 1980). La diferencia entre el extranjero y quien investiga es que este último registra tanto el propósito de sus acciones como la aparición de las diferencias, con un grado exacerbado de atención. La sistematicidad de la toma de notas y la introspección que acompaña el proceso de *aclimatación* dan al trabajo etnográfico un sentido obsesivo, que lo diferencia claramente de la actitud espontánea de cualquier persona que llega a un lugar desconocido y tiene que adaptarse. Pero ya que se aprenden las reglas, se olvidan y no se piensa en ellas.

Para cuando los doctores Mauricio Hernández Ávila y Patricia Uribe me propusieron investigar la negociación del condón entre trabajadoras y clientes, yo ya me movía con facilidad en el *ambiente*. Por eso, cuando inicié la investigación y empecé a llevar un registro de la experiencia, ya me había adaptado a muchas situaciones y mis vivencias habían perdido la calidad que tienen los primeros registros en un campo desconocido. Los doctores pensaron que yo podría constatar qué tanto de lo que relataban las *chicas* respecto a las resistencias masculinas era cierto, pues existía la sospecha de que ellas mismas, poco convencidas, no proponían adecuadamente el uso de condón. A pesar de haber acompañado a Claudia en varias ocasiones a los *puntos*, incluso a hoteles, yo no había reparado en los tratos con los clientes. Mi atención estuvo centrada en Claudia, en su relación, de disputa o negociación, con las demás representantes; pero muy tangencialmente en las *chicas*, a quienes no quería incomodar con mi curiosidad. Y aunque Claudia hacía una ronda en ciertos *puntos*, y a pesar de que tenía buenas relaciones con varias representantes, no era fácil observar las negociaciones entre trabajadoras y clientes, pues a ambos los podía intimidar. Además, las representantes de los *puntos* ubicados en la Comisión Federal de Electricidad (CFE), en Martí y en Sullivan ya habían manifestado resquemor por mi presencia: ¿quién era yo?, ¿qué quería?, ¿para quién trabajaba?

Cuando le propuse a Claudia acompañarla por primera vez, me topé con la sorpresa y la extrañeza de su parte y, aunque aceptó mi compañía, no había comprendido del todo qué quería yo. Entendía que no andaba detrás de una tajada de dinero, no quería una comisión ni pretendía abrir un *punto* por mi cuenta, pero si no iba por *lana* ni tampoco por *aventuras* sexuales, ¿entonces qué buscaba? Cuando te sales del esquema establecido, se generan dudas sobre quién eres y qué quieres. No bastó asumirme como feminista, la duda persistió: ¿era una espía de la competencia?, ¿una agente del gobierno? A pesar de no comprender totalmente mis intenciones feministas, Claudia pudo comprobar ciertas ventajas de mi presencia: había conseguido, por medio de Carlos Monsiváis, llegar con los dos delegados importantes, Ignacio Vázquez Torres, de Cuauhtémoc, y Roberto Albores, de Venustiano Carranza.

Gracias a Monsiváis, también el entonces procurador del D.F., Ignacio Morales Lechuga, nos recibió a mí y a Claudia para tratar el asunto de las *razzias* y abusos de los agentes judiciales. Por eso, aunque existía cierto resquemor en Claudia, porque no entendía qué quería yo, fui vista como una aliada útil, con buenos contactos y con cierto margen de influencia.

También a las principales representantes de Sullivan les resultó difícil comprender mi objetivo. Primero, mi desinterés por la cuestión económica les resultó increíble, luego sospechoso. Asimismo les costó entender que no trabajaba para ningún partido político sino para una causa. No obstante, lo que más se les dificultó aceptar fue que yo no esperaba ninguna gratificación. Al principio creyeron que yo estaba con Claudia porque me pagaba, y me insinuaron que con ellas ganaría más. En una ocasión, después de haberlas ayudado en una bronca en la Delegación, me regalaron un costoso reloj, que rechacé. Con insistencia me preguntaban qué me gustaba. Aunque fui muy explícita y subrayé que no recibiría ningún tipo de regalo, una vez comenté que me gustaba mucho la fruta, y al día siguiente recibí la más aparatosa y cara canasta de frutas que he visto en mi vida, que tampoco acepté. Fue hasta que asumí mi papel de antropóloga, casi un año después, cuando se tranquilizó la inquietud: lo que yo quería era investigar y escribir un libro. Eso era más concreto y creíble que mi rollo feminista. ¡Por fin mis motivos aparecían como algo razonable ante ellas! En este caso no ocurrió lo que Pratt (1986) denomina la inexplicabilidad e injustificabilidad de la presencia del antropólogo. Eso me pasó más bien como feminista, pero asumirme como antropóloga calmó inquietudes y aclaró mi objetivo: era totalmente comprensible que una antropóloga quisiera hacer una investigación.

Las madrotas/representantes/microempresarias eran quienes daban la cara en las negociaciones con la Delegación o la policía, y otorgaban una cierta *protección* a cambio de quedarse, como regla, con la mitad de los ingresos.[6] Yo asistí con Claudia a distintas reuniones con ellas y detecté de inmediato una gran diferencia. Mientras Claudia trataba de elaborar una estrategia para acercarse a las *chicas* de los distintos puntos, las *representantes* se quejaban de las autoridades, del negocio y de la vida en general. Yo veía cómo se iba agudizando la confrontación entre Claudia y las *señoras* de Sullivan. Claudia estaba realmente preocupada por el contagio de sida y por el escepticismo que había en el *ambiente* sobre la pandemia: se pensaba que el sida era una mentira de las autoridades para controlar mejor el negocio. Mientras ella buscaba hablar con la mayor cantidad de *chicas* posible, las otras representantes veían en la colaboración con Conasida una ventaja que implicaba *protección* oficial. La disparidad entre ambas posiciones y otros roces personales llevaron al enfrentamiento y posterior ruptura.

Ya con la experiencia del acompañamiento político, inicié el proceso formal de observación para la investigación. Aprovechando las amistades de Claudia, elegí tres *puntos* tradicionales para llevar a cabo mi investigación: en Sullivan, en la zona de la Comisión Federal de Electricidad y en el puente de Insurgentes. Posteriormente me centraría en un lugar atípico, el *punto* de El Oro. La duración del proceso de observación fue de casi diez meses, entre enero y octubre de 1990, y el periodo más intenso y *sui generis* fue en El Oro. Organizado *ex profeso*, con el apoyo de las autoridades de Epidemiología y Conasida, este *punto* se convirtió en el lugar donde *me paré* cuatro o cinco noches a la semana, de diez de la noche a dos, tres o cuatro de la madrugada, dependiendo del movimiento en el punto, por más de tres meses.

Además visité otros *puntos* (Libertad, Meave, Querétaro), me acerqué a merodear por La Merced y pasé muchas noches en los vestíbulos de los hoteles a donde llevan a los clientes. En El Oro, además de *pararme* con las *chicas*, excepcionalmente me tocó llevarlas, como chofer, con algún cliente de a pie (en general, los clientes se ponen de acuerdo desde el auto y quedan de verse en el hotel). Esto me dio la posibilidad de escuchar muchas pláticas y presenciar distintos tipos de negociaciones. Durante el tiempo que trabajé políticamente, previo a documentar las estrategias de negociación del uso de condón para la prevención del contagio de VIH, leí todo lo que encontré, pero en los estudios y documentos que revisé sobre México no estaba presente lo que pensaban y sentían las mujeres que vivían esas circunstancias. Como feminista, decidí incorporar la perspectiva de las trabajadoras sexuales con las que tuve oportunidad de conversar.

El éxito de una investigación etnográfica depende mucho de la relación con los informantes. Evidentemente, la clave de mi tránsito por ese ambiente fue Claudia Colimoro, y aunque también tuve otras informantes (Bombón, Alicia, Martha Silvia, Laura y Leti), ellas no tuvieron ni remotamente la misma importancia. Con las otras hablé pocas veces (apenas entre cinco y ocho entrevistas con cada una), mientras que con Claudia pasé alrededor de cuatro noches a la semana, durante varios meses, además de acudir a una gran cantidad de reuniones de discusión política y de diversión. Yo preguntaba poco; más bien hacía comentarios amistosos, daba información sobre mi persona, expresaba ignorancia sobre el *ambiente* o explicaba el objetivo de mi presencia; también intentaba ponerme en su lugar y ver las cosas desde su perspectiva. Haciendo preguntas que requerían descripciones, repitiendo las respuestas, demostrando interés y agradeciendo las clases que me daban, fui armando en mi cabeza el modelo del trabajo sexual callejero. Al saber escuchar, al propiciar una conversación, al ser un poco pasiva, al soportar la tensión del silencio (como un psicoanalista), al reforzar la comunicación no verbal (sostener la mirada y tener cercanía corporal), aprendí mucho. Todo este proceso me llevó, también, a un aculturamiento y aprendí cómo se trata a un cliente o a un judicial, incluso pude captar indirectamente algunos aspectos relativos a los clientes, a través de lo que ellas decían. A pesar de las individualidades, encontré experiencias comunes, sobre todo en su visión del trabajo sexual, que se perfiló como algo novedoso para mí: la presencia de una actitud gozosa y de relajo que desmitificaba el estereotipo de la víctima sufriente que yo tenía en la cabeza.

Durante el proceso previo de acompañamiento no imaginé que algún día me interesaría investigar académicamente esa problemática social, por eso no llevé un cuaderno de notas etnográficas. Sólo consigné algunas frases impactantes que se me quedaban grabadas (de las conversaciones con ellas y entre ellas). Ya definida posteriormente la investigación, hice un reconocimiento antropológico de los *puntos* de la *prostitución* callejera que conocí durante mi etapa previa. Entonces volví a recorrer Sullivan, el puente de Insurgentes y la zona de la colonia Roma (en especial, la calle de Querétaro), además de explorar mejor la calle Libertad y la zona aledaña a la CFE y La Merced. Seguí los usos y costumbres de la investigación participativa: "Mirar y escuchar, hablar con la gente, y eventualmente empezarán a surgir ciertas pautas". Fui comprendiendo poco a poco el sistema de trabajo de los *puntos*, el papel de las *representantes* y la multitud de negociaciones entretejidas alrededor del trabajo sexual: había un conjunto de *servicios* asociados, desde la venta de ropa y maquillaje en abonos, hasta prestaciones de salón de belleza, transporte y cuidado infantil. Al registrar los aspectos de la organización laboral de las mujeres que trabajan en la vía pública en la Ciudad de México, me hice una idea general de sus condiciones y rutinas. En términos estrictamente profesionales, la observación *participativa* me permitió verificar la discrepancia entre lo que decían las *chicas* y lo que en realidad hacían. En ese sentido fue bastante deprimente comprobar los niveles de resistencia y negación ante la amenaza del sida. Aunque me apoyé en algunas lecturas y unas escasas entrevistas, la observación, el mero hecho de estar horas y horas con ellas, me dio información crucial. Yo anhelaba que la investigación sirviera para dar a las trabajadoras sexuales un *retrato* de sus actitudes y conductas que les sirviera para cuidarse y para abordar de manera más decidida y menos negadora su responsabilidad en la prevención del sida. Pero ¿cómo hacer que ellas asumieran el uso de condón? Aunque en su momento hablé con ellas esto, especialmente al compartir los resultados de la investigación, creo que no lo logré. Más bien, como señaló Monsiváis, el impacto de la epidemia en sus vidas y la muerte de compañeras cercanas fue lo que realmente transformó sus actitudes y prácticas.

Además del descubrimiento del *ambiente*, la relación con Claudia me sensibilizó de una manera muy especial. No es sencillo describir lo que nos pasó: al principio, Claudia me etiquetó como una señora *fresa*, un tanto rara, que quién sabe qué se traía entre manos, pero que parecía dispuesta a *ayudarla*; por mi parte, yo la clasifiqué de acuerdo con el estereotipo feminista: una víctima con potencial de transformación. Ambas fuimos afinando y modificando esas clasificaciones, pero en el trayecto fueron circulando entre nosotras demandas inconscientes y fantasmas.[7] Al principio me esforcé por darle lo que creí que necesitaba: información. Así, la llené de fotocopias de artículos y de libros. Ella también intentó ofrecerme lo que pensaba que yo requería: salidas divertidas, con posibilidad de encuentros sexuales. Esas mutuas creencias expresaban lo que simbolizábamos la una para la otra: parecía que Claudia y yo fantaseábamos con *complementarnos* recíprocamente, y nos otorgábamos un saber distinto o un goce diferente, que cada una anhelaba. Era una fantasía reparadora: yo le daría lo que ella no tenía, y viceversa. Obviamente esto no se verbalizó jamás, y mientras ocurría no fuimos conscientes de ello, pero multitud de detalles y gestos tuvieron ese sentido. Resulta muy complicado ponerle palabras a lo que pasó. Por ejemplo, a Claudia le preocupaba que en ese entonces yo no tuviera pareja. El galán de Claudia era un joven que se dedicaba a la lucha libre, El Acertijo, y ella pensaba en que la solución a mi *soledad* era presentarme a sus amigos. Después de dos o tres salidas con ellos, Claudia constató mi poco interés en dichos personajes, y entendió que yo buscaba otro tipo de relación. Una posterior interpretación en el diván me permitió esclarecer cómo en muchas cuestiones la transferencia entre nosotras abarcaba aspectos supuestamente lejanos al objetivo político que nos mantenía juntas. Poco a poco nos fuimos conociendo mejor y dejamos de intentar satisfacer aquello que imaginábamos que la otra necesitaba. La experiencia de trabajo nos ayudó a descifrar algo básico: aunque éramos la cara contraria de la misma moneda, fuimos descubriendo que el lado opuesto no tiene aquello que suponemos que nos falta.

A pesar de nuestras diferencias de clase social, educación y vida, el objetivo político compartido fue una base sólida de compañerismo. Al principio, Claudia manifestó como el objetivo de su lucha informar a las demás trabajadoras de los riesgos del sida y de la importancia del uso del condón. Para ella, dicho objetivo implicaba la posibilidad de regular de otra manera el trabajo, de organizarse para defenderse de los abusos y, como objetivo individual, desarrollar su vocación política. A partir de su incipiente liderazgo, Claudia tuvo la necesidad de ocupar otro lugar, otro estatus simbólico. De hecho, se convirtió durante un tiempo en la representante latinoamericana en algunos encuentros internacionales de trabajadoras sexuales.

En el libro de Kempadoo y Doezema (1998) sobre las trabajadoras del sexo a nivel mundial se consigna que Claudia Colimoro se autonombraba "la Mega Puta de México" (1998: 169). También se señala que fundó una asociación civil, Mujeres Unidas por la Salud, para combatir el sida, y apareció una breve entrevista realizada por Amalia Lucía Cabezas, titulada "Sex Workers in Mexico", en la cual Claudia dijo: "El negocio es bueno para nosotras. Ganamos bien y tenemos un horario flexible, por eso estamos aquí. En ninguna otra profesión ganamos lo que aquí" (1998: 197). Relató su aspiración política de ser candidata a diputada, sin importar el partido político; declaró la necesidad de una legislación similar a la laboral, habló de la importancia de ser respetadas y de que su oficio fuera considerado como cualquier otro trabajo. Respecto a La Unión Única, una asociación que no distinguía entre las trabajadoras sexuales y los dueños de antros, fundada en 1993, Claudia aclaró: "Las trabajadoras tienen que apoyar a los dueños, porque si no, no tendremos lugares donde trabajar" y denunció: "Si eres una trabajadora sexual no puedes trabajar por tu cuenta" (1998: 198).

Sin embargo, Claudia Colimoro fue cambiando su perspectiva y acercándose a la postura neoabolicionista actual: una concepción que considera el comercio sexual como una forma de violencia, por lo que aboga por su total erradicación. Yo tardé en comprender su transformación. Inicialmente pensé que su labor en la Casa de las Mercedes, un refugio para niñas de la calle (algunas de ellas *prostituidas*) era una forma de repararse emocionalmente, pero nunca imaginé que Claudia asumiría una perspectiva abolicionista.

Volviendo a la investigación, a partir de que yo me asumí como antropóloga, se calmó un poco la suspicacia entre las *chicas*; sin embargo, la desconfianza de las madrotas no se borraría fácilmente. Si algo no querían las señoras era precisamente que conociéramos la magnitud de su negocio. Para continuar con el proyecto y observar lo que ocurría en la interacción con los clientes requería permanecer cierto tiempo en el *punto*: no bastaban unas cuantas noches para poder realizar un buen trabajo etnográfico. Al comentar esa situación con Claudia ella sugirió: "¿Y si tuviéramos un *punto*?".

¡Qué idea!, ¡un *punto* manejado por Claudia! Y así, sin presiones ni temores, yo podría investigar ampliamente la relación trabajadora/ cliente respecto al uso del condón.

Claudia sabía de un lugar que supuestamente en ese momento no estaba ocupado: El Oro. Estaba ubicado en la colonia Roma, en la intersección de Monterrey y Colima, a una cuadra de la Glorieta de la Cibeles, con gran visibilidad desde la avenida Insurgentes y, al mismo tiempo, cubierto, lo cual lo convertía en una especie de nicho. El Oro era un lugar genial, sólo que ahí trabajaba la Ganza, quien fue desalojada con tácticas autoritarias, cuestión que no supe hasta mucho más tarde. Así que, con el apoyo de la Dirección de Epidemiología, Claudia *abrió* el *punto* y ahí realicé la parte sustantiva de mi trabajo de observación. El célebre antropólogo Claude Lévi-Strauss afirmó que nuestro mundo se presta a la observación etnológica con la sola condición de poder aislar en él unidades de observación, que nuestros métodos de investigación sean capaces de manejar. El *punto*, ese lugar en la calle donde las trabajadoras sexuales ofrecen sus servicios, es un espacio pequeño, y fue mi unidad de observación por excelencia. Para hacer ahí la investigación, fue necesario solicitar *tolerancia* (o sea, permiso para *pararse*) a la Delegación Cuauhtémoc. Nuestro poder de negociación residía en argumentar que se trataba de un *punto* para investigación. Para darle legitimidad al asunto, semanas después, Claudia y yo llevamos al director de Epidemiología de la Secretaría de Salud a la oficina de la Delegación, con un oficio de su dependencia, solicitando que se le permitiera a Claudia Colimoro realizar una investigación sobre condón y sida en El Oro. No recuerdo el nombre del consternado y desconfiado funcionario, pero sí su mirada: una mezcla de sorna (¡así que ustedes también quieren entrarle al negocio!) y de desconcierto (¿Epidemiología solicita con un oficio abrir un *punto?*). Por un momento temí que Mauricio Hernández Ávila se retractara, ante la posibilidad de las acusaciones de lenocinio o *padrotismo* que le pudieran hacer. Sin embargo, el funcionario sobrellevó las sospechas y la Delegación nos otorgó, con dudas y *bajo nuestro propio riesgo*, la dichosa *tolerancia*. Claudia corrió la voz de que abría el *punto* y empezaron a aparecer las chicas que querían trabajar ahí.

La apertura de El Oro estuvo acompañada de una notable sensación festiva: era *nuestro* lugar, y nos sentíamos seguras y encantadas. La rutina de trabajo era relativamente sencilla: las *chicas* se paraban juntas en la calle y establecían contacto visual con los clientes, que desfilaban ante ellas en sus coches y, menos frecuentemente, a pie. La negociación era verbal: "¿Cuánto por un rato?". Un *rato* es el lapso de tiempo acordado para realizar el servicio. Suele ser de 20 minutos, como máximo, a menos que se acuerde y se cobre por mayor tiempo. Había por lo menos tres tarifas: la normal, que implicaba *de la cintura para abajo*, o sea, levantarse la falda y bajarse los calzones; la completa, que era sin ropa; y *francés*, con felación. Si había acuerdo, trabajadora y cliente quedaban de verse en un hotel muy cercano, al que cada quien llegaba por su lado: ellos en sus coches, ellas con el chofer del *punto*. En las raras ocasiones que aparecía un cliente de a pie, el chofer también lo trasladaba.

La experiencia de la observación en el *punto* fue mucho más difícil de lo que imaginé. Aunque ya llevaba tiempo en el *ambiente*, ahí experimenté lo duro que es pararse durante meses, cuatro días a la semana,[8] hasta altas horas de la madrugada. Algo elemental, pero que yo no había comprendido cabalmente, es que el trabajo antropológico de observación no es sólo contemplativo: es participativo, porque implica cierta intervención o actuación. La primera noche que llegué al *punto*, armada con una chamarra para el frío, y con una libreta para tomar notas, Claudia me miró y me dijo: "No, amiga, así me vas a espantar a la clientela. Quítate los lentes, ven a que te maquille un poco. Y no pienses que vas a estar apuntando cosas: ¡van a pensar que eres *tira*! Además, mañana no vienes en esas fachas; ponte una mini o algo atractivo, ¡por Dios!". A diferencia de otras situaciones de investigación, donde a la persona que investiga se le acepta como una extraña entre los nativos, yo me debía ver como una *chica* más, para no despertar sospechas o incomodidad entre los clientes. Para lograr los requisitos mínimos de apariencia, a pesar del frío que hacía en la calle durante la noche, desenterré de mi clóset una minifalda negra de los setenta, a la que Claudia me sugirió subirle el dobladillo aún más; me puse unas mallas moradas de lana, muy vistosas, pero calentitas, y compensé la ausencia de escote con un suéter que me quedaba chico y, por lo tanto, muy entallado. Incluso así, no soporté el frío y acabé poniéndome algo encima de los hombros. Me quité mis gafas y Claudia me maquilló. Según ella, *daba el gatazo.*

Claudia les dijo a las *chicas* que yo era una amiga suya, que hacía una investigación sobre si los clientes aceptaban o no el uso del condón. Que me iba a *parar* con ellas, pero que no me iba a ir con ningún cliente, y que si alguno se ponía necio, que lo distrajeran o lo atajaran. Lo único en lo que Claudia fue inflexible fue en la toma de notas: los clientes no debían verme escribiendo, pues podían creer que yo era policía. Durante las primeras noches, por mi incapacidad de estar *parada* todo el tiempo, empecé a sentarme, por ratos, en el auto. Algunas veces Claudia se subía a acompañarme y a platicar, pero realmente ella prefería acompañar a las chicas, echar relajo y estar *haciendo el punto*: o sea, una mezcla de llamar la atención de los clientes y vigilar lo que ocurría. Cuando yo estaba en el auto aprovechaba para hacer algunas anotaciones en una libreta que dejaba dentro; apuntaba frases o historias que las chicas habían dicho y llevaba la cuenta de los clientes que aceptaban o rechazaban condón. Los días que no tomaba notas durante la noche, lo hacía de regreso a casa, aunque a veces el cansancio me hacía posponer el registro para el día siguiente. Ahora lo lamento, pues es difícil reflexionar mientras están ocurriendo las cosas y las notas son un disparador de los recuerdos, por eso es mejor elaborarlas al terminar la jornada de observación.

Pararme en el *punto*, noche tras noche, durante meses, fue sumergirme en un contexto cuya violencia e incomodidades apenas había calibrado. Los primeros días, la emoción de disfrazarme y estar *cotorreando* con Claudia y las *chicas* ocultó el riesgo de la situación. Bastó con que Claudia *parara* a sus chicas para que, a los pocos días, apareciera un grupo a echarle bronca. Imagino que era la Ganza, con sus compañeras, un grupo que se *paraba* en Monterrey y otro en Álvaro Obregón, que llegaron a reclamarle a Claudia el despojo. Pero Claudia no estaba dispuesta a abandonar el lugar y su respuesta fue enfrentarse a golpes. Así, parte de mi rito de iniciación en el *punto* fue un pleito territorial de una ferocidad tal que me descolocó: no sabía si salir corriendo por una patrulla o darle una patada a la mujer que se golpeaba con Claudia. "No se metan, súbanse al coche y déjenmela a mí", nos dijo. Optamos por observar la pelea a cierta distancia, las *chicas* gritaban y yo estaba muerta de miedo, pero al mismo tiempo admiraba su valentía. Nunca había presenciado ese nivel de violencia entre mujeres (tampoco entre hombres). Después de la victoria de Claudia, las otras se retiraron. Sin embargo, esa bronca sólo fue el anuncio de la violencia en el *punto*. Las chicas se *paraban* en la esquina, pero, con frecuencia, se bajaban de la banqueta, echando relajo, bailando, llamando la atención. Hubo varias ocasiones en que casi las atropellan unos clientes borrachos, pero también unas patrullas y automóviles de judiciales, haciéndose los chistosos. No tardé mucho en confirmar lo que era un lugar común: el mayor peligro era la policía. Era impresionante el número de policías que *daban la vuelta*, es decir, iban por una *mordida*. Después del *shock* inicial decidí contarlos: el promedio era de cuatro a seis patrullas por noche, o sea, una cada hora; pero los viernes y sábados de quincena esa cantidad se incrementaba.

Pasadas las primeras semanas de sobresaltos y descubrimientos, ese ambiente de riesgo, en vez de repelerme, me envició. Me obsesioné con el *punto*: vivía para ir por la noche con Claudia y las *chicas*. Me iba al *punto* entre nueve y media y diez de la noche y me quedaba, dependiendo de si era viernes, o si era quincena, hasta las tres de la mañana. Regresaba a dormir a mi casa (a veces sólo dormía cuatro horas) y alrededor de las ocho de la mañana me despertaba para ir a mi trabajo, donde me quedaba hasta las tres de la tarde. Después de comer y de hacer apresuradamente algunas labores, dormía una siesta, de seis a ocho, y otra vez me iba al *punto*. Sólo los domingos, lunes y martes dormía normalmente y reparaba el sueño atrasado durante la semana.

Mi vida se trastornó totalmente, y no sólo por los horarios: estaba fascinada por el *ambiente* de la *prostitución* y, aunque veía su sordidez, nunca me produjo rechazo, aunque sí sentí miedo varias veces. Después del susto inicial, vi que el riesgo era manejable: había que estar alerta con los clientes borrachos, con los policías y judiciales. La rutina hacía previsibles ciertas agresiones. Claudia, temeraria de por sí, era un modelo a seguir por todas; y yo pensaba, al ver a esas jovencitas: "Si ellas pueden cuidarse, ¿por qué yo no?". Me encantaba ver a Claudia peleándose con los policías, me divertía ver a las chicas vacilando a los clientes, me impresionaba la capacidad que tenían para echar relajo. Estar en el punto era un juego, aunque a ratos se volvía peligroso. La adrenalina del punto me mantenía acelerada: el riesgo de la noche en la calle me resultaba sumamente atractivo. Descubrí el *fulgor de la noche*.

Mis amigas, que seguían de cerca mi proceso, estaban preocupadas y temían que me expusiera demasiado. Una de ellas me planteó que alguien podría reconocerme en el *punto*. Mis amigos cercanos ya sabían en lo que andaba, así que sólo me preocupaba la gente con la que me relacionaba superficialmente, aquella que me conocía lo suficiente como para reconocerme, pero que no sabía de la investigación y podía imaginar que yo estaba haciendo *lo que parecía que estaba haciendo*. Respondí que no me inquietaba mucho exponerme a la posible interpretación de que yo era una *puta*. Pero ella insistió: "¿Qué tal que algún amigo de tu mamá te reconoce y se lo cuenta?". Eso me inquietó, pues a mi madre no le había explicado con detalle mi proyecto para que no se angustiara. Ella sabía que mi activismo feminista estaba relacionado con *prostitutas*, pero desconocía hasta qué grado yo estaba *metida en el ambiente*. Hoy pienso que el comentario de mi amiga expresaba también una ansiedad relacionada con el estigma: que estar entre *prostitutas* me fuera a contaminar o a devaluar.

Aunque con las *chicas* no mantuve una relación tan cercana como con Claudia, el apoyo que recibí de ellas fue inmenso. Las primeras noches que *me paré*, ellas me protegieron, haciendo una *bolita* (un cerco) en torno a mí, cuando algún cliente se ponía necio: "¡Ya déjala, no se va a ir contigo!". Posteriormente, cuando ya me aclimaté, yo misma los disuadía o me alejaba y las *chicas* simplemente se reían. En el *punto* traté de mantener un perfil bajo: seguía las conversaciones que ellas iniciaban y, con el mismo pudor que tuve con Claudia cuando la conocí, no las interrogaba, más bien participaba en la conversación hablando de mis cosas. En ese tiempo no sospechaba que en el futuro querría recordar con más precisión los comentarios de Claudia, los incidentes en las noches o los dichos de las *chicas*, y lo único que registré con método fue la relación cliente/trabajadora relacionada con el uso del condón. Eso implicaba contar cuántos clientes se acercaban por noche, y de éstos, cuántos aceptaban usar condón y cuántos se iban. Lo único que indagué abiertamente fue lo relativo al condón: si el cliente, ya en el cuarto de hotel, no había puesto resistencia o si les había hecho algún comentario.

Durante la observación intenté seguir las reglas etnográficas: observar y escuchar con cuidado, contrastar la información y volver a preguntar una y otra vez, de forma igual o diferente, lo mismo. Además de tratar de descifrar la cultura o subcultura que se estudia, hay que registrar lo que las personas piensan de su medio, de sus situaciones. Parte del objetivo etnográfico es lograr que los informantes verbalicen sus circunstancias. Malinowski (1950) señaló que si el nativo razona o inquiere en asuntos de creencias, siempre será respecto a detalles o aplicaciones concretas. Por eso consideraba incorrecto cualquier intento por parte del etnógrafo para inducir a su informante a formular definiciones o declaraciones. Apliqué esto al caso con las *chicas*, pero no a Claudia: a ellas solamente las escuchaba, mientras que a Claudia le pedía explicaciones. Claro que la relación con ella no fue la clásica de informante/etnógrafo. Para empezar, el informante es un *nativo* y Claudia no era totalmente eso: ella había trabajado en departamentos y estéticas. Por su posición en distintos tipos de trabajo sexual, Claudia hizo una reflexión, comparando y señalando ventajas y desventajas de ciertas costumbres de la calle.

Aprovechaba los momentos en que estábamos juntas, al final de la jornada de trabajo, cuando íbamos a cenar o desayunar de madrugada, para que ellas me contaran sus experiencias, para que hablaran de cómo entraron al *ambiente*, de cómo vivían. Aunque no fueron entrevistas formales, las pláticas nocturnas con las *chicas* de El Oro me resultaron muy útiles, pues al hablar de los clientes se colaban otras cuestiones y así, poco a poco, me fui armando una idea de sus vidas y de la problemática del trabajo sexual. Aprendí que en la Ciudad de México no existe la posibilidad de que una mujer se *pare* libremente a buscar clientes en la calle. Tal vez lo haga unas pocas veces, hasta el momento en que sea detectada por la policía o por la competencia. El trabajo en la calle está organizado con un férreo control territorial, tanto de parte de las autoridades como de quienes manejan a las mujeres (antes llamados *padrotes* o *madrotas*, hoy en día *representantes*), muchos de los cuales han sido aprehendidos por *lenocinio* o explotación de la prostitución ajena.[9]

Sólo en ciertas calles de la ciudad se toleran *puntos* de *prostitución* callejera. Aunque éstos son un reconocimiento a un cierto derecho de antigüedad de quienes trabajan la calle, también expresan el poder de quienes controlan a las mujeres. El control es un elemento indispensable para la negociación con las autoridades, que tienen que responder a las quejas de los vecinos. Si una mujer desea trabajar en la calle, tiene que entrar a un grupo que tenga *representante*, pues éstos negocian con los funcionarios delegacionales y corporaciones policiacas.

En el momento en que Claudia Colimoro abrió El Oro, la costumbre era que las trabajadoras entregaban a la representante 50 por ciento de lo que ganaban con cada cliente y ella se ocupaba de todo: negociar con la Delegación, dar las *mordidas* y pagar las fianzas o las multas. Claudia bajó esa cuota a 20 por ciento, y cuando las *chicas* le preguntaron por qué, ella respondió que para *prestigiar* al *punto*, y para conseguir buenas chicas. Y como existe una cierta rotación de las mujeres, porque se hartan de los *representantes* y de los clientes, no tardaron en aparecer otras jovencitas.

Yo escuchaba embobada sus historias, que me confirmaban lo Claudia que ya había mencionado: era un trabajo relativamente cómodo por la flexibilidad de los horarios y los ingresos, pero jodido por el estigma y porque algunos clientes eran desagradables. Me impresionó la capacidad de Claudia para hacer hablar a las *chicas* de sus cosas, y la franqueza con la que ellas compartían aspectos dolorosos de sus vidas. Recuerdo especialmente a una, que tenía a su galán en la cárcel, y nos relataba minuciosamente las duras condiciones en que realizaba la visita conyugal. Después de varias semanas de *chorcha* con ellas, de registrar

61

el número de clientes que rechazaban el condón, de que me tomaran confianza, Claudia me sugirió que fuera la chofer. Ésa era una tarea que hacían Claudia y, a veces, sus hijos. Andar en el coche era una buena manera de evitar el frío de la calle y de no sentirme tan inútil. Al convertirme en chofer sustituto tuve unos minutos a solas con cada una de las chicas. Incluso me tocó llevarlas con algún ocasional cliente de a pie. Una vez, un cliente se sintió incómodo y preguntó quién era yo, y las *chicas* le dijeron que era su patrona y se tranquilizó.

El trabajo de observación me sirvió para detectar mentiras y contradicciones. Las *chicas* decían que usaban condón en *todas* las relaciones, y que se lo exigían a *todos* los clientes. Sin embargo, la observación me llevó a inferir que el uso del condón no era muy frecuente, aun entre las mujeres sensibilizadas. Muy pocas lo usaban, por causas diversas; una de ellas era la irritación vaginal que les generaba usar más de tres condones en una misma noche. Al observar la negociación verbal en torno al condón, detecté dos conductas: negación (con sus modalidades de cuidado selectivo, autoengaño y fatalismo) y aceptación (que conlleva la posibilidad de un verdadero cambio).

Dentro de la negación, el cuidado selectivo consistía en que algunas mujeres dividían a los clientes en *limpios* y *peligrosos* y así desarrollaron una forma de *detección*: los que viajan mucho fuera del país y los que tienen *conductas de riesgo*, o sea, sexo con varones, eran los peligrosos. Ellas investigaban verbalmente si el cliente estaba interesado en el sexo anal, y los clientes que inmediatamente rechazaban la idea como *antinatural, sucia* o *pervertida* eran considerados menos peligrosos que aquellos que demostraban interés. Después, indagaban si salían con frecuencia de viaje. A partir de eso, y de la impresión general que el hombre les causaba, y según el número de relaciones que hubieran tenido esa noche, exigían o no el uso del condón. Lo más frecuente es que a los clientes habituales no les exigieran condón. Esta conducta de *detección* sólo la encontré en dos de los cuatro *puntos*, y en ese momento me pareció que sería poco frecuente en la mayoría de los lugares callejeros.

En relación con el autoengaño, fue notable cómo muchas mujeres hacían del condón un fetiche o un amuleto, como si el solo hecho de traerlo en la bolsa las protegiera, sin usarlo (como las personas que se inscriben en un curso de gimnasia, y sin hacer nada, esperan mágicamente bajar de peso). Me tocó comprobar esto algunas noches, al finalizar la jornada de trabajo y ver que, después de haberse *ocupado* varias veces, el número de condones que llevaban era el mismo. Al ser confrontadas, la respuesta de la mayoría era reírse y decir: "¡Chin!, ¡se me olvidó!". Después de señalárselo varias veces procuraron que yo no viera sus bolsas.

Respecto al fatalismo, éste era muy generalizado entre las trabajadoras callejeras, en parte por su religiosidad católica. Confrontadas ante la posibilidad de infección, la mayoría evitaba responsabilizarse y se limitaba a usar frases como: "Una no sabe cuándo le va a tocar", "Ya estará de Dios" o "El destino ya está escrito". Lo frecuente de este tipo de respuesta planteaba un serio problema, pues no era la falta de información, sino una actitud vital que depositaba en Dios la responsabilidad del destino personal. Otra versión del fatalismo era la de quien se la estaba jugando y decidía arriesgarse: "Gano más sin condón y si me infecto, pues me tardo en morir cinco años" o "¡Qué me importa, al fin ya saqué a mi hijo adelante!". En las pocas ocasiones que verbalizaron la posibilidad de infectarse, jamás plantearon que se retirarían del trabajo. Incluso alguna dijo: "¡Ya estará de Dios contagiar a los clientes!".

Me dio la impresión de que el fatalismo, estrechamente vinculado con la violencia simbólica, también tenía mucho que ver con el estigma y la falta de amor propio: "Si yo no valgo, ¿para qué me cuido?". A esto se sumaba la religiosidad, expresada con el pensamiento mágico de "Uno pone y Dios dispone" o "Cada quien cumple su destino". El lado negro de la actitud fatalista es la resignación ante un destino que supuestamente depende de fuerzas extraterrenales.

A pesar de que la tendencia general que encontré fue la negación, con sus variantes de autoengaño, fatalismo y cuidado selectivo, algunas *chicas*, realmente muy pocas, habían desarrollado un cambio positivo. Con gran inteligencia y sentido del humor, unas cuantas habían logrado erotizar el uso del condón entre sus clientes. Con un tono de misterio les anunciaban: "Vas a ver qué maravilla lo que te voy a poner" y, sin mencionar la palabra *condón*, le colocaban el preservativo y le armaban un teatrito sobre lo maravilloso que era *hacerlo así*. Salvo esos casos excepcionales, la triste conclusión a la que llegué fue que las pocas trabajadoras que tenían un cambio notable de actitud respecto al sida habían visto de cerca a personas infectadas. Como había señalado Monsiváis, fue la realidad contundente de la enfermedad la que generó un cambio.

La epidemia del sida introdujo gran competencia y rivalidad entre trabajadoras y *vestidas*, ya que los clientes, al no querer correr el riesgo del *intercambio de fluidos corporales*, preferían el sexo oral. Muy pocas *chicas* se atrevían a subirse al coche del cliente, luego de varios incidentes violentos de secuestro y abuso, pero las *vestidas* sí lo hacían. Y ante el riesgo de infección de VIH aumentó la práctica de hacer felaciones a los clientes en sus autos. Esa forma de trabajo permitía, además, que el cliente no comprobara la genitalidad de la *vestida*, con lo cual podía sostener la fantasía de que se trataba de una mujer.

Cuando realicé la investigación, el trabajo en la calle efectivamente implicaba un mayor peligro: un continuo enfrentamiento con las autoridades, lidiar con grupos de borrachos, incluso el riesgo de ser atropelladas, pues los automovilistas solían treparse en las banquetas, por embriaguez o por hacer gala de su machismo. Las *chicas* que conocí en la calle manifestaban independencia y valentía. Incluso Claudia se expresó sobre la calle como un espacio de mayor libertad laboral. Ella, que se inició y trabajó en locales cerrados, tuvo un descubrimiento tardío de la calle y en un momento consideró que era mejor trabajar en ella que en departamentos o estéticas, porque en esos locales:

> Se gasta mucho en maquillaje, en ropa, en taxis para ir a un departamento, en medias, en ir bien arreglada; luego llegas y tienes que tomar, tienes que estar mínimo unas dos-tres horas hasta que se termina la botella; luego el cliente no se viene, da la queja a la encargada o a la dueña del departamento y hay veces que ni te pagan si no se vienen y te la hacen de bronca.

La idea general que circula en el *ambiente* es la de que el trabajo en departamentos o estéticas representa una mayor protección del riesgo que suponen algunos clientes agresivos. Aunque no hay cifras, existe la creencia de que el número de asesinatos de trabajadoras en la calle es muchísimo mayor que el de las *chicas* que trabajan *adentro*. También la protección se refiere a las agresiones de la policía. Por otro lado, y en palabras de las propias mujeres, la ventaja del trabajo callejero es la libertad. Esto quiere decir varias cosas: tanto la libertad de *escoger* a los clientes (la negociación en la calle les permite rechazar a quien les disgusta, o les *tira mala vibra*) como una mayor libertad de trabajar los días que quieran y, sobre todo, la libertad que otorga el acuerdo del *rato*. En las estéticas las mujeres están a disposición del cliente y tienen que satisfacerlo, además, deben cumplir con un horario; en los departamentos, las *call girls* tienen que estar *disponibles*. Aunque en la calle hay mayor flexibilidad, en ciertos *puntos* se paga una cuota fija, independientemente de que no cubran la cantidad de *servicios* o que no se presenten a trabajar. Los *representantes* que aplican este sistema más estricto están en los *puntos* mejor ubicados, y argumentan que las chicas trabajan cuando quieren y descuidan el negocio, o que seleccionan demasiado a los clientes, por lo que la exigencia de una cuota las *disciplina*.

Ya como encargada del *punto* de El Oro, Claudia opinó:

> En la calle son sus 20 minutos y a lo que vas. Es rápido y no te traen como en la estética, como en los departamentos, donde te agarran como balero. Ahí, te mueven, te suben, te bajan, y luego, a ver, otro poco de francés… y te vuelven a hacer el amor y, no, no, no… otro poco de francés… Y así son en las estéticas o en los departamentos.

Además, Claudia señaló que las *chicas* cobran cada cosa por separado, desvestirse toda, los besos, que le toquen los pechos, todo cuesta. Sin embargo, no es que la calle sea un paraíso. Además de las patrullas, una de las mayores desventajas de la calle es estar de pie y el frío. En un primer momento, Claudia desbordó entusiasmo por la calle y encontró que la libertad y la facilidad del trabajo eran mucho mayores que en los departamentos.

Pero hay muchísimas cosas, aquí en la calle se aprende muchísimo… yo creo que es donde más se aprende y donde más bonito es. Corres muchos peligros, pero también yo creo que aprendes muchísimo. Yo te aseguro que si yo hubiera sabido lo de la calle no me hubiera metido ni a una estética ni a un departamento, ni a un bar ni nada.

Al preguntarle por qué no intentó trabajar en vía pública, ella responde:

Es que antes la calle estaba controlada por padrotes, entonces los padrotes eran los que te cuidaban, tú tenías que estar bajo un tipo para poder trabajar en la calle… pues no, era imposible. Habemos unas que así no nos funciona.

Además, está la cuestión del estatus: las que trabajan en la calle se ven de menor jerarquía, con frecuencia se nota una diferencia de estrato social y se consideran de más categoría quienes trabajan *adentro*. Es decir, hay un escalafón: primero, departamento; luego, estética, y al último, calle.

Aunque a Claudia le parecía que hacerse de clientes en la calle tenía mayor dificultad, otras informantes coincidieron que también en la calle se *cultivan* los clientes. De hecho, un lugar común entre las trabajadoras con las que hablé era señalar que "cuando le gustas a un cliente, se *amarchanta* y te busca donde estés". Considero que este comentario tiene que ver más con algo que ella señaló antes: la obligación en locales cerrados de *cuidar* al cliente, *versus* el *servicio* rápido y despersonalizado de la vía pública, que se realiza en los hoteles.

Años después de la experiencia en El Oro, alrededor de 1994, Claudia regresó a trabajar como *encargada* (administradora) a un local cerrado: una estética. Volvió con una mirada distinta, con su voluntad de seguir haciendo campaña educativa a favor del uso del condón, interesada en la lucha contra el sida. A partir de este regreso, ella hizo una desmitificación del trabajo en la calle, balanceando sus aspectos positivos (la libertad) con los negativos (el riesgo, el frío). Reencontró una mayor ventaja de la estética en la *protección* y en la comodidad de estar en un local, *cotorreando* y tomando, esperando a los clientes. Se sorprendió cuando le recordé sus alabanzas sobre la calle. Poco después, Claudia dejó la estética y en 1996 se hizo cargo del proyecto de la Casa de las Mercedes, un albergue para niñas de la calle.

Con el acompañamiento a Claudia pude comprender, en términos generales, el *modus operandi* de la *prostitución* callejera. Con la investigación, entré en materia y traté de registrar las actitudes con respecto al uso del condón, tanto de las chicas como de los clientes. Nunca pretendí ir más allá de este registro. Un cierto pudor me impidió explorar los sentimientos íntimos, y probablemente dolorosos y conflictivos, de las trabajadoras. Como me señaló Fabio Vélez, la impresión que puede quedarle a quien lee estas páginas es la de que lo negativo del trabajo sexual se reduce al estigma social, los clientes desagradables, el frío de la calle y las duras jornadas de pie; todo ello, compensable por la libertad y el dinero. Tiene razón en apuntar que todos los trabajos tienen claroscuros, y en la primera parte de este texto aparecen muchos más los claros que los oscuros. Tal vez se debe, además de a mi limitación, a que las trabajadoras que traté en ese momento reivindicaban su labor subrayando los aspectos positivos, y callando los negativos. Obviamente, lo que se inició como observación participativa se transformó en compañerismo con algunas de ellas, a quienes agradezco la confianza de haber compartido conmigo algunos momentos de sus vidas. En ese entonces yo no tenía tanta conciencia, como ahora, de lo extraordinario que estaba viviendo ni de las consecuencias que la sensibilización sobre la situación de las trabajadoras sexuales tendría para mí.

A finales de la década de 1990 me alejé del *ambiente* y de Claudia, sin conocer el proceso de las trabajadoras que formarían la Red Mexicana de Trabajo Sexual. En ese entonces pensé que parte de las dificultades para construir una unión nacional de trabajadoras del sexo se debía básicamente a la ausencia de más trabajadoras dispuestas a asumir públicamente su identidad y dar una batalla política. Sin embargo, no pasó mucho tiempo y descubrí que existían grupos de mujeres independientes que se negaban a ser controladas por las redes del comercio sexual. Mi experiencia anterior facilitó mi siguiente etapa: el vínculo con las trabajadoras independientes del metro Revolución. Así, en el año 2002, volví a involucrarme con algunas trabajadoras callejeras. Se trató en realidad de dos grupos: uno de jóvenes de la zona de la estación del metro Revolución y de Tlalpan; otro de mujeres mayores de La Merced, que buscaron a Jesusa Rodríguez, la actriz y directora teatral, para plantear el proyecto de un asilo para trabajadoras sexuales ancianas y un local para reuniones. Como Jesusa sabía de mi experiencia con este colectivo, me invitó a la primera reunión que se llevó a cabo en el cabaret El Hábito, en Coyoacán. Fue sorprendente el discurso político que tenían las jóvenes, en especial dos activistas que las acompañaban, Adela y Margarita. ¡Por primera vez me topaba con trabajadoras de calle con ese nivel de elaboración política sobre el comercio sexual!

La líder del grupo de ancianas era Carmen, quien a diferencia de Adela y Margarita, sí era una trabajadora sexual, que ya había estado colaborando con Maya Goded en un proyecto fotográfico, y que posteriormente participó, junto con otras, en el documental *La plaza de La Soledad*.[10] Ante el envejecimiento de varias compañeras y la ausencia de pensión, ambos grupos se habían puesto de acuerdo para solicitar un local que pudiera servir tanto de asilo como de espacio para sus debates políticos. La reflexión del grupo de las jóvenes independientes se nutrió de las experiencias de lucha y las reflexiones intelectuales de trabajadoras sexuales y feministas de otros países.

En ese entonces Andrés Manuel López Obrador, quien gobernaba la Ciudad de México, tenía cercanía con Jesusa y respaldó el proyecto, además estableció un plan de atención integral para trabajadoras sexuales de la tercera edad, que vivían en situación de calle, en la zona de La Merced. El Instituto de las Mujeres del D.F. fue el encargado de coordinar los servicios que estas mujeres debían recibir gratuitamente de las otras dependencias del gobierno capitalino. La Casa Xochiquetzal, como la nombró Jesusa Rodríguez, se abrió desde febrero de 2006, y en abril de ese año, Enrique Provencio, el secretario de Desarrollo Social del D.F., hizo la entrega oficial en un acto sobrio y emotivo. La Casa Xochiquetzal había sido antes el Museo de la Fama, y el GDF, junto con el proyecto Jóvenes Constructores de la Comunidad y la Fundación Centro Histórico, la adecuaron como una vivienda.

Y aunque el asilo fue un caso exitoso de la colaboración sociedad/gobierno, también significó una ruptura política dentro del grupo inicial de trabajadoras sexuales. La división entre las más jóvenes (que aspiraban a tener un espacio donde reunirse para llevar a cabo sus procesos de formación y discusión política) y las ancianas (que querían disponer a sus anchas de su refugio) terminó con la muy prudente retirada del grupo de jóvenes independientes. Yo seguí vinculada con ellas, pues me emocionaba su compromiso y su radicalidad. Uno de sus objetivos era eliminar de su trabajo la violencia y la extorsión, y la forma valiente y creativa con que lo comunicaban era, por ejemplo, dando los días 15 de septiembre su "grito de Independencia" en el jardín del metro Revolución. Quienes *controlaban* esa zona las amenazaban, pues ellas no aceptaban pagar *derecho de piso* ni tener representante. Su resistencia les implicó enfrentar las agresiones de las mafias organizadas.

A lo largo de varios años mantuve contacto con este grupo de independientes, que durante sus celebraciones ponían el Himno de las trabajadoras sexuales "No nos van a centavear", escrito para ellas por Jesusa Rodríguez y Liliana Felipe, con la música de esta última.

NO NOS VAN A CENTAVEAR[11]

No somos brujas ni somos magas, pero tampoco somos sirenas.
Somos mujeres igual que todas, somos nosotras y no cualquiera.
Se nos antojan las mismas cosas que a todo el mundo y a los demás.
Ya lo dijo la gran Sor Juana, ¿a quién más vamos a culpar?
La que peca por la paga o el que paga por pecar,
la que pica por la droga o el que droga por picar,
la que todo el día le chinga o el que chinga por chingar,
o la culpa que es culposa y no sabe a quién culpar.
No somos santas ni somos cosas pero tampoco tan peligrosas.
Somos mujeres de carne y hueso, tenemos esto, tenemos eso,
tenemos ganas, entre otras cosas, de mantener nuestra dignidad.
Ya lo dijo la peor de todas, ¿a quién más vamos a culpar?
La mujer porque se deja o el que deja a la mujer,

la madrota porque explota o el padrote al explotar,
la moral porque se dobla o el que dobla la moral,
o los socios de la sucia mentirosa sociedad.
Que nos dejen, libremente, por las calles circular,
porque, pase lo que pase, no nos van a centavear.
Porque de hoy en adelante, nos haremos respetar.
Somos libres y queremos trabajar.
Porque todos los derechos nos los van a respetar.
Y que vivan las mujeres. ¡Viva nuestra libertad!

Ese himno tuvo un gran éxito, y no sólo entre las trabajadoras sexuales.

A las independientes de Revolución las acompañé algunas veces a resolver cuestiones con funcionarios del GDF. Yo pensaba que sería bueno que se organizaran bajo el esquema de ONG, para poder recibir donativos, pero su concepción política rechazaba tal institucionalización. Asistí a varias reuniones de deliberación política y me asombró la total horizontalidad de su dinámica. Intervine en algunas ocasiones, acompañándolas a la Procuraduría de Justicia del D.F. por las típicas arbitrariedades que padecían. Sin embargo, cuando Adela y Margarita se trasladaron a otra entidad federativa, en busca de nuevos horizontes políticos, mi relación con las trabajadoras independientes del metro Revolución disminuyó. Entonces me centré en el activismo de la despenalización del aborto y dejé un tanto de lado el tema del trabajo sexual, por lo que no me percaté del crecimiento del neoabolicionismo.

III
HAY DE TODO.
LAS TRABAJADORAS Y SUS CIRCUNSTANCIAS

A lo largo de estos años de acompañamiento, observación e investigación me he ido formando una idea sobre qué impulsa a las mujeres a realizar trabajo sexual. Entre lo que escuché en El Oro, lo que me contaron Claudia y las *chicas* de otros *puntos*, lo que se dijo en los grupos focales de Conasida,[1] lo que aprendí de las independientes del metro Revolución, lo que hablé con Adela y Margarita, más lo que ha significado estar en reuniones con las compañeras de la Red Mexicana de Trabajo Sexual y acompañar a Brigada Callejera, he aprendido más que con todas las lecturas que he hecho. Todo ello me ha dado una idea sobre ciertas cuestiones básicas del comercio sexual (los mecanismos de enganche, la relación con los clientes, la extorsión de las autoridades, el riesgo de la calle) en la vía pública en la Ciudad de México. A menos que especifique lo contrario, los dichos que aquí cito para *reconstruir* ciertas narrativas muy repetidas por las *chicas* sobre su ingreso al *ambiente*, su abnegación materna, la relación con los clientes, y las ventajas y desventajas de este trabajo, los obtuve cuando realicé la investigación.

No obstante las diferencias de edad, estrato social y situación familiar, las coincidencias entre las *chicas* son notables. Las explicaciones que más enarbolaban, ante ellas mismas y los demás, eran que entraron al ambiente por necesidad económica, otras fueron engañadas y algunas más lo hicieron sabiendo perfectamente a qué se metían. La reiteración sobre el *engaño*[2] podría interpretarse como una forma de *desresponsabilización* de que ellas no eligieron un *mal camino*, pero la reiteración de tantas historias que escuché muestra también una forma de operar de los

71

padrotes. El caso típico: los enganchadores enamoran a las muchachas, se las llevan a vivir con ellos, las hacen perder su trabajo y, poco después, mediante súplicas de que los ayuden económicamente o por medio de amenazas, las ponen a trabajar. Para muchas, su primera relación amorosa las introduce al trabajo sexual: "nos pasa a todas, te enamoras y luego tienes que aceptar".

Shulamith Firestone, en su libro *La dialéctica del sexo,* señaló que "el amor y las mujeres son los pilares de la cultura, y examinar esa relación es amenazarla". La estrecha vinculación entre el amor y la sumisión, junto con la dependencia emocional que se establece, vuelve al amor una trampa en la que caen muchas mujeres. Un caso que escuché varias veces es el de la empleada doméstica o la chica que vino de provincia y vive *arrejuntada.* Para ellas, el día libre o el día de salida se convierte en la posibilidad de vivir, de huir de la opresiva realidad, de encontrar el amor. Los parques públicos son lugares donde pasean y suelen ser un lugar de enganche:

> Lo conocí en mi día de salida, en Chapultepec; estuve saliendo con él como tres meses. Me enamoré. Luego me contó sus problemas, que no tenía trabajo. Me pidió que lo ayudara… que hiciera algo parecido a lo que hacía con él, pero diferente. Sólo unos minutos y ya, sin besos ni nada. Que eso nos ayudaría a los dos… Por amor llega una a hacer todo.

También existe un esquema de seducción y traición, donde el enganchador aprovecha la vulnerabilidad de la jovencita que llega sola a la ciudad.[3]

Al principio me resultaba difícil creerles a aquellas que manifestaban una total ignorancia de lo que suponía *entrar a trabajar.*

> Me dijo que fuera a trabajar con una amiga suya, pero no me dijo en qué. Me llevó donde había muchachas, y luego me dijeron: "ponte este vestido cortito, chiquito…", "póntelo para que trabajes".

Lo que ocurre relativamente pronto es que quienes han sido *enganchadas* mediante el engaño amoroso quedan embarazadas y la criatura que nace es retenida para obligarlas a pagar una cuota, vía el trabajo sexual.

Hay otras que se dan cuenta de que las quieren por el dinero y empiezan a separarse emocionalmente hasta que pueden independizarse:

> Pronto se me cayó el velo del amor y me di cuenta de que lo único que quería de mí era el dinero. Pero se necesita mucho valor para romper, para dejar de mantenerlos, para no tener miedo a sus amenazas, y no hacer lo que nos digan.

Muchas descubren que pueden ganar dinero y mantener un cierto nivel de vida; otras, que ya habían trabajado como obreras o empleadas, encuentran que así ganan mucho más. Además, está el caso de las que sabían a qué se metían, y no fue amor sino necesidad económica lo que las impulsó. Como el caso de una chica que trabajaba como cajera en Conasupo, era madre soltera, con una hija de cuatro años, que decidió entrar a una *casa de citas*, pero en otro pueblo:

> Llevaba unos ahorros y me fui a la central camionera, y empecé a escoger el lugar y dije: me voy a este lugar. Llegué al parque central con mi maleta y ahí estaba, ¿no? Sentada... Y pues vi a un taxista, que me dice:
> —¿Viene de viaje?
> —Sí, pero tengo problemas, fíjate, no tengo dinero y necesito... —ya me había dicho una amiga que se trabajaba en casas de citas...
> —Pues te llevo a una casa de citas.
> Y ahí voy a la casa de citas y le digo: "señora, pues necesito trabajar", y la señora me vio, me catalogó inmediatamente "ésta es una tonta... ¿no?, sí, pásale, cómo no... ya llegó la tonta". Estaban muchas chicas sentadas, ¿verdad? Ahí se trabajaba... muy bien vestida y todo, pero yo no sabía el tejemaneje de ahí, entonces llegó un cliente:
> —Tráiganme a esa muchacha...
> —Sí, cómo no.
> Y pues yo tenía que girar dinero a mi casa... Fue bien horrible, hasta lloré... pero no me trató mal el cliente, sino que sabes qué, lloré porque dije: "¡Ay!, ¿hasta dónde voy a llegar?", pero también dije: "Yo necesito dinero, ¿no?".

Curiosamente, muchas *chicas* usaban esa expresión, que escuché para referirse a su desconocimiento de las reglas internas del comercio sexual: "en mis inicios yo era muy tonta". Es muy común iniciarse lejos del ambiente familiar, en otro pueblo o, al menos, en otra parte de la ciudad. Algunas mujeres que trabajan en los mercados suelen trasladarse durante dos o tres horas desde diversas partes del Estado de México, de Morelos o Puebla, o incluso cruzar la ciudad hacia otra delegación.

Muchas comentaron que "una se mete en esto porque necesita dinero, pero no ve la forma de salir un poco después". Las necesidades persisten y se acrecientan, la familia se acostumbra al ingreso, los tratamientos médicos son caros, las ganas de comprarse cosas, todo exige seguir en el *ambiente*. El argumento fundamental es el económico: "Estamos en la prostitución debido precisamente a la carencia monetaria".

Algunas son más explícitas y descubren que, en un día, ganan lo que antes ganaban en un mes.

> Yo empecé a trabajar en un centro nocturno, y entonces me llamó la atención que lo que yo estaba ganando en un mes [en otro trabajo] lo gané en una noche, ¡qué barbaridad! Aquí me quedo.

Posteriormente se acostumbran al nivel de vida:

> Poco a poco te va envolviendo el ambiente... francamente no sé ni de qué manera le empieza a envolver a uno. Ya cuando se da cuenta uno ya está adentro, ya retroceder no es fácil ni renunciar a las cosas, [porque] puede obtener dinero más rápido y darse lujos que anteriormente no se podía dar...

La cuestión económica es fundamental, y aunque yo hablé principalmente con mujeres de clase media baja y baja, según ellas, el trabajo sexual se manifiesta en varias clases sociales.

> Yo conozco mucha gente que está muy bien preparada: licenciadas, doctoras, contadoras y secretarias... No sé, conozco infinidad de gente que

trabaja de noche y, ¿por qué trabaja de noche?, porque no encuentra un empleo pues... cómodo. Sobre todo si no hay algo cómodo y un sueldo que le alcance para todas las necesidades que tiene. Definitivamente, aquí en México, estamos muy mal pagados en cualquier empleo profesional... y es lo que la orilla a trabajar de noche.

Varias entraron a partir de compararse con la situación de alguna amiga. Cuando ven que la amiga *progresa*, y empieza a tener dinero, averiguan:

Yo, la verdad no sabía en lo que trabajaba [mi amiga]... entonces me dijo:
—¿Por qué no te vas a México a trabajar?
—¿Dónde? —y entonces me explicó:
—Pus en la noche...

También escuché historias de mujeres que entraron por una situación familiar crítica, para pagar los gastos de una enfermedad grave o un tratamiento médico:

Yo empecé a trabajar porque desgraciadamente yo esperé a una niña que nació enferma, que requirió operación de un ojo. Yo decía: "cuando mi hija vea bien del ojo, voy a dejar de trabajar". Con tantos sacrificios la operaron. Quedó bien, gracias a Dios, pero había otras necesidades. Dije: "Del ojo ya está bien, pero qué va a pasar, se va a quedar sin estudiar, entonces le voy a dar nada más la secundaria", pero terminó la secundaria y ella quería estudiar. Entonces, uno como madre siempre piensa en el futuro de ellos... Entonces uno ya queda relegada, para uno la vida ya no tiene sentido... yo ya no pienso en mí, pienso en mis hijos.

Al explorar la psicología de las motivaciones del mexicano, Santiago Ramírez (1968) dijo que, en nuestro país, la madre aparece refugiada en el *martirio masoquista* de la abnegación. Como el sufrimiento aparece como elemento indispensable del amor materno, resulta la coartada perfecta de expiación de las trabajadoras sexuales. La valoración social de las mujeres, como madres, facilita la aceptación de las propias mujeres de cualquier sacrificio, incluso el de trabajar en la calle.

> Toda la gente siempre piensa en que uno lo escoge por flojera... por la comodidad, porque es fácil, pero no, para una mujer como nosotras que tenemos que atender hijos es más duro, porque tenemos que hacer todo lo de la casa, tenemos que atenderlos a ellos y todavía salir a trabajar. Y salir a ver qué es lo que vamos a encontrar, porque uno no sabe qué es lo que va a encontrar, no sabe uno si va a regresar, si se la van a llevar, si la van a detener... es feo, y uno se tiene que cuidar de todo.

La cultura favorece en las mujeres una mentalidad *victimista* que homologa maternidad/amor/servicio/victimización:

> Lo único de lo que yo me siento satisfecha, como madre, es de estar a su lado y no abandonarlos tantas horas, porque lo más que los dejo son tres horas o cuatro. Pero si yo me fuera a trabajar, a ganar el sueldo mínimo, que son por lo menos ocho, nueve o diez horas que los dejara solos... que no me dé cuenta de si almorzaron, si comieron... entonces para mí sería mucha más preocupación. Es lo único con lo que yo puedo estar tranquila, porque al menos sé que ya llegaron... unos en la mañana, otros en la escuela, pero al menos me di cuenta de que ya se fueron, que ya regresaron. Pero irme definitivamente diez horas, y no saber de ellos, para mí, sería una situación tremenda.

Pero así como el trabajo sexual les permite dedicarse mejor a los hijos, también reconocen que no quieren eso para sus hijas:

> Todas las personas necesitamos un aliciente en la vida y a veces a mí quien me lo ha dado es mi hija, porque la veo, que es mujer, y a mí me horroriza pensar que ella llegara a caer como yo [*llora*]... y a veces lo que me impulsa a seguir adelante es ella, porque quisiera que ella siquiera llegara a ser alguien en la vida [*sigue llorando, casi no puede hablar*].

El *sacrificio* tiene el precio del estigma, que se compensa bajo la identidad de *madre*, y no es casualidad que muchos movimientos de trabajadoras sexuales se hayan cobijado bajo el lema de "somos madres" (Jaget, 1977). Para mí fue impresionante constatar la manera en que ésa es la identidad *escudo*. En los grupos focales, para empezar a hablar, se les preguntaba: "¿Qué es para ustedes ser mujer?". De manera abrumadora las respuestas solían desembocar rápidamente en la maternidad:

> Pues lo más bonito, yo creo que es ser mamá.

> Para mí también es lo más hermoso tener un hijo, yo tengo uno. ¡Ay!, yo creo que para todas es lo más hermoso. No, para muchas madres no, por ejemplo las que abandonan a los bebés… desnaturalizadas… ¿para qué son mujeres?

> Tengo dos niños, una mujercita y un hombre. Y pues ya es lo más que me pudo dar Diosito, tener una pareja.

Cuando se les interrogaba sobre sus planes, sus metas a largo plazo, todas respondían que sacar a su hijo adelante. Lo anteponían a su propio bienestar: "Le deseo a mi hijo lo que yo no tuve". Y entre las más jóvenes, al preguntarles cuál sería un proyecto que les gustaría desarrollar, la respuesta más frecuente era "tener un hijo".

A pesar de que las trabajadoras sexuales tienen un mayor ingreso económico que las demás mujeres de su mismo grupo social, esto no implica necesariamente una mayor independencia ni las libera de sus obligaciones domésticas, pues en la relación amorosa o familiar les son exigidas las labores femeninas y las *virtudes* de sumisión y abnegación. La identidad social de las mujeres como madres es lo más valorado en el sentido casi mítico: el amor incondicional, la abnegación absoluta y el sacrificio heroico. De ahí que no resulte extraño que la identidad que reivindiquen, por encima de cualquier otra, sea la de madres, y que el discurso del sacrificio por los hijos sea compartido ampliamente, así como las dinámicas de chantaje y manipulación que reciben de sus hijos y que ellas mismas hacen.

Por otra parte, es común el apoyo de las abuelas en el cuidado de los hijos. Muchas de ellas saben bien qué hacen sus hijas, incluso algunas les exigen un pago por sus labores de cuidado. Los arreglos familiares son comunes y varían de esquemas, algunos son gratuitos y otros se hacen mediante pago.

Ante la pregunta de quién les enseña el negocio, una de ellas respondió con amargura: "Los golpes de la vida. Cuando uno entra en este ambiente es uno demasiado confiado". Muchas trabajadoras sexuales recuerdan el inicio como lo más doloroso, y dicen: "Los primeros días son los más duros, los más difíciles". Pero luego se instalan las rutinas: "Uno se acostumbra a todo". Al entrar al ambiente las *chicas* descubren a las demás mujeres, que están en la misma circunstancia y que han *sobrevivido* a la experiencia. Eso desata procesos de *normalización* de la situación, con distintos matices de aceptación y/o resignación:

> Se siente uno mal, tiene ganas de irse, pero se aguanta. Y las demás nos ven de mala forma, a veces existen críticas. Las que ya tienen más tiempo ya saben más, y se burlan de nosotras, se olvidan de que pasaron por lo mismo...

Sin embargo, a pesar de la competencia y rivalidad, "siempre hay convivencia entre todas, en los ratitos que estamos juntas". También ocurre una forma de solidaridad, de compañerismo laboral:

> Me enseñaron a trabajar. Conocí muchas chicas extranjeras ahí, había mucha sudamericana, y me enseñaron cómo desenvolverme. Y luego me decían: "pero no te vistas así, pareces abuelita, mira cómo vienes vestida". Pero es que yo veía que venían en tanga y con una ropa muy ligera. "No, pues te tienes que vestir así y ponte una peluca." "Mira, tienes que trabajar así... y tienes que tratar al cliente así..." Las mismas compañeras le enseñan a uno cómo tratar al cliente, cómo vestirse, cómo sobrellevarlo.

También hubo referencia a las duras condiciones de la calle como el lugar de trabajo:

Muchas personas dicen que es una vida fácil… Y no es fácil, porque nosotros soportamos calor, soportamos lluvia, mojarnos, empaparnos, porque trabajamos en la vil calle, y es tremendo que nos agarre el agua. Y no es de "si mañana nos llueve, no vamos", tenemos que estar ahí con lluvias, con fríos, con calores, con todo… porque es nuestra necesidad la que nos ha impulsado. Hay veces que hace un frío tremendo que ni quisiéramos salir, pero uno se da cuenta que no tiene cosas… ni lo más indispensable. Tenemos que ver si sacamos para comer. Cuánto no quisiera uno, a veces, quedarse a ver la tele, algún programa en la tarde, tranquilamente, como cualquier persona que tiene quien le proporcione todo. Nosotras no podemos tener eso… Tenemos que atender a nuestros hijos en las mañanas, ver que coman… y tratar de estar con ellos lo más que podamos, pero no tenemos quien nos ayude. Así que sí es dura la vida.

Algunas reconocían lo difícil de criar solas a sus hijos:

Nosotras somos solas y tenemos que atender a nuestros hijos, y tratar de hacer el papel de padre y de madre… uno siempre trata de hacerlo, pero no sabemos si en verdad podemos desempeñar ese papel, porque es muy difícil.

Otras aceptaban que también les pesaba realizar ese trabajo:

Así la vida se me hace pesada. Yo veo a mis hijos, veo las carencias que tienen, y mi anhelo es de ver que ellos tengan una preparación, ya que yo no la tuve. Pero a veces me pesa tanto estar aquí.

Sin embargo, en el *punto* de El Oro, las *chicas* tenían una actitud menos *victimista*. Por ejemplo, en los otros *puntos*, al preguntarles cómo se divertían cuando estaban en sus casas, las respuestas más comunes fueron que no se divertían, que ellas hacían el trabajo doméstico para los hijos, se ocupaban de sus cosas (*puro sacrificio*), de sacar a los hijos adelante. Lo más que alguna dijo fue: "ver la tele". En cambio, lo que pude oír de

79

las *chicas* de El Oro es que vivían solas, con amigas o con algún galán. Aunque dos de ellas tenían niños pequeños, los dejaban con su mamá; y su movilidad y la frescura con la que andaban, de arriba para abajo, eran notables. Eran muy enamoradizas, se la pasaban hablando de sus galanes, excepto una, que lo tenía en la cárcel. La mayoría, si no es que todas, le *entraban duro* al alcohol y a las drogas blandas: marihuana y *poppers*. Creo que la discrepancia del discurso radica, por un lado, en una diferencia de edad y, por otra, en que las mujeres de los otros *puntos* y las de los grupos focales no se sintieron en confianza para reconocer el disfrute del *reventón* que muchas adquieren con la libertad y el dinero.

Si bien las loas a la maternidad fueron muy similares, la forma en que se manifiesta el estigma varía. Según lo que pude valorar, muy pocas habían cortado radicalmente sus vínculos familiares: "Ya no veo a mi familia". La mayoría de ellas seguía viviendo en el núcleo familiar, del que casi siempre eran el sostén principal, aunque tenían que esconder su realidad laboral. A muchas de ellas el trabajo sexual las obligaba a llevar una doble vida: "Prácticamente llevamos dos vidas. De la familia nadie sabe en qué andamos trabajando". Incluso desarrollaban dos aspectos:

> Uno se tiene que peinar de otra manera. Y cuando está uno en su casa no nos vestimos así… cuando está uno en su casa, pues anda de chanclas, se recoge el pelo, no se pinta uno. Tratamos de… descontrolar un poco las cosas.

Sobre el tema de las apariencias, una de las chicas acotó:

> Por ejemplo, en mi caso, me recojo el pelo, me quito el fleco y así… no hay nada que se le quite a uno, pero trata uno de disfrazarse un poco.

El engaño a la familia lo sostenían de distintas maneras. En un grupo focal, las mujeres señalaron que había que trabajar todos los días y con horario: "Sí, para hacerles creer que trabaja uno *normal*, como cualquier persona". Eran capaces de *disfrazarse* y de llevar elementos de su supuesto trabajo a la casa, para validar su mentira:

Yo conozco a una muchacha que así se compró su batita, así como si fuera del Vips... su delantalito y cuando se va de su casa se lo pone y se va, pero se ve bien curiosa... Y otra que se disfraza de enfermera también.

Una más señaló:

Pues yo sé de costura, [y les digo que] yo salgo a trabajar en un taller... y me creen, porque yo llevaba costura [a la casa].

Sólo unas cuantas podían asumirse abiertamente en sus núcleos familiares, aunque hay familias enteras que viven del trabajo de una *chica* y que manejan esa situación como un *negocio familiar*. Encontré que se puede hablar, a grandes rasgos, de dos esquemas. El primero sería el *negador*, en este modelo los hombres de la familia (padre, hermanos, cuñados) no *saben* a qué se dedica la *chica* (casi siempre es la hija o hermana mayor).

Saben que les ayudo, y todo eso... pero no saben exactamente dónde trabajo.

Sería doloroso decirles a mis padres en lo que estoy trabajando...

No saben dónde trabajo.

En esa forma de mentira compartida, la familia acepta la versión de que la *chica* trabaja de noche, de mesera o cajera, y que, por ser turno nocturno, gana mucho más de lo usual. Se le pide dinero constantemente y nunca se le cuestiona la disparidad entre lo que ella dice ganar y la suma, mucho mayor, que trae a la casa. Llega a ocurrir, de vez en cuando, que, durante un pleito o una borrachera, le reclaman: "Eres una puta, ¿tú crees que yo me creo lo de tu trabajo?". Pero siguen aceptando que ella mantenga a la familia. Supe de varios casos donde la hermana mayor suele pagar las carreras de sus hermanos menores, les compra casa a los padres y los mantiene.

Por otro lado, el miedo a que se enteren los hijos es impresionante:

81

Para mí es un terror que mi hijo se llegue a enterar, porque él es un hombre, porque no creo que encuentre apoyo en él, porque él va a pensar como un hombre y… imagínese si puede ser fácil para una madre la vida así.

El segundo esquema es el *abierto*: hay familias en las que se sabe y se acepta que una o varias mujeres de la familia trabajen en la *prostitución*. Incluso algunos hermanos o maridos encuentran trabajo como choferes, vendiendo cosas para las *chicas* como ropa, o maquillaje, o llevando café y alimentos al *punto*. También es frecuente que se emparenten con otras familias involucradas en negocios vinculados al mundo de la *prostitución*.

A pesar de que en el modelo *abierto* la conceptualización de la *prostitución* como un *trabajo* es muy generalizada, el peso del estigma funciona principalmente como un freno para la organización política de las trabajadoras. Una cosa es que los familiares y las amistades cercanas *acepten* su trabajo y otra muy diferente es que una mujer de la familia aparezca *públicamente* defendiendo sus derechos, y enterando a medio mundo que es *puta*. El estigma es palpable y ellas mismas lo declaran con amargura:

> Vemos el rechazo de las personas, [y sabemos que el respeto] es inalcanzable para nosotras, porque sabemos que siempre estaremos muy por debajo de todas las personas. Pero nosotras sí quisiéramos que alguien nos viera como seres humanos… olvidarnos que somos unas prostitutas. "Estas mujeres valen porque son seres humanos simplemente, o porque tienen hijos y son madres como nosotras." Pero nomás [nos ven] como lo que somos… porque para la sociedad eso somos: *escoria, despojo*, ése es el valor que tenemos para ellos.

Varias expresaron su anhelo de trabajar en algo distinto:

> A mí sí me gustaría trabajar en un trabajo pues… honesto…

> Yo en lo personal no me siento bien, me siento sucia, no soy feliz porque algo dentro de mí me dice que no estoy haciendo bien. Pero la

necesidad… tengo que hacerlo. Pero si yo me dejara llevar por mis impulsos, por mi forma de ser, yo no estaría jamás aquí, pero no encuentro algo mejor.

Sin embargo, también algunas hablaron de los aspectos positivos de este trabajo:

No me quejo, porque a nivel económico he obtenido satisfacciones… las he obtenido de mi trabajo, porque no todo es malo en esto.

Me llamó la atención que, para varias de ellas, la relación con los clientes llega a ser satisfactoria:

Me refería a satisfacciones porque, por ejemplo, hay personas que… *nos endulzan el oído.* En un momento dado le levantan a uno el ánimo… Ahora, [hay] cosas buenas porque he conocido amigos que tengo hasta la fecha, que han sido buenas personas… [eso] es una satisfacción para mí…

Ante la pregunta de qué tipo de clientes acuden a los *puntos,* tanto para las *chicas* de El Oro como para las de los grupos focales la respuesta más común era: "de todo".

No hay especial, llegan licenciados, arquitectos… Llegan de todo, pero siempre uno escoge a sus clientes.

Al insistir que me describieran qué era *de todo* (más allá de la profesión o el aspecto físico) al principio se remitieron a señalar que hay *buenos* y *malos* clientes. Al seguir indagando surgieron más detalles: entre los *malos* clientes estaban los *menos malos,* que eran los que tenían mal aliento o estaban sucios, y los *más malos* eran los borrachos, los drogados y, sobre todo, los violentos. En el nivel de los *menos malos* el gran tema era la repugnancia que éstos les despertaban:

Depende de la persona, del tipo… muchas veces hasta náuseas da. Bueno, a mí realmente me ha causado náuseas el hecho de soportar a una persona nada más porque está pagando… pero con un aliento que, bueno, quisiera estar uno a un kilómetro de distancia. Hay sucios o hay personas que aunque se bañen huelen mal, en serio.

Respecto al aseo personal, muchas les revisaban la zona genital, para ver si estaban sucios o si traían ladillas: "les revisamos el pájaro… se acostumbra precisamente revisarles por la cosa". Cuando los clientes llegan muy sucios, ellas les sugieren el baño; si se niegan, les dicen directamente:

—Oye, estás muy sucio… ¿sabes qué?, que yo no entro contigo.
—No, pues sí entra, no tengo nada, veme.
—Vete a bañar y tállate bien —fue y, según él, se bañó, pero salió y seguía el vello sucio. Y le dije—: ven a ver —y me metí yo con él y le tallé bien, y ya quedó limpio—. Nada más era la porquería —le dije—. ¿Pues qué no te bañas?, ¿por qué no te tallas ahí?
—Sí, sí me tallo.
—No, como yo te tallé, debes hacerlo.

Entre los clientes *malos*, generan miedo y rechazo los que están borrachos o drogados. A las chicas de El Oro no les gustaban los clientes tomados "porque apestan" y "porque no se les para", y luego quieren que se les devuelva el dinero, o "porque se ponen muy necios". Pasan malos ratos con este tipo de clientes, especialmente los que vienen drogados, y la sensación de peligro suele estar presente en muchos de los encuentros:

Hay veces que uno no se da cuenta si andan drogados o tomados… De buenas a primeras quién sabe qué le pasó [a un cliente], me imagino que iba drogado porque no me di cuenta… y al momento de darle la espalda me estaba ahorcando… Y nadie de los muchachos que entraron al cuarto cuando yo grité [hizo nada], lo dejaron ir… no se le pudo demandar ni nada.

La violencia, un elemento presente en el comercio sexual callejero, se registra de varias formas:

> Simplemente la agresividad con que la tratan a una… en la relación… ya no es el acto, sino estar apretando, el estar desquitándose… Lo que tratamos es de mantenernos lo más alejadas que se pueda.

Las agresiones verbales también son muy comunes: a las que están en vía pública las insultan a diario. Les pregunto cómo responden:

> Depende del humor que tenga. Si estoy tranquila los ignoro, si no, les contesto.

Pero también se defienden con groserías:

> En el ambiente en el cual nos desenvolvemos, desgraciadamente, las palabras soeces abundan, tanto en nosotras como en ellos, porque la verdad no vamos a decir que nosotras somos *unas peritas en dulce,* jamás.

Detecté una actitud entre resignada y cínica, en plan de "ya me tocó vivir esto, ahora voy a aprovechar", aunque también encontré conciencia de la negación:

> Yo creo que es un ambiente muy feo, aunque uno no quiera reconocerlo, pero es muy feo…

Sin embargo, y eso fue muy claro entre las trabajadoras mayores, *antes* las cosas estaban peor. Al preguntarles qué cambios han percibido, hubo coincidencias en señalar que ahora están mejor:

> Nosotras tenemos ya mucho menos presiones, un poco más de respeto, porque anteriormente, en el ambiente en que nosotras nos desenvolvemos, era muy maltratada la mujer… muy humillada…

Varias trajeron a colación la situación de las *chicas* de antes:

> Sufrían agresiones de las autoridades… las golpeaban y las encerraban y las tenían incomunicadas y las humillaban… las agresiones de los clientes siguen surgiendo, tanto físicas como verbales, pero ya es menos.

Entre las agresiones de la policía era común el acoso sexual y el manoseo, con frecuencia llegaba hasta la violación.

Las historias de intentos de abuso por parte de los clientes no tienen límite. Una *chica* relató:

> Yo me abordé con el cliente y me subí a su carro y… me violaron, me pegaron, me desnudaron y me bajaron del carro, desnuda. Y ya pasó un señor de un taxi con una señora… y la señora me prestó su chal, y ya me pude dar otra vuelta a Pánuco, pero sí me quitaron todo.

Lo interesante es que "nadie experimenta en cabeza ajena", por eso, a pesar de que a las nuevas las prevenían de no subirse en carros con clientes, cada quien hacía su propio aprendizaje y cada una había pasado su propio mal rato o sabía de una compañera cercana a la que violaron o secuestraron:

> —Me subí a un carro. Iban cuatro chavos y me quisieron sacar a carretera. Lo único que me quedó fue aventarme…
>
> —¿Aventarte del carro?
>
> —Ajá, por instinto de conservación lo pude hacer… Lo que tratas es de salir lo mejor librada que se pueda.
>
> —¿Y saliste librada?
>
> —Pues… un poco raspada de las piernas.
>
> —¿Y qué pasó después?
>
> —A uno de ellos sí lo detuvieron, porque al momento de aventarme del carro, al [muchacho] que iba junto de mí lo jalé, entonces nos arrastró un buen pedazo y nos recogió la Cruz Roja a los dos.
>
> —¿Ahí pudiste denunciarlo?

—Declaré ahí, en la Cruz Roja, él estaba en calidad de detenido… la verdad, después ya no me presenté a levantar el acta formal.

También hablaron de las pequeñas transas de los clientes:

Me ocurrió también… que llegó un cliente, me subí con él, después nos fuimos [en su carro] a un hotel. Ahí me sacó la navaja… aquí, me sacó el dinero, y ya después de que lo había hecho, me bajó del carro.

Un punto central en su discurso sobre los clientes fue que ellos tratan de aprovecharse, lo cual les resultaba sorprendente. Pero, al mismo tiempo, no veían ninguna contradicción en aprovecharse ellas de los clientes:

El cliente es, hasta cierto punto, un poco aprovechado de las ingenuas. Las detiene más tiempo… Luego, como vulgarmente se dice, "topillo", ¡se van sin pagarnos! A mí se me fue uno diciéndome: "sabes qué, olvidé en el carro el dinero, déjame ir por él". Se van y no regresan.

Pero en muchas ocasiones, cuando se ponen agresivos o nerviosos, ellas logran *calmarlos*:

Se puede decir que una los controla platicando con ellos. A veces, no siempre. Otras veces lo que hace uno es regresarles su dinero y retirarse, para evitarse problemas.

Otra clasificación que se da entre las trabajadoras, distinta a la de *buenos y malos*, es la de hombres *experimentados* y *sin experiencia*. Las trabajadoras sexuales tienen diferentes preferencias; algunas gustan de los *chamaquitos*, mientras que a otras no les gusta que sean tímidos, que tiemblen, o tener que enseñarles: "me da mucho trabajo estar enseñándolos". Se quejan:

Hay unos que llegan y le quieren arrancar a uno la blusa, agarrarle y meterle la mano por acá, y chupetearla, y luego no hacen nada… Nomás hacen eso, pero a la hora de tener la relación dicen: "¿Y cómo lo hago?,

87

¿y por dónde es? [*risas*], ¿cómo me muevo?". En cambio, el hombre experimentado ya sabe a lo que va y es más rápido.

Sin embargo, entre las *chicas* hay conciencia de la importancia de tratar bien a los primerizos:

> Hay que tratarlos de otra forma, darles confianza, acomodarlos… sobre todo confianza; tratar de controlarles los nervios, porque la mayoría de ellos llegan nerviosos. A mí me pasó, en una ocasión, que un chico tendría como unos 17 años… y no quería tener relaciones porque pensaba que le iba a doler… y empezó a llorar [*risas*].

Varias reconocieron que ya están hartas, de malas, o son muy desesperadas para hacer *labor de convencimiento*. Otras más se vuelven consejeras:

> Ha habido muchos jóvenes… estudiantes [que] van a casarse y no saben el debido trato que pueden llevar hacia la mujer; y han pedido cierta colaboración, cierta orientación de parte de uno, para el trato con la esposa. Entonces, uno como mujer, más o menos los orienta… en la forma que deben de tratarla en el acto sexual: con más tacto, tener más consideración, ser… más sutiles.

Cuando los consejos surten efecto, los clientes regresan a mostrar su agradecimiento:

> Muchas veces esas personas que fueron a pedir orientación dejan de ir por una temporada, porque es obvio, ¿no?, por la luna de miel [*risas*]. Pero regresan contentos, con una satisfacción enorme, ¿por qué?, porque les dio resultado, porque automáticamente se programan de acuerdo a lo que uno les va diciendo… en el aspecto de cómo la deben tratar… de la excitación…

Muchas continúan una relación de afecto con esos clientes que, esporádicamente, las van a visitar:

Aunque han llevado su matrimonio perfecto van, como dicen ellos mismos, porque comer frijoles a diario choca. Hay que cambiar un poquito. Pero ellos siguen con la misma confianza y la misma relación con sus esposas.

Algo que encontré sistemáticamente es la idea de que hay que *complacer* al cliente, de acuerdo con lo que él manifieste:

Uno se adapta al carácter, al sistema del cliente. Si es poco expresivo, pues uno se comporta como el cliente se comporte. Si el cliente se expresa con uno, entonces uno también trata de llevar la plática como sea. Y si no habla nada, pues igual... De política, religión, de lo que quieran hablar... yo de futbol no sé nada, pero si les gusta el América, a mí también me fascina el América, no hay problema [*risas*].

Con los clientes conocidos se instaura un trato más amistoso, en el que incluso el tiempo puede extenderse:

Como que somos más elásticas [*risas*], por lo mismo de que ya es cliente, y por no perderlo tiene uno que ser un poquito más consciente; además, de que si son clientes y se les trata así es porque ellos mismos se lo han ganado con su forma de ser, con sus atenciones.

Algunas señalaron la manera en que ciertos clientes, más asiduos, quieren cruzar la frontera entre cliente y pareja:

Van varias veces, tres o cuatro... y a veces ya sienten cierto derecho hacia uno, ya quieren que uno los trate mejor, incluso hay veces que quieren que uno ya no les cobre [*risas*].

Muchas trabajadoras sexuales establecen una comparación entre el trato que los clientes reciben en sus casas y con ellas:

> Le dice a uno que en su casa los mandan, entonces [nosotras] hacemos lo contrario. Quién sabe si porque en ese momento se sienten a gusto, o porque les agrada el trato que uno les da, entonces tienen atención con uno.

Pero también desarrollan relaciones amistosas, y algunas de ellas se vuelven sus confidentes, "somos sus psicólogas", comentaron varias. Fue muy interesante escucharlas explicar las razones por las cuales los hombres llegan con ellas.

> Es que el hombre siempre busca lo que más le gusta, precisamente por eso anda ahí, porque si se aburre de una, la deja y busca a otra, se aburre de ésta y busca otra, y así.
> Buscan a una más joven, una que se deje, o a la que apenas llegó, que entonces sabe menos y si éste es listo, la envuelve... y así le sale más económico.
> El hombre busca a quienes no tienen mucha experiencia porque [les piden] "ponte así", "haz esto", "haz lo otro" y [ellas] lo hacen porque no saben.

De igual forma, hay conciencia de que con ellas hacen lo que no pueden hacer con sus propias mujeres, sea porque no se atreven a pedírselo o porque ellas se lo niegan. Eso expresa una medida de la represión y de la ausencia de juego sexual entre las parejas:

> [Los clientes] están mal emocionalmente, están medio locos, hay muchos que tienen una novia, que tienen una esposa, y no saben valorar lo que tienen en su casa y salen a la calle... Los clientes dicen: "lo prefiero hacer contigo, porque con ella no me atrevo" o "tenemos ganas de hacerlo de otra forma". Y la mujer a veces no se presta: "oye ¿qué piensas?, ¿que soy de la calle?". En fin, creo yo que la esposa debe responderle al marido si no quiere que la traicionen...

Algunas recordaron a hombres cuyas esposas no quieren tener relaciones sexuales y ellos se sienten culpables porque consideran que "la forma tan brusca como actuaron con sus esposas, las ha traumado". Pero parece que éstos son los menos. La mayor parte de los clientes que hablan de sus mujeres, lo hacen para quejarse de ellas:

> La mayoría habla mal de su mujer, la verdad. Yo hasta incluso tuve un problema con uno:
> —Oye, ¿de veras?, ¡qué barbaridad!, ¡eres un mártir!, ¿por qué no te divorcias? —porque siempre "la mujer esto", "la mujer lo otro"—. ¿No te das cuenta de que con la que estás hablando también es mujer? Yo no creo que la mujer siempre tenga la culpa de todo; ustedes tienen que deber algo, ¿no? Ahora, si la situación es tan tensa y no se entienden en nada, ¿qué hacen juntos?
> —No... es que mis hijos.
> —Ésas son estupideces; en la actualidad decir que los hijos te detienen, ¡ay, por favor! Los hijos no detienen ni al hombre ni a la mujer, en la actualidad ya no hay eso de "me sacrifico por mi hijo"; no, la verdad ya nadie te lo cree.
> Es rarísimo el hombre que llega y dice que su mujer es una adoración, que su mujer es lo máximo: "la verdad es que yo adoro a mi mujer, vine porque traigo unas copas, ando con unos amigos, pero mi mujer es lo máximo". Es rarísimo el hombre que llega [así]. ¡Ahora resulta que los sufridos son los hombres! [*Risas.*]

Me sorprendió lo frecuente que es el caso de quienes buscan consuelo, o que sólo quieren hablar:

> Ellos llegan y hacen un trato comercial normal, pero ya dentro de la habitación me dicen: "yo la verdad no vengo a hacer nada, yo lo que quiero es que me escuches, quiero hablar con alguien y no encuentro con quién", y empiezan a platicar sus penas.

Algunas se expresaron comprensivamente:

Los hombres tienen sus penas morales y sus inquietudes, como cualquier otro ser humano las tiene. Debido a que... no tiene cierta orientación y comprensión en su casa, tanto con los padres o [con] la novia o la esposa. Hay chamacos que vienen exclusivamente a llorar. El viernes, el día de las madres, fue uno exclusivamente a quejarse, a llorar, a renegar que él no quiere dinero, que él quiere atención, quiere que lo escuchen, quiere tener comunicación con su padre y como le dije:

—Pues díselo, habla con él, ya son hombres.

—Es que no se presta, a él le interesa su negocio...

—Pero tú no sabes nada de la meta de tu padre, entonces no lo puedes juzgar; la meta de tu padre es dejarlos bien a ustedes.

—Para qué quiero yo dinero, siempre, todo lo que yo quiero es hablar con él [pero] me da un billete y [dice] vete a gastártelo, [eso] no es lo que quiero yo...

[Era] un muchacho que ha de tener como 18 años.

Pero, pese a la cantidad de agresiones tanto físicas como verbales que las *chicas* reciben, el panorama que pintaban sobre los clientes no era del todo negativo: "hay muchos que son muy espléndidos y hay muchos que son muy agresivos". Un comentario que me sorprendió fue: "son muy volubles". Por *volubilidad* se referían básicamente a que hay momentos en que las tratan muy bien, y luego como que *se sacan de onda*, incluso las agreden. Hay consenso en que son los clientes los que instalan el tono del intercambio y hay coincidencia en que también están los que las tratan bien:

Unos saben valorarte como mujer que eres. Aunque tengas el trabajo que tengas, te saben tratar.

Casi siempre se referían a cuestiones materiales:

Muchos te llevan a comer, te llevan a pasear, te compran cosas, bueno, te regalan cosas... anillos, aretes, ropa, zapatos, también, si es posible, ropa para tu familia... Quieren verte mejor, si les agradas tratan de halagarte, de [darte] todo lo que a uno le guste, tratan de complacerte para que en el momento en que estén como clientes o como amigos los trate uno de la mejor manera. O sea, se ganan a uno.

Y ellas retribuyen las atenciones de los clientes tratándolos bien:

Ellos mismos se lo han ganado [el buen trato] con su forma de ser, con las atenciones. Yo, de mis amigos he tenido varias atenciones, que el día de la madre, que el día de mi santo, aunque sea una flor o un arreglo floral me van a dejar... pasan y me dejan un pastel.

Con esos tratos, ¿qué sienten ellas?, ¿se enamoran de los clientes? Para muchas, ése es un mito.

Pues yo creo que un poco... o sea, no es amor sino cariño... se encariña uno con la persona, [siente] estimación.

La diferencia es clara:

Sentir uno estimación, pero jamás sentir ese amor. ¿Por qué?, porque te están comprando.

Algunas aceptan que a veces han tenido *enculamientos*:

[El cliente] me pagaba como 500 pesos, me encerraba como a las cuatro de la tarde y salía como a las seis. Con un grandotote, bien chulo el cabrón [*risas*], y me daba unas agasajadas. Yo sentía bonito de estar con él... Entonces el chavo que me metió a trabajar, yo no me daba cuenta, pero me estaba vigilando y cuando salía yo [me decía]:
—A ver, ¿cuánto te dio?
—Pues 500 pesos.
—¡Ah!, ¿y tanto tiempo por 500 pesos?
—Sí, porque me gusta...
—No te mandes porque te gusta.

—A ti no te gusta, pero a mí sí y si quieres más dinero pon tú las nalgas —así le decía yo a él…

Pero yo sí sentí [enamoramiento] muchas veces.

En ocasiones con los clientes que les gustan, las *chicas* lo hacen gratis:

Muchas veces llegan clientes que están muy guapos y dice uno: "¡ay, qué guapo estás!", ¿verdad?, y es cuando da vergüenza…

—¿Cuánto cobras?

—¡Ay, no digas eso!… mejor llégale y ahí nomás [*risas*] —a mí me da pena.

Ante mi pregunta de si se han enamorado de algún cliente, hubo respuestas interesantes:

La verdad, sí. Es que hay muchos clientes que, híjole, son lo máximo. La verdad, sí. Muy educados, muy tratables, muy finos.

Otra dijo:

Una vez me tocó un chavo [con él] que sí me clavé mucho… porque llegué al orgasmo con él, lo que nunca en años, se puede decir que desde que yo empecé mi menstruación, nunca había sabido lo que es el orgasmo y con este cliente me sucedió, entonces no sé si fue eso [por lo que] me estaba clavando mucho con ese cliente.

Aunque alguna de ellas de pronto reconoce: "pues yo sí me he llegado a enamorar", fueron muy pocas las que hablaron de amor con el cliente:

Depende… yo soy soltera y yo sí he llegado a querer a alguien. Pero, quizá, entre más han ido pasando los años en mi vida, más exigente me he vuelto y me pongo a ver… si me junto con una persona de edad… Yo tengo suerte, al menos para hombres más jóvenes que yo, y si me enamoro de este muchacho y empiezo a ver… por decir [algo] proposiciones de matrimonio… pero si me caso con él no voy a seguir apoyando a mi familia, ¿verdad?

También escuché casos donde los hombres gozan tratando de hacerlas gozar:

> Hay unos clientes que… sí lo saben hacer, muchas veces le maman a uno abajo, y se va sintiendo, ¿verdad? Entonces sí ha llegado el momento en que se sorprende uno… Pero, yo, para hacer el amor, necesito terminar, se puede decir unas seis veces, para eso necesito hacerlo con mi pareja, porque ya sabe hasta qué límite puedo llegar; con los clientes no conviene ni calentarse ni nada.

Me intriga saber si alguno se convierte en amante fijo:

> Pues no, yo creo que no… como amante no, más bien como un amigo.

Otro tema fue el de los hombres mayores y ancianos, pues son los clientes que más se encariñan con ellas:

> A veces pues se apasionan por uno… más si ya es una persona grande y uno los acompaña a algún lado, pues se sienten bien, se sienten halagados…

Pero también, entre risas, otra de ellas dice que está difícil enamorarte de un hombre mayor:

> Yo no me haría amante de una persona grande… porque yo vendo mi cuerpo, pero mis sentimientos, no… ¿para qué demostrarle a una persona lo que no siento?, y más a una persona mayor. Yo creo que ellos están muy conscientes de que uno jamás va a sentir algo por ellos.

Los clientes fijos, rutinarios o los putañeros,[4] que saben a qué van, las tratan de cierta manera que produce una respuesta positiva en ellas. Ante la pregunta de si éstos son hombres solos o casados, responden:

Muchos son solos, otros divorciados, otros… casados, con problemas de hogar y tratan de distraerse con uno.

Un tema en el que encontré resistencia o hipocresía fue el lesbianismo. Cuando estuve en El Oro sólo una vez llegó un matrimonio buscando una *chica* para un *ménage à trois*. Eso me dio pie a preguntar si tenían relaciones con mujeres. Las respuestas fueron homofóbicas, las *chicas* se decían ofendidas: "somos putas, pero católicas" o "somos putas, pero decentes". En un grupo focal, al hacer un comentario en relación con su vida sexual, surgió el tema de las lesbianas:

> Yo tengo años sola y ya me acostumbré, y no es que sea de la *secreta*… en ningún momento, a mí me gusta el hombre cien por ciento.

Ante la pregunta de qué era *la secreta*, surgió esta conversación:

> —Sí, del otro bando, ¿no?
> —¿Lesbiana?
> —Ajá…

Pero en otro grupo focal, cuestionándolas sobre si en la comunidad había lesbianas, ellas respondieron:

> —Sí, hay bastantes.
> —¿Entre ustedes?
> —¡No!, entre nosotras no. En la comunidad de la prostitución sí, y muchas. En nuestro grupo, que era de diez… habían dos o tres que eran de la *secreta*.

Hay *secretas enteras* y *medio secretas* (bisexuales). El hecho es que, lesbianas o no, algunas han tenido como clientes matrimonios donde la mujer es lesbiana o accede a tener relaciones con mujeres. Por eso en el ambiente hay un dicho: "puta que no se ha echado una tortilla,[5] no es puta". A veces son contratadas para hacerle el amor a la mujer, mientras el marido ve, o para dejarse manipular por cualquiera de los dos. Incluso hay hombres que contratan dos mujeres para verlas hacer el acto sexual (muchas veces fingidamente, pero otras no).

Pero las sesiones lésbicas o de *ménage à trois* no eran, para nada, lo que más les molestaba o asustaba:

> Llega mucho tipo de gente así, que pide cosas que... la verdad, se espanta uno, pero mientras el cliente pague.

Como respuesta a mi solicitud de más precisión, volvió a surgir la típica frase "hay de todo":

> Hay de todo, luego llega mucho cliente así... degenerado.

Frente a mi insistencia de aclarar qué significa *degenerado* obtuve por respuesta:

> —Cada una tiene su experiencia. A mí me tocó uno que llevaba un vaso, [que me pidió] que hiciera pipí... para que él se la tomara. Otro que se acostó y [me pidió] que me parara encima de él con todo y tacones, y él mientras hacía terminar... otro chuparle el dedo gordo... y ¡ah! a otros les gusta comerse *el otro*.
>
> —¿Cómo?, ¿qué es *el otro*?
>
> —Entré con un cliente y me dice "trata a este otro cliente, pero no te vayas a lavar y te pago tanto porque ya nada más me esperes en el cuarto, yo pago...". [Entonces] sube y llega, y se come lo del cliente pasado.
>
> —¿El semen?
>
> —Sí. Pero como ahorita estamos trabajando con condón, entonces es imposible que se deje uno eso. Porque ya todo queda en el condón. Eso era antes, cuando no usábamos preservativo.

Otra chica contó:

La otra vez nos tocó un cliente que le gusta tener dos mujeres. Lucero y yo nos fuimos a ocupar con él. O sea, mientras se estaba agasajando con ella a mí me lo estaba metiendo; ésos son trabajos especiales.

Ellas dicen que, obviamente, esos trabajos se cobran más caros. Sin embargo, es raro que hablen abiertamente de dinero. Curiosamente, el tema de cuánto ganan es constantemente soslayado, y siempre se quejan de que no cobran bien, que nunca tienen suficiente:

Aparentemente uno que trabaje en este ambiente... muchas personas creen que tiene bastante dinero.

Ellas dicen que trabajan sólo por necesidad, para sostener a sus familias, para sacar a sus hijos adelante; en cambio, a los padrotes sólo les interesa el dinero. Cuando se les cuestiona respecto al papel del padrote una de las *chicas* señaló:

Es el que la manda a uno a trabajar... y uno le entrega el dinero, si no lleva uno dinero, le pueden pegar... no todos [nos pegan]...

Otra refiere el trato de los padrotes de la siguiente forma:

Lo tratan a uno con groserías, dicen "te mandé a trabajar, no a agasajarte con los clientes", y tiene uno que llevar dinero.

Pero mi mayor sorpresa fue cuando dijeron que, a veces, ellas mismas *hacen* a los padrotes. Una mujer cuenta de su primer padrote, a quien dejó a los seis días:

—Lo dejé y ya despúes conocí a otro muchacho, que era mi cliente y nos gustamos los dos. Ese muchacho no era padrote, pero yo después lo enseñé [*risas*].
—¿Tú lo enseñaste?
—Yo lo enseñé... porque él no era padrote. Él tenía su esposa, sus

niños… Y él iba y me pagaba, y salíamos a pasear. Nunca era de los que me quitara el dinero; él pagaba siempre. Yo le decía: "ay, no, págale aquí y págale acá". Yo le enseñé, al grado de que tardé cuatro años con él, pero porque ya no me soportaba, porque después ya no me apuraba a trabajar, no llevaba dinero y me daba a mí en la torre. Y ya fue [mi] decisión dejarlo… [Después de] que le pagaba me pegaba porque no le llevaba dinero [*risas*].

Pero, en general, escuché una mezcla de ternura y rencor al hablar de los padrotes. Otros comentarios fueron:

Son de carácter muy arrebatado, por ejemplo, a las muchachas que tienen, si no llevan tanto [dinero], las golpean… no les dan para comer… Hay otros hombres que las tratan bien, precisamente para que no se vayan, o sea, que hay dos tipos de hombre, hay unos que las tratan bien, las visten bien, porque dicen "son negocio", y hay otras personas que no les importa que la mujer ande con chanclas, hasta de tela, pero que todo el dinero se lo entreguen a él. Y no les interesa… [algunos dicen que] no deben de gastar ellas, ni siquiera un refresco deben comprarse.

Pero más que padrotes, en los *puntos* están las *representantes* y durante mi investigación las trabajadoras no quisieron hablar de ellas. Encontré que, al mismo tiempo que las resentían, reconocían que ellas se hacían cargo de los sobornos y los trámites en la Delegación. Algunas las preferían por sobre los padrotes, porque la relación laboral era más clara. Sería después, con las trabajadoras independientes, que escucharía quejas sobre ellas, diciendo que llegaban a ser abusivas y crueles.

Pero el gran tema de las trabajadoras sexuales era el de los hombres; no los clientes, sino sus novios, compañeros o maridos, de los cuales, una y otra vez, hablaban. Había un trasfondo de amargura y desconfianza al hablar de sus parejas. Muchas historias que escuché repitieron el lugar común de los hombres violentos, desempleados, alcoholizados:

Pues el mío tomaba mucho… porque él era de las personas que tomaban quince días y quince [días] se van. Y en ese mes se olvidaba completamente

99

que existían hijos. Entonces llegó el momento que pensé que para mis hijos no era [bueno], y opté mejor por separarnos.

Sin embargo, la necesidad de tener un hombre en su vida es una referencia constante, aunque, la mayoría de las veces, la falta de pareja se subordina ante los hijos:

Hay momentos en que sí pienso en que sí hace falta un hombre en la casa. Pero de ponerse a [pensar en] todas las amarguras vividas, que era irresponsable y que él... tomaba tanto. Hasta asustaba a mis hijos de que se quería matar y hacía muchas cosas... Era lo mejor. Y no pienso, como mujer, en una pareja, porque yo pienso en mis hijos. Prefiero olvidarme [de mí] como mujer y sacar adelante a mis hijos.

Las experiencias pasadas las hacen expresar su desconfianza generalizada ante los hombres:

La persona puede ser muy amable, pero nosotros no podemos esperar nada bueno de nadie, entonces pone uno esa barrera y ya no. Porque una persona puede ser amable, pero en un momento en que logra lo que quiere, después agarra y se va, y se olvida, lo hemos visto. Entonces eso uno lo lleva dentro siempre: "ahorita me está tratando bien porque quiere ver cómo lo voy a tratar".

Muchas frases que oí reiteradamente se referían a los hombres, en general, como abusivos, como *malos*:

Los hombres tratan de aprovecharse de una.

Otras confirmaban la idea:

A los hombres les gusta sólo la libertad.

Alguna llegó a expresar su decepción personal:

· Conocí un hombre, pensé que era lo máximo por como me trataba, como me hacía sentir, pero después ya vi la realidad.

Durante una sesión de grupo, donde la conductora planteó un juego de palabras para que las mujeres hicieran asociación libre, al decir *hombres*, las asociaciones fueron tanto negativas como positivas: *malos, buenos, atractivos, egoístas, guapos, feos, simpáticos, fregones, rencorosos, las dos cosas, volubles, mujeriegos, inseguros, irresponsables, cabrones, caifanes, padrotes, pobrecitos, irresponsables, los queremos, poca ropa, los necesitamos para que nos hagan sentirnos mujer, para tener nuestros hijos, pero a la mera hora qué lindos.* Como dicen ellas mismas: "hay de todo". Pero, en conjunto, había una mirada más positiva de lo que yo pensaba inicialmente.

Respecto a los clientes señalaron que hay que cuidarse de no dar pie para una conducta impropia, pues muchos clientes son groseros u ofensivos:

> Creen que con lo que nos están pagando tienen derecho a tenernos ahí buen rato, que nos quitemos la ropa y… hacernos como quieren. Luego dicen "por eso te estoy pagando" y "para eso te estás alquilando", "para eso eres una puta", eso es lo que le dicen a uno más fuerte.

Por eso, para no tener problemas, hay una regla de oro: *se cobra antes de ocuparse.*

Claro que no hay una sola manera de trabajar, como ellas mismas explicaron en una reunión focal:

> Son muy diferentes los trabajos de diferentes lugares. Nosotras no mamamos, ni [damos] besos, ni [dejamos] que nos estén mordiendo, ni nada de eso. Todas trabajamos diferente… ella puede hablar de su persona, yo de mi persona… El cliente se agasaja con uno, ¿no?, porque le está pagando a uno por encuerarse, por ponerse uno de postura, pero nada más, pero que la quieran besar a uno, no… Yo no me dejo besar, ni hago el francés, porque luego piden el francés o el *chico.*[6]

101

Ya adentro del cuarto la rutina es clara: la mujer se levanta la falda, con frecuencia trae liguero solo, sin calzones, y abre las piernas:

> Con un cliente… abres tú las piernas, primero se le pone el condón, abre uno las piernas y se agarra de la cama, y si quieres desnuda, pues me vas a pagar más. Y nada más lo agarran así, no se besa uno con ellos.

Es común que paguen porque se les escuche relatar sus penas amorosas, consolarlos e incluso dejarlos llorar. También dicen:

> Con los [clientes] conocidos existe más confianza, te llegan a platicar los problemas que tuvieron en su trabajo.

Muchas dicen que hay que saber *tratar* al cliente. Obviamente se dan cuenta de que tener muchos clientes depende del trato que les ofrecen. Una dice que tiene éxito porque: "soy muy alegre". Otras señalan: "puta no es nada más abrir las piernas, sino saber ser puta, moverlo bien". Por ende, el máximo piropo que reciben es: "lo mueves rico".

Hay una gran conciencia de que parte importante de su trabajo es lo emocional. La frase: "nuestro trabajo es ayudar a hombres con problemas" la escuché de distintas bocas. Pero también muchas aceptaron que no son sólo buenas samaritanas, que hacen trampas, que engañan a los clientes:

> Yo sí soy tramposa cuando trabajo.

> Yo, con trampas, sí sé trabajar…

Porque hasta para ser prostituta hay que ser tramposa y caerle bien a los clientes, y hasta regresan.

> Yo les digo:
> —Te voy a hacer lo que nunca te han hecho.
> Ya cuando entra uno con ellos [te preguntan]:

—¿Qué me ibas a hacer que nunca me habían hecho?

—Pues págame y ahorita te digo.

Y ya cuando va uno saliendo, ellos insisten:

—¿Qué me ibas a hacer?

—Pues luego nos vemos, para la otra.

Y regresan, pues hasta se les hace divertido, ¿no? Dirán: "Pues vamos con la mentirosa, a ver con qué nos sale".

Pero el tema del estigma también estuvo presente en su reflexión al aludir a las otras mujeres, a las *decentes*, a las casadas:

Yo admiro a las personas que, como mujeres y madres, se desenvuelven en otro medio menos remunerado que el de nosotras, pero salen adelante. Simples obreras que viven de un sueldo, mas sin embargo, las ve usted y tienen a su familia tranquila, no con lujos, pero sí cosas más esenciales, con ciertas comodidades incluso.

También hubo expresiones de resentimiento contra las mujeres casadas o *decentes*:

Hay personas que van con su esposo, y como ellas se sienten seguras, a uno lo ven como una basura, así nos consideran: como una lacra, como lo peor.

Algunas llegaron a manifestar la creencia tradicional de que las mujeres *decentes* no gozan sexualmente. También escuché comentarios en los que el resentimiento hacia las casadas aflora:

¿Qué opino de las mujeres casadas? Que no son tan decentes como creen, son las más espantadas, son más prostitutas que nosotras… Por ejemplo, nosotras las *damos*, pero cobramos… y ellas no, porque las dan por gusto. Entonces para mí la mujer casada es más puta.

¡Impresionante cómo asumen la valoración sexista de que la mujer que goza es *puta*! Eso es justamente lo que Bourdieu califica como "violencia simbólica".

De todos los testimonios que leí, y de todas las historias que escuché, solamente dos mujeres dijeron que no se avergonzaban de ser *putas*: Claudia y una *chica* de Sullivan:

> Yo, en lo personal, no me avergüenzo de la actividad que tengo. Porque, como siempre lo he dicho, desde el momento en que a nadie robo ni a nadie asesino, no me da vergüenza el hecho de que yo lucre con mi cuerpo. [Es] una actividad que yo veo como cualquier otra. Porque a nadie sorprendo, el que quiere ir conmigo va por su gusto. A nadie obligo… vergüenza no me da ser lo que soy.

Sin embargo, esa misma mujer dijo al final de su intervención: "Si volviera a nacer, no lo haría". Por otro lado, otras *chicas* reivindicaron lo que han logrado y su nuevo estatus social:

> En mi tierra llego y al menos nos respetan… porque nos damos nuestro lugar, la noche es la noche, y en el día somos las señoras, le cueste a quien le cueste.

Hubo un testimonio que me encantó, de una mujer que distingue la diferencia entre valer y cobrar:

> Me dicen "¿tú cuánto vales"?, y en una ocasión yo le comenté a uno:
> —Primero valórate tú y después me dices cuánto valgo yo…
> —¿Por qué eres tan agresiva?
> —Yo no te estoy contestando mal, sólo te estoy dando una respuesta a lo que tú me dijiste, porque me estás diciendo "¿cuánto vales?". Yo valgo muchísimo y no me lo vas a poder pagar. Pero si quieres darme un regalo por acompañarte, entonces es diferente, "mi regalo es de tanto y te acompaño".
> Y entonces me dijo:

—Bueno, okey, de todos modos, ¿cuánto cobras?

—¡Ah!, bueno, eso es otra cosa, ¿cuánto cobras o cuánto vales?

Después de las rondas a los *puntos*, de las entrevistas y los grupos focales, me quedé con la multiplicidad de miradas, de actitudes y de recursos que estas mujeres desplegaban, ante los clientes y ante su propio círculo. Pero, a pesar de que a veces sus tácticas funcionaban en el corto plazo para sacar ventaja de la situación, era evidente que les dolía enfrentar una situación estigmatizada. De ahí la resignación o el cinismo que muchas mostraban. La impresión básica que guardo, si la contrasto con otros colectivos de mujeres, es que ellas prefieren no pensar en el futuro, pues reconocen que "No hay trabajo para las viejas. Por eso hay que aprovechar ahora". Tal vez, porque no es muy halagüeño, ni muy seguro, viven "al día", en un forzado *carpe diem*. Ésa, que es una de las impresiones dolorosas que me quedaron de este grupo de trabajadoras, la reafirmé, posteriormente, en el albergue Casa Xochiquetzal.

A diferencia de otros empleos u oficios, en el trabajo sexual no se valora la experiencia que se adquiere con los años. Los clientes buscan a chicas jóvenes, y las mujeres maduras se van saliendo del negocio, o van bajando de nivel, con la consiguiente reducción del ingreso. No hay pensión para las trabajadoras sexuales, y como para la mayoría de las personas en México, la seguridad es la que ofrece la familia, las que no han conservado su familia o han sido repudiadas, viven en el abandono. La vejez es dura para las que no fueron previsoras, invirtiendo cuando tenían recursos. Al albergue Casa Xochiquetzal llegaron trabajadoras de más de 70 años que dormían en la calle, y que por 5 o 10 pesos hacían una felación. Por eso hay un dicho: "Triste es la vida de una puta vieja".

IV
LOS CLIENTES Y SU CRIMINALIZACIÓN

En la actualidad, aunque muchas de las alternativas que ofrece el comercio sexual están cada vez más despersonalizadas, como en el caso del sexo cibernético y el telefónico, todavía perdura la forma habitual de contacto carnal entre trabajadoras sexuales y clientes. Sin embargo, se sigue hablando de las *mujeres que venden sus cuerpos* y se calla sobre los *hombres que los compran*. Cualquier persona que pretenda explicar la persistencia del comercio sexual se quedaría corta al omitir las causas que llevan a los hombres a comprar servicios sexuales. ¿Por qué lo hacen?, ¿acaso tienen una mayor libido o energía sexual?, ¿es *normal* su apetito sexual? o, al contrario, ¿son unos degenerados?

¿Por qué, cuando se habla de las causas de la *prostitución*, solamente se enumeran las razones económicas o sociales que llevan a las mujeres a trabajar, y apenas se mencionan los motivos que llevan a los clientes a buscar la *prostitución*? Finalmente, ¿por qué la persecución policiaca y judicial se focaliza en las *prostitutas*, mientras que a los clientes no se les exige la menor responsabilidad legal ni se propone un control sanitario para ellos?

En español, el término *cliente* no tiene la connotación peyorativa del *john* o *trick*, que en inglés son términos específicos para nombrar a los clientes de servicios sexuales. Según el *Diccionario de la Real Academia Española* (1992) el término *cliente* quiere decir, en su primera acepción: persona que está bajo la protección o tutela de otra; su segunda acepción es: persona que utiliza con asiduidad los servicios de un profesional o empresa. María Moliner (1983) es más precisa y define *cliente* como una persona que utiliza los servicios *profesionales* de otra, como "comprador, consumidor, parroquiano" de un vendedor o establecimiento. Aunque en español existen las expresiones *putañero* y *putero*: "dicho de un hombre: que mantiene relaciones sexuales con prostitutas" (RAE), éstas se utilizan con poca frecuencia y se les dirigen a quienes son notoriamente asiduos, o sea a quienes, constante y sistemáticamente, van con *putas*, todas las semanas. Pero, en México, las trabajadoras sexuales llaman *clientes* a todos los que las frecuentan. En nuestro país, la deficiencia lingüística para asignar un nombre al cliente de las *prostitutas* es un reflejo de que éste no tiene una responsabilidad penal por *comprar* los servicios.

Dado que la *prostitución*, en tanto venta de servicios sexuales, no está penada por la ley, la compra tampoco. A diferencia de otras sociedades en las que abordar a alguien y ofrecerle una paga a cambio de sexo (*soliciting*) es un delito, en México sólo el lenocinio es delito, o sea: que un tercero saque provecho de la transacción. Por eso los clientes que pagan no cometen delito. Además, en nuestro país, los clientes son invisibles para la ley.

Gustavo Fondevila (2009), investigador del CIDE, analizó la conexión entre el derecho y la moral en el contexto de la sexualidad y, particularmente, en la prostitución femenina, mediante el examen de las sentencias pronunciadas por el Poder Judicial de la Federación. Fondevila elaboró un modelo de búsqueda que incluía los siguientes tópicos: prostitución, sexualidad femenina, costumbres sociales, moralidad social, vicio y buenas costumbres, y lo aplicó a las jurisprudencias desde junio de 1917 hasta diciembre de 2006, mediante el sistema IUS de la Suprema Corte de Justicia de la Nación.[1]

Con el análisis de las sentencias judiciales, Fondevila interpretó la concepción que el sistema judicial mexicano tiene de la prostitución y la forma en que ésta determina el proceso de un juicio legal. Así, el investigador encontró un panorama legal abierto y contradictorio, y concluyó que está lleno de prejuicios y predisposición negativa a juzgar. Fondevila señala que, en las sentencias analizadas, los jueces tomaron sus decisiones judiciales apartándose de la norma positiva, cuando creen que dicha norma no coincide con sus criterios morales. Supongo que sus criterios están filtrados por el género, es decir, por las ideas de que *lo propio de los hombres* es desfogarse sexualmente, mientras *lo propio de las mujeres* es ser recatadas; por eso la *responsabilidad* de la *prostitución* recae en ellas. Así, Fondevila encontró que, desde 1917 hasta 2006 (fecha en que fue terminó la investigación), en el sistema judicial no hay ninguna referencia a la responsabilidad de los clientes en la *prostitución*.

Según el investigador, una explicación posible para estas decisiones es que los jueces interpretan las normas según sus propios criterios morales, al menos en temas sexuales, y si las normas contradicen dichos criterios en áreas sensibles, optan por las pautas morales por encima de las normas. A su vez, los jueces fundamentan y justifican sus convicciones morales, afirmando que éstas representan los valores morales de la sociedad, y que es su función resguardarlos, protegerlos y contribuir a su mejoramiento. La *prostitución* no está prohibida y es tolerada pero, al mismo tiempo, debe ser perseguida, ya que se la ve como un mal social. ¿Por qué se conceptualiza la *prostitución* como un mal irremediable? Porque la mayoría piensa que los hombres tienen *necesidades sexuales* que no siempre pueden satisfacer con mujeres *decentes*, o incluso dentro de su matrimonio. Justo lo que le decían algunos clientes a las chicas de los *puntos*: "Yo respeto a la madre de mis hijos y no puedo hacer con ella ciertas cosas que me gustan". Ante esa necesidad *irremediable*, el derecho se ve obligado a regular la *prostitución*, sin que eso signifique considerarla aceptable.

Para Fondevila, el Estado se comporta con una doble moral y manda un mensaje ambiguo a las personas que desarrollan actividades de comercio sexual. No está prohibido ejercer la *prostitución*, pero no se reconoce como un trabajo que debería tener derechos y obligaciones, como otros. La ley obliga a las mujeres a inscribirse en registros de sanidad,[2] y son castigadas en caso de incumplimiento, pero esto no significa que puedan evitar ninguna persecución judicial. Por otro lado, a los clientes no se les exige control sanitario. Otro factor interesante en el estudio de Fondevila es que la mayoría de las declaraciones de *prostitutas* revelaron poca formación educativa y su residencia se ubicó en zonas de escasos recursos. Esto llevó a Fondevila a plantear que las restricciones morales y sociales más severas y conservadoras recaen sobre los sectores más vulnerables, pues en la práctica, son las mujeres pobres quienes sufren los juicios morales impuestos en los tribunales y pocos casos de mujeres de los sectores medios y altos de la población llegan a la justicia.

Desde las últimas sentencias que Fondevila analizó, de 2006 a la actualidad, no ha habido en México cambios sustantivos a nivel normativo respecto a los clientes de la *prostitución*, aunque por el avance del neoabolicionismo ya despunta un discurso sobre los clientes como *prostituyentes*. No encontré investigaciones específicamente dirigidas a los clientes en México, a excepción de la de Gendes, de corte abolicionista.[3] Sin embargo, a nivel mundial, hace tiempo que se investiga no sólo la oferta sino también la demanda de servicios sexuales.

Tal vez el pionero en el estudio de los anónimos e invisibles clientes de la *prostitución* es Sven-Axel Månsson, de la Universidad de Gotemburgo en Suecia. Desde principios de la década de 1980,[4] Månsson interpretó que *comprar sexo* es básicamente una práctica masculina, aunque existe un ínfimo número de mujeres que también lo hace, y señaló que esta acción tiene dimensiones individuales y sociales que interactúan con gran complejidad, pues las formas en que se llevan a cabo cambian constantemente entre quien vende y quien compra. La evidencia que Månsson encontró iba en contra de la idea generalizada de que los clientes son hombres sin pareja, solitarios o necesitados, pues halló que la mayoría de quienes pagan por sexo están casados o tienen muchas parejas sexuales. Månsson desecha la hipótesis de la existencia de una mayor libido masculina y, por el contrario, le otorga a la socialización (que sigue siendo diferenciada entre mujeres y hombres) el peso fundamental. Dicha socialización, que él califica de *sexuada y desigual*, conduce a que los varones tengan una predisposición para convertirse en clientes. Asegura que la desaparición del comercio sexual no ha ocurrido como se creía que pasaría con la liberación sexual, pues la socialización de los varones no ha sido modificada. Además de la persistencia de una educación dispar, con los marcados mandatos de género, Månsson considera que los cambios en las relaciones sociales entre hombres y mujeres, impulsados por los procesos emancipatorios de éstas, en el espacio público, desencadenan lo que él denomina el *clientelismo*.

La mayoría de los clientes justifica su actuar con argumentos biologicistas: una necesidad fisiológica mayor que la de las mujeres. Esto ya ha sido consignado por varios autores. Anthony Giddens (1992) recuerda que, tradicionalmente, se ha considerado que los varones requieren *variedad sexual* para su salud, por lo que ha sido aceptable que tengan múltiples encuentros sexuales, antes y después del matrimonio. Al analizar la promiscuidad masculina, Giddens dice que, comparados con las mujeres, los hombres son más *inquietos*[5] sexualmente y que *compartimentan* su actividad sexual. El sociólogo británico califica esta compulsión sexual masculina como una "sexualidad episódica" que evita la intimidad y que explica una historia emocional clandestina: la de las búsquedas[6] sexuales de los varones, que se mantiene separada de sus personas públicas (1992: 2). Este *sexo episódico*, sin vínculos personales, casi como una masturbación, coincide con la explicación proporcionada por muchos clientes del comercio sexual: es un *desfogue*, una *cana al aire* o *sólo sexo*. El concepto de *sexualidad episódica* de Giddens concuerda con lo que Månsson describió: para muchos hombres frecuentar a *prostitutas* no es serle infiel a sus mujeres, justamente por la ausencia de intimidad en la transacción comercial. Es una conducta más cómoda y menos peligrosa que tener una amante fija, lo que podría poner en crisis o en riesgo a la pareja. Además, el dinero desempeña un papel exculpador, ya que al pagar no se compromete. La definición de Giddens de "sexualidad episódica" coincide con la de Månsson: los hombres dicen *necesitar* una variedad de episodios sexuales, sin que eso signifique *comunicación* o intimidad, y sin arriesgar su estabilidad doméstica. Además, los hombres pueden presumir de estos intercambios, pues como bien señaló Sue Lees:

> En los hombres la virtud no depende de su vida sexual: en la vida pública la reputación sexual queda mayoritariamente excluida de la evaluación social de su conducta. También, en la vida privada de un hombre, su conducta sexual no determina su posición moral. Un hombre, aun manteniendo relaciones sexuales ilícitas extramatrimoniales, puede seguir siendo considerado un "buen padre" o un "buen esposo" (Lees, 1994: 34).

111

Månsson señala que la mayoría de sus entrevistados atribuye la compra de sexo al desencuentro sexual dentro de su relación formal. Ellos alegan que sus mujeres tienen necesidades sexuales menos frecuentes y diversas que las de ellos, pero que, por lo demás, la relación funciona bien. Así, lo que los empuja a la búsqueda de otras experiencias sexuales es simplemente tener una libido más desarrollada. A Månsson le asombra que los hombres no consideren que su trato con prostitutas sea resultado de una vida de pareja que funciona mal, sino que lo vean como un desequilibrio *natural*, debido a la supuesta *desigualdad* en las libidos.

Según Månsson, los tres móviles principales de los clientes que compran sexo son: *a*) la sexualidad sin compromiso, *b*) la soledad y *c*) la compensación de una vida de pareja insatisfactoria sexualmente. De igual forma, señala que en muchos clientes se manifiesta una contradicción: en busca de una relación sexual no comprometida, muchos acaban demandando ternura y afecto. Además, el desencuentro sexual con su pareja amorosa expresa también una necesidad de confirmar su virilidad, por lo que la relación con prostitutas funciona como un reforzamiento. Por su parte, Giddens también alude a la inseguridad masculina, en especial a los temores sobre la impotencia, la eyaculación precoz, el tamaño del pene y otras angustias propias de los varones, y encuentra que algunas de estas inquietudes tienen relación con ciertos aspectos de la pornografía masiva. Señala que, en su mayoría, el material pornográfico heterosexual consumido por hombres tiene una fórmula de poca emoción y mucha intensidad sexual, con una obsesión por escenas y poses de sometimiento femenino, en las cuales el papel de las mujeres que, según Giddens, ya está sustancialmente disuelto en el mundo social, se reitera de manera inequívoca: "las imágenes de mujeres en revistas de pornografía 'suave' son objetos de deseo, pero no de amor. Excitan y estimulan, y son quintaesencialmente episódicas" (Giddens, 1992: 119).

La segunda cuestión que Månsson encuentra en los discursos de los clientes es que hablan de *otra forma de sexualidad*. O sea, sostienen que ciertas prácticas sexuales no se hacen con la pareja, y así confirman el estereotipo de las *mujeres decentes* y las *putas*. La tercera cuestión es que los clientes dicen que no pueden acceder a otro tipo de mujer, sea por timidez, miedo, edad avanzada o discapacidad física: "Solamente están las que puedo comprar, pues no hay otras mujeres para mí". Månsson subraya la ausencia de confianza en sí mismos y el miedo al rechazo (frecuente en clientes sin pareja, solteros, divorciados, que viven en aislamiento y soledad o con dificultades para relacionarse con mujeres). Finalmente, están los que consumen sexo como quien lo hace con una mercancía: "Esta mujer se me antoja, ésta la compro".

Månsson habla de clientes habituales (que son la minoría) y ocasionales (que son la mayoría) y analiza sus discursos encontrando argumentos que no son excluyentes, pues un mismo hombre puede manifestar simultáneamente varios de éstos. El argumento que me interesa abordar es *el fantasma de la puta mala*, que produce sentimientos contradictorios de fascinación y desprecio, que refuerzan la excitación sexual. Esto lo analizó Freud hace más de un siglo en "Sobre un tipo particular de elección de objeto en el hombre".[7] Freud advierte que hay una elección masculina que se singulariza por una serie de condiciones, cuya conjunción no se entiende a simple vista, pero que el psicoanálisis puede esclarecer: "la mujer casta e insospechable nunca ejerce el atractivo que puede elevarla a objeto de amor, sino sólo aquella cuya conducta sexual de algún modo merezca mala fama y de cuya fidelidad y carácter intachable se pueda dudar". Freud denomina a esa condición *amor por las mujeres fáciles*, y para él esa elección de *objeto degradado* devela el *nexo inconsciente* de la oposición entre la madre y la mujer fácil, indicando que, en el inconsciente, a menudo converge lo que en la conciencia se escinde en dos opuestos.

La idea de Freud de que algunos hombres, sujetos por su antiguo amor a la madre, pretenden satisfacer los deseos tabú de la infancia mediante el comercio sexual ha sido retomada posteriormente por otros psicoanalistas. Por ejemplo, Estela Welldon (1993), quien trabajó con *prostitutas* y clientes, asume la explicación freudiana sobre la *forma degradada de amor*, donde la *puta* se constituye como una figura sustituta y denigrada de la madre. Welldon señala que las investigaciones clínicas actuales han profundizado y confirmado esa inicial premisa freudiana en la cual la madre figura como *fantasma* ante las elecciones de objeto erótico. Welldon, centrada básicamente en analizar las funciones intrapsíquicas de trabajadoras sexuales y clientes, revisó un conjunto de casos clínicos y planteó que también se da una relación simbiótica entre las necesidades de la *prostituta* y las del cliente.

La aportación indudable de Freud fue señalar que los encuentros eróticos no sólo se dan entre cuerpos sexuados sino en seres con un *inconsciente*. Por eso, en la psique individual se recrean formas diversas de recepción de las prescripciones culturales: aceptación, resistencia, transgresión. De ahí resulta entendible que, en el fenómeno del comercio sexual, se establezca una dinámica psíquica y que haya un sentido *invisible* en la transacción: la demanda inconsciente. Welldon es muy clara en su señalamiento de que la transacción monetaria afecta a las fantasías de ambos sujetos (en relación con el poder), y en muchísimos casos, de manera inconsciente, entre la *prostituta* y el cliente está en juego quién tiene el control. Según su investigación, a muchas personas les parece que la puta *lleva la voz cantante,* pues el trato inicial lo fija ella, al indicar el precio de la transacción: "yo cobro tanto". Sin embargo, el hombre, al pagar, siente que él manda. Muchos clientes, en los casos clínicos de Welldon, descubrieron que la necesidad de pagar tenía que ver con la exigencia psíquica de no sentirse engullidos o controlados. Al pagar se sentían seguros, en control de la situación. La interpretación de esta psicoanalista es que esos hombres no habían consolidado su *yo* básico, por lo que la intimidad de una relación sexual les resultaba amenazante. Esta autora tiene razón al decir que lo que aparenta ser un mero contrato económico cubre necesidades emocionales de ambas partes, que son, al mismo tiempo, opuestas y cómplices. Tradicionalmente la *prostitución* se ha visto como un fenómeno en el que se satisfacen necesidades económicas de las mujeres y fisiológicas de los hombres. Welldon subraya, siguiendo a Freud, el fuerte componente psíquico: tanto hombres como mujeres tienen cuestiones inconscientes que no pueden formular con claridad. Esta mirada psicoanalítica es más cuidadosa que la de ciertos psicólogos que postulan *normas*, como la de mutuo desprecio entre la *prostituta* y el cliente (las cuales se derrumban ante la evidencia de relaciones de apoyo y amistad entre ambos). Por eso, muchas investigaciones y reflexiones sobre la *psicología del comercio sexual* resultan esquemáticas, porque no registran las divergencias entre las diversas formas de trabajar como *puta* y las muchas maneras de ser cliente.

Månsson (2001) investigó, en varios países industrializados, el porcentaje de varones que han pagado por sexo en algún momento de sus vidas y estableció una comparación. Aunque él mismo dice que hay que tomar con cuidado esas cifras, pues muchos hombres no dicen la verdad sobre lo que consideran humillante o que en algunos países está penado por la ley, hay un dato que me parece especialmente significativo, porque tiene que ver con nuestra herencia cultural: en el estudio, España se lleva las palmas con 39 por ciento de varones que han contratado *prostitutas*, le siguen Suiza con 19 por ciento, Estados Unidos con 16 por ciento, Holanda con 14 por ciento, Finlandia y Suecia con 13 por ciento, Noruega con 11 por ciento, Rusia (sólo San Petersburgo) con 10 por ciento y Gran Bretaña con 7 por ciento. El caso de España me hace pensar hasta dónde se podría equiparar con lo que pasa en México, y en otras sociedades hispanoamericanas, donde *ir de putas* tiene todavía una connotación de *uso y costumbre* para los hombres. Muchos la consideran una conducta aceptable, y durante un tiempo era una práctica habitual llevar a los adolescentes a los burdeles para *desquintarlos*.[8] Cuando me acerqué por primera vez al ambiente del comercio sexual, yo tenía la creencia de que muchos hombres se inician sexualmente con *prostitutas*. Ese lugar común aparece en varias investigaciones en América Latina, como la que hizo Norma Fuller (2001) sobre los cambios y permanencias de las masculinidades en Perú. Esta autora registró dicha práctica como "la transición de la sexualidad autoerótica hacia la heterosexual" (2001: 263) y dice que ir con *prostitutas*:

> Se cataloga bien como una prueba (un rito de iniciación en la virilidad), bien como una manifestación puramente instintiva y disociada de los afectos y emociones. A diferencia de la noción de sexualidad corriente en las relaciones de seducción, cortejo, matrimonio, en las que el varón es quien posee y controla la sexualidad de la mujer, en este contexto los jóvenes neófitos están a merced de las prostitutas y el trato que reciben marca su indefensión (2001: 264).

Las *chicas* en El Oro me informaron que el *desquinte* ha caído en desuso, en la medida que las jovencitas de hoy son más *aventadas* y ya no *protegen* su virginidad.

No es fácil tener un panorama claro sobre la conducta de los clientes en México, aunque algunas investigaciones sobre la sexualidad de los mexicanos tocan lateralmente el tema. Por ejemplo, Matthew Gutmann, antropólogo norteamericano que ha profundizado en los vericuetos del machismo, en su sólida investigación en el barrio de Santo Domingo, en la Ciudad de México, hace un importante señalamiento:

> Más que santificar como dogmas culturales las costumbres, los valores y las prácticas particulares que popularmente se han asociado con la sexualidad en México, como el libertinaje masculino, que conduce al adulterio y a la "casa chica" o promiscuidad sexual de los hombres solteros, sería mejor reexaminarlos bajo un lente histórico bien fundamentado" (2000: 171).

Según Gutmann: "Los hombres en Santo Domingo participan en lo que Sedgwick [...] denominó *la larga crisis de la definición sexual moderna*":

> Estos hombres expresan una mayor conciencia sobre la sexualidad, y no porque hablen más sobre relaciones sexuales, sino porque su modo de hablar sobre el tema es diferente. Dos factores cruciales han contribuido a estas transformaciones: en primer lugar, mayor acceso a la planificación familiar ofrecida en los últimos veinte años en la Ciudad de México; en segundo, de forma menos obvia, pero significativa, el desafío abierto de la homosexualidad como una forma importante de la vida y la expresión sexuales. Estos dos factores han tenido ramificaciones directas e indirectas en la construcción de las sexualidades modernas y contemporáneas en la sociedad mexicana (2000: 171).

Gutmann declara que:

Para refutar el lugar común de que muchos o la mayoría de los hombres latinoamericanos tienen sus primeras escapadas sexuales con "prostitutas", sólo uno de los hombres con quienes me entrevisté, en la colonia Santo Domingo, reconoció haber recurrido a una "prostituta". Ninguno de estos hombres había llevado a sus hijos con una para "que se hicieran hombres".

Una vez más, es posible que mis amigos e informantes simplemente estuvieran encubriendo sus aventuras sexuales en el pasado. Pero creo que, en la actualidad, suele ser más común pagar por servicios sexuales en ciertas áreas de la Ciudad de México, como, por ejemplo, en el Centro Histórico... También es posible que para muchos de mis amigos, el pagar por tener relaciones sexuales signifique reconocer una incapacidad, poco masculina, para atraer mujeres sexualmente (2000: 198).

Gutmann revisó una encuesta sobre la sexualidad entre estudiantes de secundaria en la que 20.5 por ciento de los jóvenes adinerados informaron que su primera relación sexual fue con una prostituta (Conapo, 1988: 120), lo que lo lleva a decir: "Quizá acudir a las prostitutas sea, por tradición, más común entre los jóvenes de las clases media y alta". En su apartado sobre los solteros, Gutmann documenta ampliamente la vinculación que existe con la masturbación, y dice:

Puede ser que los hombres que se masturban no evoquen una imagen tan romántica como la del mujeriego. Sin embargo, para describir la vida sexual de la mayoría de los hombres solteros de Santo Domingo, supongo que esta representación es infinitamente más exacta, si bien mundana, que las descripciones de los rapaces jóvenes mexicanos siempre al acecho de la conquista femenina (Gutmann, 2000: 209).

Después de varias entrevistas, concluye: "Finalmente descubrí que en esa colonia, una de las maneras más populares para describir a un soltero es refiriéndose a él como un hombre que se masturba" (2000: 210). Como dice el refrán: "Los solteros son chaqueteros".

Aunque la investigación de Gutmann trata el microcosmos muy específico de Santo Domingo, creo que esboza el cambio generacional:

los jóvenes de hoy prefieren tener relaciones con compañeras que con trabajadoras sexuales. Además, supongo que, para muchos jóvenes que no tienen dinero para un servicio costoso de *prostitución* (y los de Santo Domingo caen en ese *bracket* económico), lo que significa un *rato* suele ser una especie de sórdida masturbación por la que además hay que pagar. Esto podría coincidir con lo que Michael Singer sintió cuando, a los trece años, tuvo su primera experiencia en un burdel: "si esto es coger, prefiero continuar masturbándome" (Singer, 1992: 52).

El análisis de la *prostitución* como un problema de demanda y no sólo de oferta, y más aún, como una expresión significativa de la masculinidad en nuestro orden social, es una aportación de Månsson. Su esquema ha sido utilizado en posteriores investigaciones vinculadas al movimiento abolicionista, lo que indudablemente ha provocado un vuelco en relación con la apreciación de la responsabilidad de los clientes. De ser invisibles y anónimos, se convirtieron en los malos de la película: en los criminales *prostituyentes*. En Francia, el Mouvement du Nid (Movimiento del Nido), una organización abolicionista de raigambre cristiana que proclama estar "con las personas prostituidas y contra el sistema prostituyente", realizó una investigación, que coordinó el sociólogo Saïd Bouamama, con el apoyo del Institut de Formation des Agents de Recherches (IFAR). Bouamama se interesó en el comportamiento de los clientes, sus motivaciones y sus justificaciones, y retomó los trabajos de Månsson. Y, al igual que él, este investigador francés señaló que no se puede establecer un perfil del cliente, caracterizado por una causalidad única, sino que hay una heterogeneidad de trayectorias, motivaciones y significados otorgados al acto de comprar sexo. Aunque reconoce que el tamaño limitado de la encuesta no permite ninguna conclusión definitiva, con el trabajo cualitativo sí logró captar facetas de la subjetividad de los clientes. La lista es larga: el amor propio y la timidez, las dificultades debidas a factores familiares para la construcción de la imagen sexual de sí mismo, la persistencia en las socializaciones familiares del tabú sobre la sexualidad, una ausencia de educación sexual que conduce a una imagen degradada de la sexualidad, la mistificación de la mujer, la influencia de la pornografía, una escisión de las mujeres en dos categorías: con las que se tiene sexo y con las que no, un modelo de *normalidad* masculina (centrado en la *performance* y la obligación de gozar), un temor al compromiso afectivo y sus consecuencias, una demanda paradójica que conduce a la insatisfacción (Bouamama, 2004). De este grupo de factores, formalizó cuatro determinantes:

1. *El aislamiento afectivo y sexual.* Caracteriza a todos los clientes que por una razón u otra no tienen acceso al encuentro sexual con otro tipo de mujeres, y que buscan en el clientelismo lo que no encuentran con las demás mujeres. Tienen una tendencia a las relaciones comerciales y sus demandas son de ternura y comunicación, lo cual los conduce generalmente a la decepción y la insatisfacción.

2. *Los desplazamientos de la igualdad.* Toca a clientes que tienen la posibilidad de encontrar a otras mujeres, pero que están insatisfechos de las relaciones con ellas. Buscan, en la sexualidad, una imagen sumisa de la mujer y hablan de las mujeres como *peligrosas, egoístas* o *que dan miedo.* Este tipo de argumento se presenta entre los divorciados, como una consecuencia de su experiencia previa.

3. *Los compradores de mercancía.* Concierne a los clientes con pareja, que no tienen un equilibro sexual en su relación y buscan complementarse consumiendo mercancías sexuales. Para estos hombres ocurre una escisión binaria: la compañera sin sexo y la *prostituta.* Aquí entran los hombres casados que no quieren engañar a sus esposas ni correr el riesgo que supondría tener una infidelidad más seria con una mujer *no prostituta.* También están quienes consumen pornografía que presenta a las mujeres como objetos, como mercancías.

4. *Los reacios al compromiso y a la responsabilidad.* Define a los clientes que invierten en la *prostitución* y la consideran una posibilidad de seguridad, o sea, como una relación sin riesgos. Por ejemplo, los que han vivido una decepción amorosa y evalúan el costo afectivo de una relación nueva.

La visión negativa hacia el comercio sexual y, en concreto, hacia los clientes (presente en la investigación) tiene que ver con el hecho de que el objetivo del trabajo solicitado por el Mouvement du Nid era la *prevención del clientelismo*. Por eso, Bouamama señala los elementos disparadores que lo impulsan o acompañan: la incitación de los pares, el ejército, los amigos y el medio profesional, así como el alcohol y la caballerosidad,[9] la soledad y la angustia, el ambiente y la excitación. También analiza las lógicas argumentales que utilizan los clientes, entre las que destaca la explicación *biologicista* de que las necesidades sexuales de los varones y las mujeres son distintas (85.7 por ciento de sus entrevistados la utilizó).

No obstante el cuidado con el que Bouamama formula sus hallazgos, es evidente *la intención abolicionista* que cruza dicha investigación. La compra de sexo siempre es considerada de forma negativa y remite a problemas de socialización en la familia, de ascenso de actitudes feministas en las mujeres, de incapacidades masculinas para responsabilizarse por una relación. La preocupación cristiana del Mouvement du Nid no es comprender la complejidad del fenómeno sino, claramente, la de *proteger los nidos* familiares.

Con el nuevo abolicionismo se han publicado investigaciones que ponen la atención en la demanda masculina y pretenden desarrollar intervenciones para desalentar la compra de sexo, así como entender por qué los hombres van con *prostitutas*. La intensa migración de mujeres de los países de Europa del Este introdujo el tema de quienes buscaban migrar a otros países para entrar voluntariamente al comercio sexual. Ese tipo de tráfico, que implica moverse deliberadamente, no es lo mismo que ser secuestrada y forzada a dar servicios sexuales. No hay que confundir *tráfico* con *trata*: existe tráfico que no deriva en trata, existe trata sin tráfico, y existen trata y tráfico juntos. Los problemas de inmigración, seguridad nacional y delincuencia se mezclaron con el comercio sexual, por lo que se amplió el espectro de las investigaciones para saber hasta dónde los clientes se daban cuenta de si las mujeres eran obligadas. Un ejemplo de este esfuerzo de esclarecimiento con investigaciones empíricas fue el proyecto How Much?,[10] que se inició con una revisión de los estudios realizados sobre la demanda de prostitución en la Unión Europea y otros países; luego analizó los resultados del trabajo de campo en cada país; y culminó con una encuesta realizada en internet.[11]

Para detectar si los hombres compraban servicios a *prostitutas traficadas* se utilizó el término *prostitutas extranjeras*, aunque no todas las extranjeras han sido secuestradas o trabajan en contra de su voluntad. Se les preguntaba a los clientes a cuántas extranjeras les habían comprado servicios sexuales, qué tipo de servicios, a qué precio, con condón o sin condón, si las prostitutas hablaban el idioma del país, si el cliente había podido percibir formas de maltrato (cicatrices o moretones) o si estaban asustadas o deprimidas, en qué lugar se había dado el intercambio y, finalmente, en una lista de opciones marcaban las razones por las que elegían o no a *prostitutas extranjeras* (entre las opciones estaban: porque son más baratas, más complacientes, les resultan más atractivas, me hacen sentir mejor; y entre las razones para no ir con extranjeras estaban: el miedo al contagio, la culpa, el idioma, el que no le gustan las extranjeras).

La investigación implicó realizar un esfuerzo de comparación entre los cuatro países, para mostrar las convergencias y divergencias. Aunque el objetivo de la intervención se fue acotando a que los clientes comprendieran su conducta en función de la cadena de tráfico, eso no siempre fue posible. Los análisis de los clientes en los cuatro países coinciden con lo ya señalado por Månsson y Bouamama: la variedad de actitudes. Los clientes en esta investigación se dividieron, por un lado, entre los que decían de las *prostitutas extranjeras*: "no me importan", "no es mi problema" y por el otro, los que decían preferir a *mujeres libres*, porque son más cariñosas y más participativas; también hubo clientes que expresaron no sentir culpa de que sean explotadas. Claro que hubo contradicciones, ya que otros clientes dijeron preferir a las extranjeras por ser más cálidas y simpáticas. Lo que resulta sorprendente son las conclusiones. En la parte titulada "Qué tipo de política pública para qué tipo de prostitución" los autores Di Nicola y Ruspini señalan:

> La investigación en Italia, Holanda, Rumania y Suecia muestra que ni el abolicionismo ni la regulación ni la prohibición han erradicado la prostitución traficada. [Por lo tanto]… es casi imposible identificar un

modelo mejor sobre la prostitución, capaz de atajar la explotación de las víctimas de tráfico.

[…] Queda claro que el comercio sexual está lejos de ser eliminado, tanto por las actitudes de los clientes hacia las mujeres como por sus largas trayectorias como clientes. *Por lo tanto parece ser más efectivo implementar políticas capaces de minimizar los costos sociales y responder a las necesidades de los varios actores involucrados en este mercado* (2009: 232-233).

La recomendación que más me impresionó fue: "la posibilidad de conseguir sexo comercial libre y no explotativo sería una herramienta poderosa contra el tráfico" (2009: 233). Resulta curioso que las organizaciones neoabolicionistas no comprendan las implicaciones de dicha recomendación.

Luego de leer las investigaciones de Månsson, Bouamama y Di Nicola *et al.*, encuentro líneas generales muy claras sobre cómo responden los clientes a encuestas y entrevistas. Para obtener nuevos *insights* en esta relación social, habría que investigar más a profundidad las motivaciones psíquicas que llevan a ciertos hombres a comprar servicios sexuales. Pero veo difícil tal pesquisa, pues justamente lo que erotiza al ser humano y lo que determina su elección del objeto erótico son elementos inconscientes, desconocidos para el propio sujeto. El psicoanálisis postula la existencia de un área totalmente fuera del control y la voluntad (el inconsciente) donde se estructura el deseo sexual. Además, la investigación psicoanalítica es difícil de entender si no se comparte la perspectiva teórica, y ser psicoanalista tampoco es garantía de seriedad en el tema ni de lucidez intelectual.

Tal es el caso de Juan Carlos Volnovich (2010), psicoanalista argentino, feminista y neoabolicionista, quien en su libro *Ir de putas* hace una ensalada, mezclando la encuesta de Bouamama, los textos de Freud, sus lecturas de feminismo (Butler, Spivak, Fraisse), autores de moda (Žižek, Derrida), información de la CATW, cifras de la ONU y otros documentos y testimonios, y su obra termina siendo un texto pretencioso y confuso. Este psicoanalista se olvida de que hace más de un siglo que Freud formuló su tesis sobre el *amor por las mujeres fáciles*, y equipara de manera irresponsable *cliente* con *prostituyente*. Dice también: "es el imaginario social prostituyente quien decide acerca del lugar de la puta como mercancía consumida y del cliente como consumidor" (2010: 13). ¿Dónde queda el señalamiento freudiano por lo psíquico?

En cambio, el trabajo sobre clientes que realizó la socióloga argentina Silvia Chejter (2011), pese a su enfoque neoabolicionista, es un trabajo riguroso e interesante. Preocupada por lo que califica como la *creciente mercantilización de la vida humana*, la socióloga entrevista a 115 personas con el objetivo de que emerja el *discurso del cliente*. A pesar de que Chejter comparte la perspectiva neoabolicionista y usa sus términos (como *discurso prostituyente*), las entrevistas y la reflexión sociológica que las acompañan van ampliando el saber en torno al intercambio comercial. Se trata de un trabajo bien pensado, bien hecho y bien presentado, que critica el discurso social en el cual los varones aparecen como receptores pasivos, mientras que las mujeres son *las que se prostituyen*.

Ahora bien, las representaciones sobre el comercio sexual en el contexto sociohistórico actual tienen, indudablemente, un peso, y es elocuente cómo los sujetos se apropian o no de ellas. Por eso resulta interesante la actitud de negación de la gran mayoría de los clientes, como una forma de ignorancia discrecional que hace que los hombres que acuden con trabajadoras sexuales no intenten entender qué los impulsa a buscarlas. Bourdieu (1991) ha señalado que las personas tienen cierto desinterés por comprender los significados de la cultura en que viven, y ése parece ser el caso de los clientes. Esta forma de desconocimiento *involuntario* colabora con el proceso de mantenimiento y reproducción del orden social, y llega a formas notables de autoengaño. Una, muy generalizada, es pensar que ellos son una excepción para la trabajadora sexual, y que a ella sí le gusta verdaderamente estar con ellos. Así, se desentienden de las rutinas del fingimiento y los procesos de escisión de las trabajadoras.

Un acierto indudable de quienes estudian la sexualidad desde una perspectiva constructivista ha sido preguntarse cómo se da el cambio histórico en las pautas de conducta sexual; sin embargo, una de sus debilidades ha sido ignorar que la conducta sexual tiene determinaciones

123

psíquicas inconscientes, cuyo peso es sustantivo. Si solamente se ve que los seres humanos estamos inmersos en un proceso dinámico de evolución cultural y no se registra que estamos cruzados por pulsiones y deseos inconscientes, no se podrá comprender la persistencia del comercio sexual. Intentar responder a la interrogante de qué impulsa la demanda y la oferta de servicios sexuales obliga a distinguir entre las prácticas culturales y los elementos psíquicos, lo que nos ubica en contextos socioeconómicos e historias personales. Por eso, indagar cuál es la *verdadera* demanda de los clientes o qué es lo que *realmente ofrecen* las trabajadoras, por interesantes que estas interrogantes puedan parecer,[12] requiere analizar tanto los procesos culturales como la psique de los sujetos, y para explorar a fondo la complejidad de este fenómeno sería necesario hacerlo con metodologías diferentes.

Sin embargo, no resulta difícil reconocer la problemática de negociación, resistencia y subversión que ocurre en torno a los servicios sexuales comerciales. El neoabolicionismo se ha interesado por eliminar la demanda, considerándola la causa que provoca que exista el comercio sexual. El primer país que prohibió el comercio sexual y estableció una penalización contra los clientes fue Suecia. Por lo que, cuando se habla del *modelo sueco*, se trata justamente del esquema que penaliza a los *compradores de prostitución*. Este modelo tuvo su origen en el reclamo de un amplio sector del feminismo de ese país, que consideró que los hombres que compran sexo ejercen violencia contra las mujeres y perpetúan su subordinación. Estas feministas, al igual que otras neoabolicionistas de diversas partes del mundo, concluyeron que la *prostitución* era una herramienta de opresión y violencia utilizada para controlar a las mujeres. Desde el comienzo de la década de 1980, las feministas suecas se plantearon *castigar* a los hombres que compran servicios sexuales, al mismo tiempo que señalaron que las mujeres que los venden debían ser consideradas *víctimas* de la violencia masculina. Para ello, exigieron al Estado tomar cartas en el asunto y ayudar a todas las mujeres a salir de la *prostitución*. En 1987, la Organización Nacional de Casas de Acogida para Mujeres en Suecia (ROKS) reivindicó la demanda, la cual fue presentada a las parlamentarias. Diez años después, en 1997, gracias a la intensa presión y al trabajo político ejercido por estas feministas, así como a la ayuda de las mujeres de los partidos políticos, la propuesta criminalizadora de los clientes llegó al Parlamento. La ministra de la Igualdad de Género, Ulrika Messing, declaró: "La prostitución no tiene cabida en nuestro país" (Kulick, 2003: 215).

Así en 1998, luego de varios años de debate público iniciado por el movimiento feminista y los políticos de centro-izquierda, el Parlamento aprobó (con 181 votos a favor, 92 en contra, 13 abstenciones y 63 ausencias) una ley que prohíbe comprar o intentar comprar una *relación sexual temporal*. La ley fue parte de un Decreto contra la Violencia hacia las Mujeres, promulgado el 1 de julio de 1998, que fue resultado de dos comisiones de investigación: la Comisión de Prostitución y la Comisión de Violencia contra las Mujeres. La Junta Nacional de Salud y Bienestar, de acuerdo con el decreto, tenía como tarea reunir información y examinar la extensión y el desarrollo de la *prostitución* en Suecia, así como apoyar a las autoridades locales en el desarrollo y la creación de medidas contra ella.

El 1 de enero de 1999 entró en vigor la Ley que Prohíbe la Compra de Servicios Sexuales, pese a que distintas instancias gubernamentales (el Consejo Nacional de la Policía, el Consejo Nacional de la Seguridad Social, la Procuraduría General y la Administración Judicial) advirtieron los problemas que vendrían (Kulick, 2003: 219). Así, Suecia se convirtió en el primer país que criminalizaba directamente a los clientes, por considerarlos la causa primera de la *prostitución* y de la trata de personas con fines de explotación sexual. También criminalizaba a los proxenetas, como muchos otros países, y enviaba a la clandestinidad a las trabajadoras. Muy pronto surgieron quejas de las feministas respecto a la mala actuación de la policía al aplicar la ley, pues supuestamente protegían a los clientes. En una entrevista a Månsson, en 2002, éste señaló:

> Las complicidades masculinas desempeñan un papel en las dificultades para aplicar la ley. La policía, que está a cargo de hacer valer la ley, que amenaza valores masculinos tradicionales, es una institución dominada por hombres. Su capacidad para cumplir con su deber está sometida al

hecho de que los policías se van a identificar mucho más con los compradores de sexo que con quienes lo venden (Jacobson, 2002: 23).

El *modelo sueco* produjo dos graves problemas: uno fue el impacto que tuvo en varios países, en especial en los escandinavos, donde se generó un importante debate debido a la llegada de suecos en busca de servicios sexuales. Para Noruega e Islandia implementar el *modelo sueco* diez años después, en 2009, fue una forma de frenar la afluencia de suecos que cruzaban sus fronteras para poder comprar servicios sin ser penalizados. Sin embargo, Dinamarca y Finlandia no han adoptado el modelo, y ahí el trabajo sexual sigue siendo legal; incluso en Dinamarca el gobierno subvenciona a los hombres con discapacidad que requieren los servicios de una trabajadora sexual. El otro problema fue el aumento en la vulnerabilidad de las trabajadoras que, al pasar a la clandestinidad, empezaron a aceptar menos dinero y tuvieron más riesgos. Varias declararon que los clientes más perversos y los más violentos son los que infringen la ley, y que se aprovechan de que ellas también la están infringiendo.

En el resto de Europa, la *prostitución* individual es legal en casi la totalidad de los países que no fueron parte del bloque socialista: Alemania, Austria, Holanda, Reino Unido, España, Italia, Grecia, Suiza, Luxemburgo, Mónaco. En Bélgica y Portugal no es ilegal, pero no está reglamentada. En Irlanda se volvió ilegal recientemente, en 2015, debido a la influencia de las organizaciones religiosas. En todos los países se distingue entre trabajo sexual voluntario y forzado o *trata*; todos tienen estrictas leyes contra el tráfico de personas con fines de explotación sexual y contra el trabajo sexual de menores, aunque en algunos de estos países la edad para trabajar en comercio sexual es la de 16 años. Por su parte, en 1997, la Comisión Europea urgió a los Estados a atacar el tráfico ilegal de mujeres migrantes y, a partir de entonces, varios países endurecieron sus leyes contra el proxenetismo, el tráfico y la trata.

Holanda es el país con el sistema más avanzado. En 1997 se elaboró una encuesta y 73 por ciento de la población manifestó que el trabajo sexual es una ocupación que debe ser legal, y que quienes se dedican a ese trabajo tienen derecho a seguridad social. En 1996 se planteó que las trabajadoras sexuales debían pagar impuestos; en 1999 se reformó la ley para otorgarle al trabajo sexual el mismo estatus que cualquier otro trabajo. Esta reforma tuvo el objetivo de mejorar la posición de las mujeres, garantizar mejores condiciones de trabajo y mayor seguridad, y concentrar los esfuerzos de la policía en el tráfico de inmigrantes ilegales y menores de edad. En Holanda se permiten burdeles, pero existe una reglamentación estricta que éstos deben cumplir sobre sanidad y seguridad. La central de trabajadores que agrupa a todos los sindicatos acepta al de las trabajadoras sexuales. En Holanda, las personas que se dedican al trabajo sexual no tienen que ir a controles sanitarios y la edad de consentimiento es de 16 años. Sin embargo, hay una discusión importante sobre cómo el crimen organizado ha aprovechado la legalidad. En 2005, dos consejeras del Partido del Trabajo publicaron un informe titulado "Haciendo visible lo invisible",[13] en el que denuncian cómo se ha infiltrado la delincuencia y la violencia en el comercio sexual. En 2008, el alcalde de Ámsterdam anunció que, de los doscientos aparadores donde se exhiben las trabajadoras, cerraría la mitad para evitar la delincuencia organizada. Las trabajadoras tienen credenciales con su foto y un número de registro, pero sin datos personales, y supuestamente los clientes deben verificarlas para estar seguros de que sean legales. Además, hay intervenciones simbólicas que dignifican a las trabajadoras sexuales, como la estatua a la trabajadora sexual que se erigió en Ámsterdam en 2007 y el reconocimiento, en 2012, a unas hermanas gemelas de 70 años, consideradas como las trabajadoras sexuales más antiguas de Holanda (*The Guardian*, 17 de septiembre de 2012).

Otro país que aceptó el trabajo sexual como absolutamente legal es Alemania. En 2003, el gobierno cambió la ley para mejorar la situación de las trabajadoras, que pagan impuestos y tienen que cobrarle iva al cliente. Cada ciudad tiene derecho a prohibir su práctica en ciertas zonas. En Múnich está totalmente prohibida la prostitución callejera, pero los burdeles son legales; en Berlín se la acepta en todas partes; en Hamburgo se permite en ciertos lugares, a determinadas horas del día. En Baviera y Hesse se hicieron juicios en contra de la prohibición zonal y la Corte resolvió que dicha zonificación era anticonstitucional. Hay burdeles de la municipalidad, que están exentos de impuestos. Es ilegal para los clientes el uso de servicios de menores de 18 años, pero las trabajadoras pueden laborar desde los 16 años.

En varios países europeos existen diferencias sobre la legalidad de los burdeles y la prohibición al lenocinio. Pero los grupos abolicionistas, muchos de ellos financiados por USAID o por las Iglesias, presionan para que sus gobiernos adopten el *modelo sueco*, ya que piensan que castigar la demanda eliminará la oferta. Y las campañas neoabolicionistas que plantean la *prostitución* como violencia hacia las mujeres se han extendido en varios espacios gubernamentales, debido al activismo de las funcionarias feministas. Por eso el *modelo sueco* ha sido materia de fuertes disputas políticas, como la que ocurrió recientemente en Francia. Ahí la *prostitución* no era ilegal, a menos que fuera con menores de 18 años, pero desde 2011 se debatió sobre la posibilidad de adoptar el *modelo sueco*. Aunque la sociedad estaba dividida respecto a la criminalización de los clientes, poderosas organizaciones abolicionistas, un sector del movimiento feminista y algunos funcionarios del gobierno lograron que, en diciembre de 2013, la Asamblea Nacional votara una ley para multar a los clientes de servicios sexuales. La reacción en contra no tardó: el Syndicat du Travail Sexuel (STRASS), integrante del International Committee for the Rights of Sexual Workers in Europe (ICRSE), coordinó una protesta masiva y logró que el Senado rechazara la ley, en julio de 2014. Sin embargo, el 6 de abril de 2016 se votó nuevamente la ley en contra de los clientes y fue aprobada. Las protestas de las trabajadoras sexuales no han cesado y el STRASS ha iniciado acción legal. La nueva ley aspira a dar apoyo económico a las más de 40,000 *prostitutas* que decidan dejar el oficio.

En Italia, donde la *prostitución* es legal, se considera a las trabajadoras como víctimas, y no como delincuentes, para atenuar las consecuencias negativas, tratar de darles más seguridad y reducir la drogadicción a la que puedan estar expuestos clientes y trabajadoras. La ley de 2003 les permite rentar apartamentos para trabajar, pero no acepta más de dos trabajadoras por edificio. Lo que le falta a esta ley es un programa de capacitación para que las trabajadoras puedan dedicarse a otro oficio, si así lo desean. Pero la organización que reúne a las trabajadoras sexuales, el Comitato per i Diritti Civili delle Prostitute, se opuso a las multas para los clientes.

En el Reino Unido, aunque también es legal el trabajo sexual, el Ministerio del Interior intentó hacer una nueva reforma. En julio de 2004, publicó *Tackling Street Prostitution: A Holistic Approach*,[14] un estudio profundo del problema, que provocó un endurecimiento judicial contra la explotación sexual de menores y adultos indocumentados (Sex Offences Act, 2004). También impulsó una consulta ciudadana para desarrollar una estrategia coordinada sobre el trabajo sexual: *Paying the Price*. Dicha consulta demostró la prevalencia de la *prostitución* en el Reino Unido, estudió el contexto social de las trabajadoras, sus razones para entrar en el comercio sexual y la actual legislación, y analizó tres opciones, con sus beneficios y sus costos sociales y fiscales: 1) dejar la situación como tal como estaba, 2) aumentar la penalización y 3) despenalizar, aunque el comercio sexual estaría sujeto a las leyes que regulan y controlan otros negocios. Un objetivo prioritario era mejorar la situación de las trabajadoras sexuales y evitar que más jóvenes se engancharan. Los análisis de costo/beneficio se hicieron considerando cuánto le cuesta al ciudadano que paga impuestos que las cosas sigan como están, que se endurezca la reglamentación o que se despenalice y se desarrollen otras opciones. En 2009, se votó la Policing and Crime Act que califica como delito pagar por los servicios de una *prostituta* que esté siendo forzada (*trata*). Y en agosto de 2014, la revista *The Economist* dedicó su portada y el reportaje principal al comercio sexual como una alternativa personal, con el título "La internet está volviendo la compraventa de sexo más fácil y más segura. Los gobiernos deberían de dejar de tratar de prohibirla".[15] Sí, esa realidad de la comunicación por internet está creando nuevos accesos al comercio sexual.

Además de los europeos, otros países han legalizado el trabajo sexual. Para algunos gobiernos, lo que ha dado pie a las reformas no ha sido la *prostitución* en sí, sino su presencia en las calles. Algunos han intentado controlar el crecimiento callejero de la *prostitución* convirtiendo en delito el que una persona solicite los servicios sexuales de otra, en un lugar público. Canadá, por ejemplo, no prohíbe el comercio sexual, sino que castiga por igual la oferta y la demanda que se llevan a cabo fuera de los lugares con licencia para el comercio sexual. Con el fin de reducir la *prostitución* en la calle, en 1985, se promulgó una ley sobre *communicating*, o sea, la comunicación de compra o venta de servicios sexuales en los espacios públicos. La cantidad apabullante de casos por *communicating* al principio fue en su mayoría de mujeres, después fue de hombres. Al corresponsabilizar a los clientes de los problemas de la *prostitución* callejera, la reforma de ley introdujo un cambio en la retórica con que se trataba el problema: las trabajadoras dejaron de ser las *malas* de la película y aparecieron los clientes. Esto fue resultado de un trabajo de las organizaciones de trabajadoras del sexo, que denunciaron la injusticia de ser consideradas las únicas responsables del problema. Así, el clima social cambió y, en enero de 1997, la policía de Vancouver anunció que ya no arrestaría a prostitutas por *communicating*, sólo a los clientes. Ésta fue la única policía que tomó una decisión radical, argumentando que la causa de la *prostitución* era la demanda masculina. La policía fijó los objetivos de la acción legal en clientes y padrotes, considerando a las sexoservidoras como víctimas. El cambio del *peso moral* de la *prostitución* hacia los hombres se dejó sentir, y en 1997, en Abbotsford, British Columbia, la policía intentó publicar en el periódico los nombres de los detenidos por *communicating*, como una medida para frenar a futuros clientes, pero algunos conflictos legales sobre el derecho a la privacidad frenaron la iniciativa. En Edmonton, Ottawa y Toronto se establecieron centros de reeducación para clientes: las *john schools*.[16] Como en Canadá el comercio sexual no es ilegal, los hombres pueden acudir a servicios de *escorts*, registrados municipalmente, o a estéticas a comprar sexo, aunque con precios más altos que en la calle. Uno de los objetivos fue frenar el abuso de los clientes hacia las mujeres más jóvenes, las adictas a las drogas, las más pobres, las migrantes.

Sin embargo, en 2013, la Suprema Corte de Justicia resolvió en contra de las leyes que acotaban el trabajo sexual a locales cerrados con el argumento de que era discriminatorio para las personas que trabajan en la calle. La Corte conminó al gobierno a establecer una ley que proteja a las personas que se dedican al trabajo sexual y en 2015, el gobierno legisló.

En América Latina y el Caribe, la *prostitución* es legal en Brasil y en todos los países de habla hispana,[17] excepto Costa Rica y Cuba, aunque en ellos es una práctica común y no está abiertamente penalizada. Ecuador y Venezuela son los más liberales y no tienen restricciones; además en Ecuador el Estado asimiló fiscalmente a las trabajadoras sexuales con fines recaudatorios. En Colombia y Perú los burdeles son legales, pero Colombia tiene una legislación mucho más avanzada, debido a una resolución de la Corte Constitucional que reconoce los derechos laborales, con fundamento en el derecho a la igualdad y la dignidad (Laverde Rodríguez, 2014a). Además, en 2015, la corte colombiana amplió su perspectiva al legitimar el uso de suelo de las trabajadoras sexuales en contra de un ordenamiento territorial del gobierno (Laverde Rodríguez, 2014b).[18] En Uruguay, durante el mandato de José Mujica, se legalizó totalmente el trabajo sexual. En el resto de los países la situación es similar a la de México: la prostitución individual no está penada, pero el lenocinio, el proxenetismo y los burdeles, sí.

A partir del Protocolo de Palermo (2000),[19] en el que se introduce el tema de la explotación sexual, varios investigadores determinaron que el clima de rechazo a la inmigración es el telón de fondo de muchas de las políticas dirigidas a combatir la trata, pero que afectan el comercio sexual callejero (Kulick, 2003).

La postura neoabolicionista contra el *clientelismo* ha ganado mucha fuerza, aunque, en México, la perspectiva de considerar a los hombres como responsables de la *prostitución* todavía resulta inaudita. En los países desarrollados el neoabolicionismo es un indicador elocuente de la transformación de la situación social de las mujeres, en especial del ascenso de las llamadas *femócratas* (feministas burócratas), tanto en dependencias de la ONU como en altos puestos de gobierno. Creo que reflexionar sobre la responsabilidad de los clientes no implica necesariamente adoptar una postura neoabolicionista.

V
EL NUEVO ABOLICIONISMO Y EL NUEVO ACTIVISMO

Desde hace mucho tiempo, los conservadores religiosos han condenado la sexualidad fuera del matrimonio por considerarla perversa y pecaminosa, por eso ven a la *prostitución* como una fuente de decadencia moral de la sociedad y como una amenaza para la institución de la familia, ya que rompe lo que se considera el vínculo *natural* entre sexo, amor y reproducción. Lo llamativo es que algunas feministas también defienden posturas bastante tradicionales y creen que debe haber una sexualidad *apropiada*. Kathleen Barry, en su manifiesto abolicionista, *Esclavitud sexual de la mujer*, sostiene que los valores que las mujeres le han atribuido a la sexualidad han sido distorsionados y destruidos conforme las mujeres han sido *colonizadas* por medio de la violencia sexual y de la supuesta liberación sexual. Para Barry los valores y las necesidades de las mujeres son los que vinculan al sexo con el amor, y considera que la experiencia *positiva* del sexo debe basarse en la intimidad; por eso el sexo no debe comprarse ni obtenerse por medio de la fuerza (Barry, 1987). Esta postura, que descarta totalmente la idea de una sexualidad recreativa que busca placer, sirvió para cimentar una alianza entre religiosos, puritanos y feministas radicales que, unidos en una cruzada moral, buscaron *abolir* el comercio sexual. Debido a eso, lo que durante la década de 1990 empezó como una campaña contra la trata de personas con fines de explotación sexual se amplió a todas las formas de comercio sexual.

Cuando una cruzada moral logra cierto éxito con respecto a su objetivo fundacional, dirige la atención hacia otros problemas con los que se relaciona su causa. A esto se denomina *expansión del dominio* (Weitzer,

2014). Eso ocurrió en Estados Unidos con la cruzada iniciada por Ronald Reagan,[1] la cual intentó establecer el límite de lo decente, lo bueno, lo normal y lo moral respecto a la sexualidad. La cruzada moralista se amplió a condenar toda forma de comercio sexual.

Sin duda, algunos de los hechos vinculados con la trata con fines sexuales son turbios y clandestinos; otros, al contrario, son muy claros. Desde hace tiempo ha existido el traslado —con engaño, amenaza, violencia o secuestro— de mujeres para la venta de sexo. Mi discrepancia con los neoabolicionistas radica en que han incluido la eliminación de *todo* el comercio sexual en su estrategia de combate a un crimen nefasto. Es una vergüenza que dicha estrategia incluya inflar los datos sobre trata. Según Ronald Weitzer, un investigador especializado en el tema, los abolicionistas aseguran que hay cientos de miles (si no es que millones) de víctimas en todo el mundo, y que este problema ha alcanzado niveles *epidémicos*. Dichas afirmaciones han sido reproducidas, sin ser corroboradas, por funcionarios del gobierno de Estados Unidos y de otras naciones (Weitzer, 2005, 2007, 2009, 2010, 2012, 2014). Luego de recopilar cifras de distintas fuentes oficiales sobre las víctimas de trata, de analizarlas minuciosamente y compararlas con el número de víctimas registradas, Weitzer asegura que existe una marcada discrepancia. Por ello, considera que las cifras no son confiables en lo más mínimo y que las declaraciones de los grupos abolicionistas sobre que la magnitud del asunto es *inmensa* y que *va en aumento* no tienen sustento empírico (Weitzer, 2014). Incluso las cantidades estimadas son dudosas, dada la naturaleza ilegal y clandestina del comercio sexual; además de que existen otros focos rojos: las cifras oficiales han fluctuado bastante en un periodo corto y relativamente pocas víctimas de trata han sido localizadas. A ello se suma que hay discrepancias sustanciales en cuanto a cómo se define la trata y cómo se reconoce a las *víctimas* (O'Connell Davidson, 2014). Tales declaraciones son estratégicas, porque las dimensiones de un problema social se utilizan para atraer la atención de los medios de comunicación, de los responsables de crear políticas públicas, así como de quienes otorgan financiamientos.

No quisiera que se me malinterprete: no le estoy quitando importancia al problema criminal de la trata y el tráfico de personas. Hay que seguir combatiéndolos para que ninguna persona se vea forzada a dar servicios sexuales *en contra de su voluntad.* Lo que me interesa es distinguir la *trata* del *comercio sexual*, en su sentido cualitativo. Confundir ambas cosas sólo sirve para condenar a las trabajadoras sexuales a una situación de ilegalidad y riesgo.

El papel que ha desempeñado el gobierno estadunidense en la cruzada abolicionista es determinante: ha logrado extender su postura convirtiéndolo en el proyecto de los gobiernos de varios países.[2] En Estados Unidos, que prohíbe el comercio sexual en sus dos vertientes (venta y compra),[3] el abolicionismo se ha institucionalizado casi por completo en el discurso oficial, la legislación y las prácticas de aplicación de la ley. Dicha postura es patente en el Protocolo de Palermo de la ONU, que usa indistintamente tráfico, explotación de la prostitución, explotación sexual y trata con fines de explotación sexual. Y dado el alcance que tiene ese discurso y la fuerte inversión institucional del gobierno estadunidense, en México no se ha podido (o no se ha querido) distinguir entre comercio y trata en las leyes y los mecanismos de las instituciones estatales. Incluso algunos procesos legales mezclan los conceptos de comercio sexual y trata.

La cruzada abolicionista visualiza el fenómeno del comercio sexual en blanco y negro, sin reconocer sus matices y complejidades. Para empezar, persiste un hecho indiscutible: el trabajo sexual sigue siendo la actividad que eligen miles de mujeres en el mundo, básicamente por el beneficio económico. Indudablemente, para muchas de ellas optar por el trabajo sexual es *elegir el menor de los males,* dentro del duro contexto en que viven. Incluso, algunas migrantes consideran que trabajar en condiciones laborales desagradables o de explotación es "preferible a permanecer en casa, en donde las amenazas a su seguridad (en forma de violencia, de explotación o directamente de privación alimenticia) son mucho mayores" (O'Connell Davidson, 2008: 9).

Para algunas mujeres, según su entorno, su formación y capital social, en ciertos casos el trabajo sexual puede ser una opción por lo empoderante y liberador que resulta ganar dinero; mientras que, en otros casos, se reduce a una precaria situación de sobrevivencia, experimentada con culpa y vergüenza. Es decir, mientras que existe el problema de la trata aberrante y criminal, con mujeres secuestradas o engañadas, también existe un comercio en el cual las mujeres entran y salen libremente, algunas llegan a hacerse de un capital, a impulsar a otros miembros de la familia e incluso a casarse. Por eso, quienes sostienen que es un trabajo que ofrece ventajas económicas tienen razón, pero no en todos los casos; y quienes declaran que la prostitución implica violencia, también tienen razón, pero tampoco ocurre en todos los casos (Bernstein, 1999: 117). Lo mismo sucede del otro lado de la industria del sexo, siempre hay diferencias. Los padrotes son como los empresarios: hay buenos y hay malos. Sucede igual con los clientes: hay los violentos pero también los *decentes* y amables.

Como estuve alejada un tiempo del *ambiente*, no visualicé que muchas feministas que se manifiestan en contra de la violencia hacia las mujeres se han convertido en neoabolicionistas, así como varias líderes de trabajadoras sexuales (mexicanas y de otras nacionalidades) también lo han hecho. Tampoco me percaté de que la postura conservadora del gobierno estadunidense fortaleció la participación de las feministas neoabolicionistas dentro de la ONU, que lograron imponer su rechazo al trabajo sexual en el Protocolo de Palermo (Saunders, 2004; Weitzer, 2014).

Mediante USAID (Agencia de los Estados Unidos para el Desarrollo Internacional), el gobierno estadunidense obligaba a los grupos de activistas contra el sida a firmar una declaración de que no trabajarían con *prostitutas*.[4] En ese entonces, algunas feministas a quienes respeto empezaron a hablar de *todas* las mujeres en el comercio sexual como *esclavas sexuales*, y dejaron de reivindicar sus derechos laborales por privilegiar el objetivo legítimo y necesario del combate a la trata. Ése es el caso de Lydia Cacho (2010).

Mi primera confrontación con este neoabolicionismo se dio en la oficina de Malú Micher, quien fuera directora del Inmujeres del D.F. de 2006 a 2012. Desde 2003, Malú me había convocado a una reunión con la directora de CATWLAC (Coalición contra el Tráfico de Mujeres y Niñas en América Latina y el Caribe).[5] Esta organización neoabolicionista, fuertemente financiada por USAID, "pretende eliminar el comercio sexual con el argumento de que la prostitución estimula el tráfico"

136

(O'Connell Davidson y Anderson, 2006: 14). CATW, que tiene un carácter consultivo en el Consejo Económico y Social de la ONU, se proclama contra la *esclavitud sexual*, término que aplica no sólo a las mujeres víctimas de trata, sino de manera indiscriminada a cualquiera que trabaje en el comercio sexual. Las estrategias de CATW son múltiples y dependen de las tradiciones políticas y culturales de cada país, pero el eje de la política que impulsan es *rescatar* a las mujeres para *salvarlas* (Agustín, 2007).[6]

Durante la reunión en Inmujeres D.F., yo no daba crédito a lo que planteaba la directora de CATWLAC. Mi experiencia previa con las *trabajadoras sexuales* y, más aún, con las independientes, me hacía rechazar el supuesto de que *todas* eran víctimas. En todo caso eran igual de víctimas del sistema que las demás trabajadoras que también laboran en condiciones de explotación por necesidad económica. Pese a la buena voluntad de Malú, el diálogo fue imposible. No hubo posibilidad de introducir la mínima racionalidad a la discusión. Sin embargo, en ese momento no me di cuenta de la fuerza que ese discurso contra el comercio sexual alcanzaría y de cómo muchas feministas lo suscribirían.

En 2014, cuando me volví a involucrar con un grupo de trabajadoras sexuales independientes, me encontré con que, mientras que la postura abolicionista había ganado terreno, un nuevo activismo había despuntado. El 6 de enero de 2014, Patricia Mercado, feminista de larga data, fue nombrada titular de la Secretaría del Trabajo y Fomento al Empleo del Distrito Federal (STYFE). Un mes después, el 5 de febrero de 2014, llegó una orden judicial a la oficialía de partes de la STYFE: la juez Paula María García Villegas Sánchez Cordero ordenaba otorgar a las personas que trabajan en el comercio sexual callejero la licencia de *trabajadores no asalariados*.

Esa categoría existe desde 1972 y contempla a personas que laboran en vía pública sin una relación patronal ni un salario fijo, como los lustrabotas, los cuidacoches, los músicos callejeros, los vendedores de billetes de lotería y diez oficios más.[7] El reclamo de las licencias de *trabajador no asalariado*[8] era una prioridad para obtener condiciones laborales dignas, seguridad y respeto a los derechos humanos y civiles de las personas involucradas en el trabajo sexual.

137

Esta resolución judicial fue la culminación de una larga lucha de un grupo de trabajadores sexuales, que recurrieron a un juicio de amparo, luego de que el GDF anteriormente se había negado a otorgarles dicho reconocimiento. La pugna por el carácter laboral del trabajo sexual databa de la década de 1990. Desde la proclamación de la Cartilla de Derechos Humanos de las Trabajadoras Sexuales en México, durante el Primer Encuentro Nacional de Trabajadores Sexuales, en 1997, se expresó la importancia de reivindicar sus derechos laborales. El 22 de julio de 1999, Brigada Callejera y la Red Mexicana de Trabajo Sexual acordaron que la Cooperativa de Trabajadores Sexuales Ángeles en Búsqueda de la Libertad, S.C., tramitara ante la STYFE una petición de licencia de trabajadores no asalariados. El 7 de agosto del año 2000 les fue negada, y pasaron más de diez años de lucha en distintos frentes: estableciendo mesas de trabajo con las autoridades, difundiendo información entre otros grupos de trabajadores, coordinando los Encuentros Nacionales, organizando marchas y protestas, y denunciando la extorsión y el abuso de la policía.

El 1 de agosto de 2012, cerca de cien afiliadas a la Red Mexicana de Trabajo Sexual (algunas integrantes de la Cooperativa de Trabajadoras Sexuales Mujeres Libres, fundada en 2000) solicitaron de nuevo las credenciales de trabajadores no asalariados a la STYFE. Ante la falta de respuesta, la presidenta de Brigada Callejera, Elvira Madrid Romero, convocó a varias asambleas de trabajadoras sexuales de la Ciudad de México en las cuales se acordó seguir la vía del litigio legal. La abogada Bárbara Zamora y Santos García, del Bufete Jurídico Tierra y Libertad, A.C.,[9] inició un juicio de amparo para un grupo más pequeño (61 mujeres y 6 varones) contra la violación al derecho a laborar en paz como trabajadores sexuales no asalariados y, en lo particular, contra la negación a su derecho de obtener las credenciales. En febrero de 2013 se admitió la demanda de amparo, en la cual además de reclamar que la STYFE no les daba el mismo trato que a otros trabajadores de la vía pública, también se solicitaba al jefe de Gobierno y a la Asamblea Legislativa del D.F. la eliminación del artículo 24, fracción VII de la Ley de Cultura Cívica del Distrito Federal, publicada el 31 de marzo de 2004, que tipificaba como falta administrativa el trabajo de las personas que se dedican al sexoservicio.

El primer juicio relativo a la demanda estuvo a cargo de un Juzgado de Distrito que se declaró incompetente en la cuestión planteada, dado que los actos reclamados por los solicitantes se ubicaban en el ámbito del derecho laboral: "pues la *litis* se constriñe medularmente en considerar y reconocer su carácter de trabajadores no asalariados, para lo cual debe verificarse que cumplan con lo establecido en una relación laboral con características propias" (pjf, 2013).[10] El caso fue remitido a un Juzgado Federal en Materia de Trabajo; no obstante, el juez también se declaró incompetente, por lo que se trasladó el caso al Tribunal Colegiado en Materia Administrativa. El 24 de junio de 2013 el caso fue admitido en el Décimo Tribunal Colegiado del Primer Circuito. La juez Primero de Distrito en Materia Administrativa del D.F., la licenciada García Villegas Sánchez Cordero, señaló:

> El asunto es complejo porque está envuelto en una problemática social y jurídica profunda, pues las personas que prestan su trabajo como sexo servidoras/es se encuentran en la mayoría de los casos en una situación de vulnerabilidad extrema que cargan a cuestas desde muy tierna edad.

La juez argumentó que:

> La prostitución ejercida libremente y por personas mayores de edad plenamente conscientes de ello, puede considerarse como un oficio, puesto que es el intercambio de una labor [sexual] por dinero.

La juez discrepó de los planteamientos de la Ley de Cultura Cívica y estimó:

> Abordar el tema de la prostitución bajo el argumento de que no puede dársele la connotación de un trabajo o bajo el argumento de que es una actividad indigna, deshonesta o socialmente inútil, es tanto como abordar el problema con una visión muy estrecha y sin tomar en cuenta todas las aristas sobre las que gira, pues es verlo desde el punto de vista de si escandaliza la moral de algunos miembros de la sociedad, pasando por alto la alta complejidad que tiene, como es la situación de vulnerabilidad

en la que se encuentran las y los trabajadores sexuales, que muchas veces son explotados por los proxenetas, que no tienen otra alternativa de vida para su sustento, que han sido marginados social y familiarmente, a quienes se ha violado el derecho a la salud, especialmente sexual y reproductiva, a la educación y en algunos casos se ha transgredido su dignidad humana. La mayoría de las veces han iniciado en este oficio siendo menores de edad, engañadas y explotadas, viven en una profunda soledad y con limitaciones materiales alarmantes, pues a veces ni siquiera en dónde dormir tienen y mientras más se acercan a la edad adulta e incluso a ser personas adultas mayores su situación se agrava aún más. En ocasiones son objeto de extorsiones y actos de hostigamiento e intimidación por los propios agentes policiacos y ministeriales.

Por ello es que, al parecer de esta juez de Distrito:

La problemática que gira en torno a la prostitución es muchísimo más compleja que la simple calificación moral o descalificación simplista de ese oficio como un trabajo que no puede considerarse como honesto, digno o socialmente útil.

Respecto al artículo de la Ley de Cultura Cívica, la juez concluyó que:

La redacción de ese numeral tiene, en lugar de un incentivo virtuoso para las quejosas, uno dañino que transgrede el derecho al trabajo y a la igualdad, porque las posiciona en una situación aún más vulnerable de la que se encuentran.

No puede quedar al arbitrio de un tercero, como es un vecino, el ejercicio de la prostitución.

Subrayó que no se puede ver la *prostitución* "únicamente desde el punto de vista de si es una actividad digna y honesta, y dejarla al arbitrio de una queja vecinal". En su argumentación sobre el derecho al trabajo, señaló: "es inconstitucional especialmente en relación con los derechos humanos al trabajo y a la igualdad, contemplados en los artículos 5° y 1° de la

Constitución". Al enfatizar la importancia de respetar la libre elección de su trabajo, también decidió que era procedente otorgar las licencias de trabajadores no asalariados y expedir las credenciales que lo verifican. Así, el 31 de enero de 2014 les fue concedido el amparo.

En la STYFE, el funcionario que recibió la orden de la juez, siguiendo la política de la anterior administración, decidió inconformarse y no acatar la resolución. Sin embargo, cuando llevó el documento para la firma de la recién nombrada secretaria del Trabajo del D.F., Patricia Mercado, ésta lo rechazó y decidió aceptar la resolución judicial. La juez también conminaba al GDF y a la Asamblea Legislativa, pero ambas instancias se rehusaron a acatar la orden judicial. Patricia Mercado explicó las razones por las cuales ella había decidido obedecer la resolución y logró convencerlos de hacer lo mismo. Entretanto, la abogada Bárbara Zamora y las solicitantes, acompañadas de Brigada Callejera, se presentaron a la STYFE a exigir las credenciales correspondientes a las licencias. Aunque la entrega requiere una larga labor previa para que las autoridades delegacionales definan dónde se llevará a cabo el servicio, para este caso, como se trataba de obedecer una orden judicial, la entrega se realizó el día 10 de marzo de 2014, en las instalaciones de la STYFE. Conocedora de mi interés por las trabajadoras sexuales, Patricia Mercado me invitó al acto, donde volví a entrar en contacto con trabajadoras independientes y con la organización que las apoya, Brigada Callejera en Apoyo a la Mujer Elisa Martínez. Cuando la prensa dio a conocer la entrega de las primeras credenciales, la CATWLAC realizó una campaña en Twitter con mensajes que decían, por ejemplo:

Compañera, cuánta ignorancia, póngase a leer la Ley gral contra Trata.

La Secretaria del Trabajo de DF @Pat_MercadoC garantizará "derechos laborales" a trabajadoras que "decidan" volverse prostitutas.

Ni siquiera hubo mención de que Mercado estaba cumpliendo una resolución judicial. Otros tuits, probablemente de seguidores de la CATWLAC, intentaron ofenderla:

Garantizar derechos laborales? Te sigues drogando, pendeja?

Garantizar derechos laborales a prostitutas? Seguro así llegaste tú.

Unas semanas después, a principios de abril, la periodista Carmen Aristegui daría a conocer un caso escandaloso: el presidente del PRI en el D.F.,
Cuauhtémoc Gutiérrez de la Torre, supuestamente pagaba con recursos
del partido (dinero público) a mujeres jóvenes, contratadas como secretarias o edecanes, para que le dieran servicios sexuales. La noticia cayó
como bomba. Ofrecer un buen salario que conllevaba otorgar *favores sexuales* provocó todo tipo de reacciones, que calificaron, erróneamente,
dicha transacción como *red de trata y de prostitución*. El uso indistinto de
ambos conceptos fue profuso, y el escándalo se centró más en calificar a
las jóvenes como víctimas y a Gutiérrez de la Torre como *padrote* o *tratante*
que en esclarecer el uso indebido del dinero público con fines personales.

A raíz de este suceso, CATWLAC amplió su campaña en Twitter
contra la STYFE:

@Pat_MercadoC También a las víctimas de Cuauhtémoc Gutiérrez les
vas a dar credencial de trabajadoras no asalariadas? O son víctimas?

AristeguiOnline también pedirá "se investigue" la red de prostitución
que está haciendo @Pat_MercadoC en GDF con padrón y credenciales?

La escueta respuesta institucional de la STYFE fue:

Delito de trata corresponde determinarlo a @PGJ_CDMX. Discriminación laboral a esta Secretaría. Caso Cuauhtémoc Gutiérrez.

Resulta obvio que esas jóvenes no eran víctimas de trata, ni siquiera for-
maban parte de una *red de prostitución*: la oferta se le hacía personalmente
a cada chica y ésta tenía la posibilidad de rehusar la proposición deshones-
ta. Eran jóvenes que no estaban secuestradas, que regresaban libremente
a sus casas, dormían, se bañaban y volvían a trabajar. No eran víctimas.
El delito de Gutiérrez de la Torre era de otro orden, pero en la discusión pública se hablaba indistintamente de *trata* y *prostitución*. El furor

mediático que tuvo el caso de Cuauhtémoc Gutiérrez, la campaña de la CATWLAC y las feministas neoabolicionistas, que atacan e intentan denigrar cualquier iniciativa que tienda hacia la regulación, como el otorgamiento de las licencias y credenciales, me hicieron tomar conciencia de la ferocidad de este neoabolicionismo.

Para la siguiente entrega de las licencias, que se llevó a cabo el 11 de julio de 2014, Día Nacional de la Trabajadora Sexual,[11] yo ya colaboraba con Brigada Callejera de Apoyo a la Mujer Elisa Martínez. Según sus propias palabras, esta asociación ciudadana se denomina *brigada* porque hace promoción, capacitación o cabildeo, trabajando en grupos operativos pequeños; *callejera*, porque el contacto lo realiza en la calle; *de apoyo*, porque se solidariza con personas que viven situaciones de discriminación; *a la mujer*, porque el trabajo de acompañamiento activo está dirigido a mujeres trabajadoras sexuales, indígenas y migrantes; y finalmente retoma el nombre de Elisa Martínez, en homenaje a una mujer víctima de sida, y con ello honra a las trabajadoras sexuales que han muerto por esa causa, que han sido asesinadas o que han padecido todo tipo de discriminación, por su género, por trabajar en el comercio sexual y por haber sido infectadas de VIH.

Esta asociación civil, sin fines de lucro, apartidista y laica, integrada por trabajadoras sexuales, por un patronato de especialistas en salud, políticas públicas y periodismo, y por personas solidarias, es parte de la Red Latinoamericana y del Caribe contra la Trata de Personas (Redlac),[12] y se rige por una asamblea general integrada en su mayoría por trabajadoras sexuales que se han aglutinado, desde 1997, bajo el nombre público de Red Mexicana de Trabajo Sexual. Desde 1993, Brigada Callejera se ha dedicado a promover el respeto a los derechos de las trabajadoras sexuales, y a hacer intervenciones para que la sociedad mexicana, en especial la clase trabajadora, deje de considerar a este oficio como una actividad denigrante.

A partir de 1997, Brigada Callejera ha organizado diecinueve encuentros nacionales en la Ciudad de México y otras cinco entidades federativas, que se han llevado a cabo en espacios públicos, en recintos religiosos, dependencias del gobierno y en espacios propios de la organización.[13] En estos encuentros se han debatido cuestiones y políticas coyunturales: las campañas de limpieza social, la pretensión de instalar zonas de tolerancia, los abusos de clientes, los homicidios de trabajadoras sexuales en el marco de la guerra contra el narcotráfico y estrategias concretas para enfrentar el acoso y la extorsión policiaca.[14] Se han realizado talleres de capacitación, se han programado acciones conjuntas con otros grupos, dirigidas a obtener condiciones laborales dignas, seguridad y respeto a los derechos humanos y civiles de todos los involucrados en el trabajo sexual, en especial las trabajadoras de la calle, y se han coordinado campañas de prevención del sida y de movilización contra la explotación sexual infantil y la trata.

Algunos de los documentos debatidos en estos encuentros son *Directrices internacionales sobre VIH/sida y los derechos humanos,* en especial el carácter discriminatorio de exigir el control sanitario de los trabajadores sexuales. También se revisaron los avances, límites y ambigüedades de la Ley general para prevenir, sancionar y erradicar los delitos en materia de trata de personas y para la protección y asistencia a las víctimas de estos delitos (Madrid *et al.,* 2014).[15] Asimismo se realizó un informe sobre la operación de los padrotes en varios estados del país.

En octubre de 2014 la STYFE, el Instituto Nacional de Salud Pública, el Programa Universitario de Derechos Humanos de la UNAM, la Clínica Especializada Condesa, las revistas *Nexos* y *debate feminista,* así como Brigada Callejera, convocaron a un taller para periodistas con el objetivo de brindar argumentos para reconocer y diferenciar entre comercio sexual y trata. Para tal propósito se invitó a la fiscal antitrata de la Procuraduría de Justicia del D.F., la licenciada Juana Camila Bautista, quien no estuvo presente durante todo el taller, llegó muy cerca del final y relató, con total ingenuidad o despiste, que acababa de clausurar dos antros en Iztapalapa, en donde a las chicas que daban un servicio sexual, que costaba 3 mil pesos, solamente les pagaban mil pesos. Considerándolo una forma de *explotación sexual* cerró dos fuentes de trabajo, dejando desempleadas a más de cien personas y a las *pobres víctimas,* que cada noche ganaban entre 3 mil y 4 mil pesos. ¿En qué tipo de trabajo el empleado se queda con más de la tercera parte de lo que cobra la empresa? Para la licenciada Bautista eso significaba *explotación de la prostitución ajena*, lo cual está penado por la ley antitrata.

Por otro lado, desde 2005, la Red Mexicana de Trabajo Sexual hace un informe anual a partir de la información del Observatorio Nacional del Trabajo Sexual en México. En el XVII Encuentro Nacional de la Red Mexicana de Trabajo Sexual, al que asistí, Jaime Montejo leyó el Informe de 2014, en el cual se integra un panorama ominoso sobre la situación de las y los trabajadores sexuales a partir de sus propios testimonios.[16] Las denuncias de ese informe, que provienen de personas del D.F. y 21 entidades federativas,[17] reiteran el cotidiano abuso policial que viven: las cuotas de extorsión económica y sexo forzado, demandadas por los policías.

La extorsión y la violación sexual son prácticas generalizadas dentro de los usos y costumbres policiacos y, según el informe, han provocado un éxodo a otras entidades federativas de trabajadoras sexuales ante la persecución y el despojo de dinero y pertenencias por parte de policías municipales, estatales y federales. A esta represión se suman otras formas de violencia gubernamental, como la elaboración de censos (a pesar de que esas autoridades no tienen facultades para realizarlos), con los que se obliga a las trabajadoras sexuales a entregar copias de sus credenciales de elector, lo que da lugar al chantaje.

Un estudio de la Cátedra Extraordinaria sobre Trata de Personas de la UNAM sostiene que en 24 entidades federativas, la regulación del comercio sexual considera medidas de tipo sanitario (21 de éstas se centran en el control y la vigilancia sanitaria) (Fuentes *et al.*, 2014: 37-38). Con esta excusa, las trabajadoras sexuales son reprimidas y/o extorsionadas por las autoridades con el argumento de que no están actualizados sus estudios correspondientes. Además las autoridades llevan a cabo redadas para verificar que ellas tengan documentos que acrediten su control sanitario y algunas trabajadoras han denunciado que los inspectores municipales las dejan laborar por 100 pesos al día y por 350 les acreditan exámenes inexistentes.

Las trabajadoras sexuales constantemente son remitidas al juez cívico por carecer de control sanitario. Cuando se realizan los chequeos

145

médicos sufren diversos maltratos, comentarios injuriosos y descuidos serios (las someten a pruebas de detección del VIH utilizando lancetas usadas, sin saber si alguna estaba infectada, poniendo en riesgo a las demás). En seis entidades de nuestro país todavía existen las tarjetas de control sanitario,[18] no obstante, como señalé antes, la OMS, ONUSIDA, Censida, el Instituto Nacional de Salud Pública y otras instituciones han señalado, de manera reiterada, que este control no representa ningún beneficio a la salud pública y en cambio estigmatiza a quienes son sometidas a tal trámite (Gruskin *et al.*, 2013).

Según Brigada Callejera, las trabajadoras sexuales en nuestro país representan una oportunidad económica en los municipios y delegaciones, por las multas que generan las *faltas a la moral* o por *alterar el orden*. Con frecuencia, son arrestadas y detenidas hasta por 36 horas, y si pagan la multa no reciben comprobante alguno. Además de eso, si la policía judicial encuentra preservativos entre sus pertenencias los utiliza como prueba para acusarlas de delitos como lenocinio y trata de personas.

En algunas zonas, la corrupción de las autoridades llega a tal extremo que los policías municipales son quienes las regentean, incluso a las adolescentes, a quienes utilizan para actividades de narcomenudeo y para extorsionar a clientes, alegando su minoría de edad. En ocasiones los policías violan a quienes se niegan o las graban y suben los videos a YouTube.

Por la criminalización del trabajo sexual, por el estigma o incluso por miedo, muchas trabajadoras se resisten a pedir ayuda o a denunciar.

Lo más impactante del Informe es lo referente a los asesinatos de las trabajadoras sexuales. Comúnmente las muertes son provocadas por sus parejas (padrotes o no), por clientes o por policías; ya sea por ahorcamiento (con sus pantimedias o su ropa interior), asfixia, heridas de arma blanca o armas de fuego, y casi siempre ocurren en cuartos de hotel. Sin embargo, Brigada Callejera registró que, desde el sexenio de Vicente Fox (2000-2006), han aumentado los crímenes con extrema crueldad: descuartizamientos, degollamientos, quemaduras, traumatismos craneoencefálicos o abdominales ocasionados por golpes contundentes con piedras o martillos. Según su información, en el sexenio de Felipe Calderón

(2006-2012) el promedio de crímenes de odio por misoginia se elevó a 18 o 20 al mes por entidad, aunque, en ocasiones, el registro periodístico no mencionaba que se trataba de *prostitutas*, pese a que los cuerpos fueron reconocidos por sus compañeras o fueron encontrados en zonas de comercio sexual. Según Brigada Callejera, en nuestro país, los asesinatos de trabajadoras sexuales, meseras y bailarinas suelen quedar impunes, porque rara vez se investigan y por las deficiencias de las instituciones públicas que están al servicio de un *Estado paralelo al crimen organizado*, que extravía pistas y evidencias.

El Informe consigna muy distintos móviles de los crímenes sexuales:

a) Cuando denunciaron la extorsión y la violencia policiacas o la impunidad que tiene el crimen organizado así como los explotadores y tratantes sexuales (como ocurrió en la calzada de Tlalpan, después del operativo del Hotel Palacio en el año 2009).

b) Cuando se les *acalla* por ser presuntas informantes de las autoridades o de grupos rivales (como lo ocurrido en Chihuahua, Jalisco, San Luis Potosí y Quintana Roo).

c) Por el reclutamiento forzado como *panteras* del crimen organizado u *orejas* del régimen.

d) Por el aumento de la violencia como parte de los *efectos colaterales* de la *intervención policiaco/militar* (cuando hay un cruce de disparos entre policías y delincuentes), como lo ocurrido en bares y centros nocturnos de Hidalgo, Durango, Tamaulipas y Nuevo León; o entre grupos de delincuentes por el control de la zona (cuando se tiran granadas, se balacean o se incendian establecimientos).

e) Cuando son desalojadas de la vía pública o de algún espacio cerrado, como ha ocurrido en los proyectos de *rescate* de los centros históricos y por la gentrificación[19] de ciertas zonas.

f) Cuando son asaltadas y/o violadas por delincuentes (que sabían a qué se dedicaban y por eso las atacaron).

g) Cuando no atienden *satisfactoriamente* a los clientes.

h) Cuando no constituyen un buen negocio.

A lo largo del informe se denuncia que los operativos policiacos contra la trata de personas o el lenocinio son violentas *razzias* que criminalizan, incriminan y encarcelan a las trabajadoras sexuales por delitos que no cometieron, o si no aceptan declararse víctimas de trata. Los aparatos judiciales tienen cuotas que cumplir de *víctimas rescatadas*, y el gobierno de Estados Unidos *premia* a quien logra las cifras más altas. Esto ha ocasionado que en muchos lugares donde la policía hace esas redadas se clasifique a todas las mujeres que ahí laboran como *víctimas*, y la que se atreve a negarlo es considerada *cómplice*. Además, el estigma social pesa tanto, que prefieren asumirse *víctimas* que reconocerse *putas*. Recientemente, algunas bailarinas de *table dance* han conformado una organización para defenderse de estos operativos diciendo que ellas no son ni *putas* ni *víctimas*, solamente son *teiboleras*.[20]

La situación más desgarradora la viven las migrantes centroamericanas. Mujeres que vienen caminando desde Honduras o El Salvador y, al llegar a territorio nacional, se ven obligadas a ofrecer servicios sexuales para sobrevivir. Los operativos que las *rescatan* las deportan a sus países, ¡justo de donde vienen huyendo![21]

Me sorprende que la preocupación neoabolicionista, que utiliza el discurso de las víctimas y la explotación, no dé cuenta en su denuncia de los elementos del sistema capitalista que afectan a toda la población. Al igual que en cualquier otro oficio o profesión, el trabajo sexual genera plusvalía. Sólo que esta actividad, que se encuentra al margen de la regulación laboral, se manifiesta sin derechos laborales y con formas que generan exclusión y violencia. Ahora bien, en el discurso de los neoabolicionistas es frecuente escuchar la expresión *explotación sexual*, sin que se reflexione que justamente por la falta de regulación muchas de las trabajadoras sexuales son explotadas por empresarios particulares, por el crimen organizado y por las autoridades.

En su "Modelo integral de intervención contra la trata sexual de mujeres y niñas", el Fondo de Población de las Naciones Unidas (UNFPA) hace la siguiente aclaración: "la explotación de la prostitución, que se da cuando el dinero ganado mediante la prostitución llega a manos de cualquier persona que no sea la que se prostituye, es intrínsecamente abusiva y análoga a la esclavitud" (UNFPA, 2013: 47). Ése no suele ser el caso de las trabajadoras sexuales, que se quedan con un porcentaje de lo que se cobra por servicio, en ocasiones 50 por ciento, lo que ninguna empleada (mesera, vendedora, incluso profesora) recibe cuando realiza su trabajo.

El término *explotación sexual*, parte fundamental del léxico neoabolicionista, tiene una connotación negativa que no se aplica a los demás trabajos asalariados, donde también existe explotación. Que se insista en denunciar la explotación *sexual* en lugar de la explotación *laboral* en todas sus formas pone en evidencia que lo que importa y escandaliza es lo relativo a la sexualidad. Lamentablemente, los medios de comunicación saben que vende más un reportaje sobre *esclavas sexuales* o *víctimas explotadas sexualmente* que uno sobre *empleadas explotadas laboralmente*. Además, como muchos periodistas y reporteros asumen el discurso neoabolicionista, sin darse cuenta de la deliberada mezcla conceptual entre comercio sexual y trata, producen no sólo confusión sino que además alientan el pánico moral.

Se denomina *pánico moral* a una reacción inapropiada de la sociedad ante un miedo (Cohen, 2002). Aunque la preocupación es exagerada y fuera de proporción en relación con el peligro real de que ocurra, su tratamiento sensacionalista conduce a una indignación pública y a que el Estado ejerza un mayor control social. La prensa tiene un papel importante en la formación de la opinión pública, y dar a conocer noticias manipuladas o desproporcionadas puede provocar episodios de pánico moral. En los últimos años ha habido una revaloración del concepto de pánico moral, vinculado a otros desarrollos teóricos, como el de sociedad de riesgo y regulación moral (Hier, 2011). El pánico moral es un fenómeno social que alerta sobre los asuntos que pueden ser una causa de angustia individual y patología social (Thompson, 1998: 120). Los investigadores que trabajan sobre los límites morales y la conciencia colectiva han hecho una crítica a esa reacción y aseguran que la construcción discursiva que se hace de los problemas sociales no sólo está motivada por conflictos de interés material y preocupaciones humanas sino también por conflictos de valores (Hier, 2011: 5). Por eso la violación de un valor cultural compartido es un principio del *pánico moral*.

Dos elementos asociados al pánico moral son la irracionalidad y el conservadurismo. Para Jock Young, el pánico social es la forma extrema de la indignación (2009: 7). Es decir, una reacción ante lo que se vive como una amenaza a los valores o a la propia identidad. De ahí que los pánicos morales suelan transformarse después en batallas culturales. Alan Hunt sugiere que el pánico sobre la trata ha sido estimulado por el activismo antiprostitución (1999: 60). Ante éste las personas reaccionan con un discurso que tiene las tres características centrales que Weitzer (2014: 189-190) encuentra en los discursos de las cruzadas morales:

1. *Inflación de la magnitud de un problema* (por ejemplo, el número de víctimas, el daño a la sociedad) y argumentos que exceden por mucho la evidencia existente.
2. *Historias de horror*, en las que los casos más terribles se describen con mórbido lujo de detalle y se presentan como si fueran típicos y prevalecientes.
3. *Convicción categórica*: los integrantes de la cruzada insisten en que cierto mal existe en la medida exacta en la que ellos lo describen y se niegan a reconocer cualquier otra escala.

Con este tipo de estrategia discursiva se busca alarmar al público y justificar la total erradicación de cualquier servicio sexual.

Respecto al pánico moral, Sophie Day (2010) establece un paralelismo entre la situación actual y la época victoriana. Day señala que durante esa etapa, con sus intensas transformaciones económicas y sociales, el pánico moral en torno a la *prostitución*, la *trata de blancas* y las enfermedades venéreas (en especial, la sífilis) expresó las angustias culturales respecto al cambiante papel de las mujeres y a los procesos de inmigración y urbanización. Entonces, se generó una amplia coalición de feministas y grupos religiosos para *rescatar* a las prostitutas, a las que consideraban peligrosas física y moralmente, al tiempo que las reconocían vulnerables. Así se justificó la *regulación* social y legal de muchas mujeres solteras de la clase trabajadora, para que la *salud moral* de la sociedad quedara a salvo. Por otro lado, Jane Scoular (2010) comparte tal interpretación y añade que el espectro de la esclavitud sexual sirvió como *cortina de humo* para ocultar otras cuestiones, como la esclavitud colonial. ¿Será que en México el escándalo sobre la trata sirve también como un distractor para esconder otros asuntos, como la explotación laboral generalizada de las mujeres trabajadoras?

El reclamo de combatir el comercio sexual se inscribe dentro de una política simbólica más amplia, en la cual ciertas fuerzas sociales luchan contra lo que consideran signos de *permisividad* alarmante e intentan imponer una *nueva respetabilidad* (Weitzer, 2014). El neoabolicionismo no es sólo una prolongación de las "guerras en torno a la sexualidad" sino que también es un brazo de la estrategia para contener lo que varias Iglesias consideran "libertinaje sexual". Así, una batalla legítima e indispensable contra la trata ha culminado en actitudes represoras contra las trabajadoras sexuales, incluso poniéndolas en riesgo.

Durante varios años no me di cuenta de la penetración del discurso neoabolicionista. Ana Luisa Liguori, quien investigaba sobre el sida, insistía en enfrentar al nuevo abolicionismo que ponía en riesgo tanto a los trabajadores sexuales como a la labor de salud pública. El neoabolicionismo, junto con una forma local de pánico moral, y las presiones políticas y económicas del gobierno de Estados Unidos, llevaron a nuestros legisladores a promulgar, en junio de 2012 (durante el sexenio del panista Felipe Calderón) la Ley General para Prevenir, Sancionar y Erradicar los Delitos en Materia de Trata de Personas y para la Protección y Asistencia a las Víctimas de estos Delitos, a la que llamaré, de ahora en adelante, Ley de Trata. Sin duda había que enfrentar a la trata, lo lamentable es que en la redacción de una ley muy necesaria se confunden el trabajo sexual, el lenocinio, la trata y la explotación sexual. Esta ley contiene imprecisiones que complican su interpretación y aplicación, lo que se agrava en el contexto de la administración de justicia en México.

Recientemente, Claudia Torres ha hecho un riguroso análisis que tituló "Ambigüedades y complejidades: la ley de trata con fines de explotación sexual y el no reconocimiento del trabajo sexual en México" (2016), donde plantea que dicha ley es utilizada para impedir el pleno reconocimiento del trabajo sexual, entendido como actividad sexual remunerada, voluntaria y entre adultos. Esta abogada, egresada del CIDE, señala que, aunque el Código Penal Federal sólo castiga lenocinio y algunos códigos estatales sancionan la explotación sexual, la Ley de Trata está redactada desde una perspectiva neoabolicionista para eliminar toda forma de comercio sexual. En su texto, Torres muestra los principales problemas del argumento (ambigüedades) y de la aplicación (complejidades) de la Ley de Trata y describe la forma en que esto obstaculiza el reconocimiento y el ejercicio del trabajo sexual. Asegura que las normas sobre trata constituyen un régimen más amplio y avasallador, en comparación con las normas sobre trabajo sexual. De hecho, Torres sostiene que las normas sobre trabajo sexual, por su dispersión y su falta de articulación, no pueden llamarse propiamente *régimen*. Al contrario, el régimen de trata fue diseñado para dar cabida a la mayor cantidad de ideas contrapuestas respecto de las actividades sexuales remuneradas y, en consecuencia, se amplió el alcance de las disposiciones sobre trata a nivel nacional, lo cual amenaza el estatuto legal del trabajo sexual.

Torres señala que, aunque nuestra Constitución no se refiere explícitamente a la *prostitución* o el trabajo sexual, sí menciona la *trata de personas*,[22] y sus disposiciones sancionan los delitos relativos a la *explotación sexual* en sus artículos 13 al 20. Para entender la relación entre la trata y el *lenocinio*, o su equivalente funcional: la *explotación de la prostitución ajena* (conceptos distintos que en la práctica muchas veces se confunden), Torres aclara que los delitos de lenocinio y explotación de la prostitución ajena son distintos e independientes del delito de trata, pues castigan a los terceros que lucran con la *prostitución, independientemente* de las condiciones en que ésta se ejerza, e incluyen casos en los que todos los participantes, de manera *voluntaria*, ejercen la *prostitución* y se benefician de ella. Por eso, según esta abogada, su ámbito de aplicación es mayor que el de la *prostitución forzada*.

Claudia Torres también enfatiza que, desde el ámbito internacional, de donde surge el interés principal para adoptar las leyes sobre trata, se indujo a los Estados a regular la trata de personas con discrecionalidad.

Tanto los grupos cabilderos como los Estados signatarios del Protocolo de Palermo sabían que los países estarían menos dispuestos a firmar el Protocolo cuanto más estricta fuera la interpretación de éste. Las definiciones del Protocolo de Palermo fueron redactadas con la amplitud necesaria para abarcar el mayor número de posturas en relación con la prostitución (Torres, 2016: 19).

Por esta razón, Torres coincide con autores como Saunders (2004) y Weitzer (2012), que consignan su asombro ante la ambigüedad semántica de las definiciones contenidas en el Protocolo de Palermo.

En cuanto a lo que ocurre en nuestro país, Torres dice:

En México, la flexibilidad del Protocolo da lugar a ciertos problemas de diseño y aplicación de la Ley de Trata. La indefinición y las definiciones amplias […] dificultan la aplicación de la ley. El Protocolo de Palermo deja sin definir o define en términos demasiado amplios elementos penales [...] Una vez que estas definiciones se incorporan al derecho interno, los elementos del tipo penal de trata crean espacios de discrecionalidad y subjetividad en la aplicación de la ley (Torres, 2016: 19-20).

Torres subraya que, dado que el Protocolo de Palermo no define qué se entiende por *explotación sexual*, los Estados pueden asociar o no el lenocinio con la trata de personas. Homologar lenocinio y *prostitución* forzada refleja la perspectiva de que *toda prostitución* constituye una forma de trata.

Como hemos visto, según el nuevo abolicionismo, el comercio sexual *siempre* constituye una violación de derechos humanos semejante a la esclavitud y una expresión de violencia sexual extrema. En este contexto de reduccionismo discursivo y de pánico moral respecto al comercio sexual resulta obvio que se requiere una decidida y constante defensa de los derechos humanos, civiles y laborales de quienes se dedican al trabajo sexual, así como una nueva conceptualización sobre qué significa obtener provecho del trabajo sexual de una persona. Esto remite al delito de lenocinio, que habría que retipificar.

153

En el caso de México existen lenones de diversos rangos: los de las altas esferas, que manejan circuitos de artistas, modelos, edecanes y *call girls* o *escorts* para políticos y empresarios; en el medio están los dueños de bares y estéticas; y en un escalafón abajo, los dueños de hoteles y los representantes de los *puntos*. Pero las denuncias por lenocinio no tocan a los estratos altos de la *prostitución* y para lo único que sirven es para controlar a las trabajadoras sexuales que necesitan trabajar acompañadas (porque el riesgo de trabajar solas es muy alto y requieren que alguien esté cerca y las proteja). Ante la amenaza de que sus acompañantes (amigos o familiares) sean acusados de lenocinio se ven obligadas a ser *manejadas* en los circuitos establecidos de la *prostitución*. Es necesario que se acepten diferentes formas de organización del trabajo sexual, para que el delito de lenocinio no se pueda aplicar contra quienes trabajan de manera independiente (algunas mediante anuncios en el periódico o en internet). Esta aceptación ocasionaría un descenso significativo en la *prostitución* callejera, y también aplacaría el malestar que el comercio sexual callejero provoca a los vecinos. Sin embargo, las omisiones e incongruencias en nuestras leyes, los graves problemas de administración de justicia y la generalización de un discurso contra el comercio sexual en los medios de comunicación (el cual, como he mencionado, las organizaciones abolicionistas impulsan a nivel nacional e internacional) nos presentan un panorama deprimente. En este horizonte destacan las trabajadoras sexuales independientes de la Ciudad de México que exigen el reconocimiento y la reapropiación de los beneficios económicos de su trabajo.

Además, la aplicación de una ley confusa (ambigua y compleja), como señala Claudia Torres, depende de criterios subjetivos y son evidentes los prejuicios con los que actúan los representantes de la justicia que comparten la postura abolicionista de las autoridades estadunidenses. Debido a la inversión que dichas autoridades han hecho con respecto al abolicionismo, el gobierno de México está presionado para realizar "operativos de rescate".

Quienes se dedican al trabajo sexual lo hacen porque ganan más dinero que en cualquier otro empleo. Sin embargo, el discurso sobre la *explotación sexual* ha repuntado mediáticamente mientras que el de la explotación laboral ha ido perdiendo fuerza. Lo que priva hoy en día es lo que Kamala Kempadoo (2012) denomina la *aplanadora antitráfico:* una estrategia discursiva que tiene como objetivo eliminar el comercio sexual, sin acabar con toda la explotación laboral. Para lograrlo, el neoabolicionismo no duda en declarar, contra toda evidencia, que con la regulación del trabajo sexual se favorece la trata; esta declaración alienta el pánico moral de amplios sectores ciudadanos. Este pánico desplaza la atención hacia los delincuentes (padrotes, clientes, tratantes y traficantes), mientras distrae de los factores económicos, y no se analiza a fondo qué es lo que provoca la situación de desigualdad y abuso.

La precariedad laboral[23] no es un fenómeno transitorio, más bien es una condición que se perfila como "el elemento que cohesiona el nuevo capitalismo como modo de producción no sólo eficiente sino coherente" (Alonso y Fernández Rodríguez, 2009: 230). Por lo tanto, el fortalecimiento del neoabolicionismo ocurre en un momento en que las políticas neoliberales económicas han permitido la expansión del comercio sexual como nunca antes, con una proliferación de nuevos productos y servicios, y la transformación de las costumbres sexuales. En un contexto de desigualdad entre mujeres y hombres, con efectos materiales y simbólicos, la política neoliberal, como bien analiza Bernstein (2014), establece una estricta penalización favoreciendo la vulneración de los derechos sociales de las trabajadoras sexuales y los clientes. La política neoliberal está provocando lo que Loïc Wacquant llama una *remasculinización del Estado* (Wacquant, 2013: 410), que consiste en un fortalecimiento del esquema patriarcal (que enfatiza la desigualdad entre hombres y mujeres), considerando a las mujeres como *víctimas que deben ser protegidas,* y no como trabajadoras, con salarios miserables o desempleadas.

La preocupación escandalizada ante la *explotación sexual* contrasta con la indiferencia hacia la explotación de otras tantas trabajadoras que también son vulneradas. No se escuchan propuestas políticas para abatir este tipo de abusos, y al parecer no hay reacciones indignadas ni incomoda que las personas vendan su fuerza de trabajo en condiciones deleznables. El escándalo respecto a la *explotación sexual* tiene que ver más con

155

la sexualidad que con el trabajo. Lo que más inquieta de la *prostitución voluntaria* es que subvierte el modelo tradicional de feminidad. Muchas personas consideran que *degrada* la dignidad de la mujer. Para Weitzer el relajamiento de la moral sexual tradicional, en combinación con la disponibilidad sin precedentes de una variedad cada vez más grande de servicios sexuales, es lo que ha provocado la resistencia por parte de los neoabolicionistas, cuya cruzada moral intenta impulsar leyes que proscriban el trabajo sexual (Weitzer, 2014).

El arraigo entre feministas de la postura de CATWLAC se debe también a la fuerza simbólica del pensamiento religioso y conservador, prevaleciente en la cultura mexicana y, sobre todo, a la preocupación por la violencia hacia las mujeres, que es objetivo central de muchos grupos feministas. El combate a la violencia, que desde hace años se convirtió en la gran reivindicación del feminismo en México, ha tenido una gran visibilidad y un fuerte apoyo de todas las posiciones políticas, incluido el del gobierno y las Iglesias. Ninguna de las otras causas feministas ha logrado más leyes, recursos y propaganda mediática. Algunas feministas críticas han señalado que el interés gubernamental es más una puesta de escena que una realidad, pues continúa creciendo el número de mujeres asesinadas. Varias autoras (Saucedo y Huacuz, 2010; Huacuz, 2011; Izquierdo, 2011; Melgar, 2011 y Núñez, 2011) han analizado las reivindicaciones del feminismo por parte de partidos políticos, grupos de poder estatales y organizaciones no gubernamentales. Sin embargo, todavía no se comprende que "algunas feministas, pervertidas por el capital y el poder, juegan el papel de *salvadoras de víctimas perennes*" (Huacuz, 2011: 17).

La preocupación ha estado centrada en los feminicidios. Irma Saucedo y Guadalupe Huacuz analizan los aspectos negativos que se están generando en este momento tardío del capitalismo y apuntan que se trata de "efectos no deseados de la acción feminista" (Saucedo y Huacuz, 2010: 236).[24] En Estados Unidos, Kristin Bumiller (2008) ha reflexionado sobre cómo la política neoliberal se ha valido del movimiento feminista que lucha contra la violencia hacia las mujeres como un pretexto para perseguir a los varones negros y latinos (quienes siempre son los primeros sospechosos de cometer actos de violencia sexual). Por su lado, Nancy

Fraser (2013) ha denunciado que el movimiento feminista ha consolidado una *amistad peligrosa* con las políticas neoliberales de esta sociedad de mercado. Comparto con Fraser el llamado a romper esa *amistad* que incrementa la ilegalidad y los riesgos para las trabajadoras sexuales. Así, la violencia hacia las mujeres ha resultado ser un eje de intervención que no resuelve la contradicción estructural de la división sexual del trabajo, pero que aplaca a las buenas conciencias y canaliza el malestar femenino.

Era inevitable que el capitalismo impactara al feminismo, igual que lo ha hecho con toda la vida social. No quisiera simplificar en estas líneas las complejidades que ha producido; basta simplemente recordar que ha generado una nueva dinámica social y un psiquismo distinto en todas las personas. El nuevo paradigma respecto a la sexualidad (el del sexo recreativo en lugar del procreativo) es también consecuencia de esos cambios. Al concebir la *prostitución* como una forma de violencia y depredación sexual, el neoabolicionismo promueve una reacción, concentrando la atención en la delincuencia (la cruzada moral justifica la intervención judicial del Estado).

En suma, el neoabolicionismo es una estrategia tramposa que invisibiliza los derechos laborales y alimenta al puritanismo al imponer una concepción sexual conservadora. Cuando los usos y costumbres tradicionales parecen desmoronarse, se produce una ansiedad que ha sido calificada por Roger Lancaster (2011) como "pánico sexual". Así es el discurso de la CATWLAC, que afirma que toda forma de *prostitución* explota y degrada a las mujeres, independientemente de si hay consentimiento de su parte. Esta idea quedó consagrada en la Ley de Trata, cuyo artículo 40 dice: "El consentimiento otorgado por la víctima, cualquiera que sea su edad y en cualquier modalidad de los delitos previstos en esta Ley, no constituirá causa excluyente de responsabilidad penal".

La CATWLAC magnifica y enfatiza las horríficas circunstancias de las víctimas y asegura que son resultado de la *normalización* del comercio sexual. De esa forma busca alarmar a la opinión pública y justificar la total erradicación de cualquier servicio sexual.

Aunque la CATWLAC afirma que legalizar la *prostitución* no remedia el problema del tráfico sexual, sino que lo potencia, el *Trafficking in*

Persons Report (el informe anual del Departamento de Estado de Estados Unidos) plantea que varias naciones en donde la *prostitución* es legal (Australia, Alemania, Holanda y Nueva Zelanda) reportan una disminución de la trata (Weitzer, 2012: 66). Esto lo confirman también otros analistas e investigadores, incluso semiabolicionistas (Di Nicola *et al.*, 2009). En México, Brigada Callejera sostiene que la *prostitución* legal puede ayudar a *disminuir* la trata, debido al aumento de vigilancia, mientras que la prohibición de la *prostitución* atrae al crimen organizado y la corrupción gubernamental en sus vertientes ministerial, policiaca, sanitaria y delegacional. Además, la ausencia de protección para las trabajadoras sexuales las pone en manos de las mafias (Madrid *et al.*, 2013). Por lo tanto, la creencia de la codirectora de la CATWLAC, Janice Raymond (2003), de que la legalización y la despenalización de la industria de la *prostitución* es una de las principales causas del tráfico sexual es un argumento equivocado. Además de tener el potencial de desalentar la trata, la *prostitución* reglamentada puede organizarse de tal forma que mejore las condiciones de seguridad, de salud y económicas de quienes la ejercen, lo cual es notable en la experiencia de los países ya mencionados. Esta evidencia contrasta poderosamente con la imagen de la *prostitución* que transmiten los neoabolicionistas.

En el caso de las trabajadoras sexuales que reflexionaron sobre su condición y se organizaron para la defensa de sus derechos básicos, pude ver una incipiente redefinición de los términos simbólicos, en especial en relación con el estigma. Los estigmas se crean sobresimplificando (Goffman, 1980) y el de *prostituta* no es una excepción. El estigma es un fenómeno social que se construye y reproduce localmente como un atributo negativo que marca a las personas que se dedican al trabajo sexual como inferiores al ideal femenino. Calificarlas como sucias o depravadas es una estrategia deslegitimadora. Sin embargo, las nuevas activistas rechazan el moralismo estigmatizante con que se les denomina y, desde la revalorización de su trabajo, asumen otra posición.

Este proceso empata con el señalamiento que hace Bourdieu (1997) respecto a que: "las mujeres solamente lograrán liberarse mediante una acción colectiva dirigida a una lucha simbólica. Así podrán desafiar prácticamente el acuerdo inmediato de las estructuras encarnadas y objetivas". O sea, Bourdieu alude a una revolución simbólica que cuestiona los propios fundamentos de la producción y reproducción del capital.

Al asumirse como trabajadoras sexuales independientes, las integrantes de la Red Mexicana de Trabajo Sexual han logrado una politización inédita de su identidad. Esto también se debe a que tienen una perspectiva radical y a que hacen una clara crítica anticapitalista. Su resistencia política ha impulsado nuevos frentes de acción y reflexión para las demás trabajadoras sexuales.

Pese a todos los conflictos y las diferencias ideológicas y políticas, en la Ciudad de México la reciente obtención de las licencias de trabajadores no asalariados ha abierto una posibilidad para que las mujeres ejerzan el trabajo sexual en mejores condiciones. Hace tiempo, Chantal Mouffe señaló que la radicalización de la democracia puede ser la única alternativa viable para extender los principios de igualdad y libertad a un número cada vez mayor de relaciones sociales, y que para lograrlo se requiere de la identidad política de ciudadano (Mouffe, 1992). Gracias a su capacidad de autodeterminación, y desafiando el estigma y la discriminación, las trabajadoras independientes han puesto en práctica una modalidad inédita de construcción de ciudadanía en nuestra capital. Es probable que lo ocurrido influya en otras entidades del país y se logren más juicios de amparo, pero para que se den experiencias de formación política como lo sucedido durante el largo y consistente proceso de las integrantes de la Red Mexicana de Trabajo Sexual se requiere mucha constancia.

La persistencia de las mujeres que se enfrentaron al estigma y que hoy son reconocidas como *trabajadoras no asalariadas* responde, en gran medida, a la reflexión y al debate colectivo que han entablado entre ellas. En ese ámbito de discusión han cuestionado el orden socioeconómico y la concepción gubernamental sobre el trabajo sexual. Las trabajadoras sexuales de la vía pública (llamadas *del talón* porque caminan en las calles) se han convertido en sujetos políticos y actores sociales cuyo reclamo se contrapone al paradigma neoabolicionista, que considera que la explotación, la denigración y la violencia son inherentes al trabajo sexual, y muestra que el comercio sexual tiene un rango de formas variadas de desempeño que deberían regularse, reconociendo derechos laborales y ofreciendo otras opciones de trabajo por medio de la educación y capacitación.

VI
¿Un trabajo como cualquier otro?

Desde la segunda ola del feminismo, la libertad sexual de las mujeres fue una reivindicación sustantiva. Centrado en denunciar las distintas formas de subordinación sexual femenina, el llamado movimiento de *liberación de la mujer* reivindicó el derecho sobre el propio cuerpo, en concreto, el derecho a un disfrute de la sexualidad. Esto se acompañó de la demanda de aborto legal para revertir una de las consecuencias negativas del ejercicio de la sexualidad (el embarazo no deseado), así como de la denuncia de distintas formas de violencia vinculadas a la sexualidad. Y desde muy temprano surgieron profundas diferencias en relación a la conceptualización de la llamada *prostitución,* lo que provocó una amarga disputa. Esta confrontación ha sido una expresión más de las guerras en torno a la sexualidad que se han dado de forma paralela al desarrollo del feminismo. Si bien las *Sex Wars* han ocurrido principalmente en el movimiento feminista estadunidense, su influencia teórica y política ha enmarcado la disputa feminista en todo el mundo. Esto responde a lo que Bolívar Echeverría (2008) calificó como la "americanización de la modernidad", o sea, que la tendencia principal de desarrollo de la vida económica, social y política es la norteamericana. Por eso no es raro que se haya dado una *americanización* del debate feminista mundial, evidente en el papel determinante que han tenido las publicaciones y el activismo de las feministas estadunidenses. A esto se suma el giro punitivo de la política criminológica y judicial sobre el comercio sexual, que agrava aún más la situación de las trabajadoras sexuales y ahonda la fractura política entre las feministas.

Un evento que prefigura la disputa ocurrió en diciembre de 1971. Una treintena de activistas pertenecientes a las organizaciones Radical Feminists, New Democratic Coalition, New Women Lawyers y The Feminists realizaron una conferencia en la Chelsea High School de Manhattan, a la que también asistiría la escritora Kate Millett. Las feministas que habían organizado la conferencia estaban convencidas de que las prostitutas eran víctimas y que el estigma era una herramienta del patriarcado. Querían entrar en comunicación con las trabajadoras sexuales para decirles que el cambio social del feminismo traería otras oportunidades y que sería vergonzoso para los hombres comprar el cuerpo de las mujeres (Chateauvert, 2013: 34). La plenaria del sábado por la mañana inició con disertaciones históricas sobre la *prostitución*, análisis estadísticos y críticas a la ley. Todo parecía confirmar el "absurdo optimismo" de Kate Millett (quien imaginaba la posibilidad de una hermandad entre feministas y prostitutas), que dos años después publicaría una dura reflexión sobre lo ocurrido en *The Prostitution Papers* (1973). Sin embargo, a la sesión final del sábado en la tarde, titulada "La eliminación de la prostitución", llegó un grupo de *prostitutas* lejanas al estereotipo de las pobres víctimas callejeras: blancas, ricas; parecían modelos, con ropa cara, algunas incluso eran universitarias, que además se asumían como feministas (Chateauvert, 2013: 34). Las organizadoras se llevaron una sorpresa mayúscula cuando estas *prostitutas feministas* las calificaron de ignorantes, entrometidas y prejuiciosas (Millett, 1973: 19). Cuando Lyn Vincent, del grupo The Feminists, dijo que la prostitución tenía que desaparecer porque oprime y degrada a todas las mujeres, las *hookers* respondieron con furia, no sólo porque tal propuesta atentaba contra su forma de vida, sino porque repetía el estigma (Chateauvert, 2013: 39). Varias trabajadoras sexuales les cuestionaron a las feministas si ellas nunca habían otorgado favores sexuales a cambio de algo. ¿Cuál era, entonces, la diferencia con lo que ellas hacían? Las trabajadoras sexuales declararon que si las feministas realmente deseaban la *hermandad* con ellas, el objetivo común debía ser la libertad sexual en lugar de pretender acabar con el sexo (Millett, 1973: 20). Insistieron en que ellas se sentían liberadas sexualmente, que no tenían los problemas de las demás mujeres y que rechazaban la estigmatización que se hacía de un ejercicio activo de la sexualidad femenina; además les dijeron a las feministas que ellas eran las que necesitaban liberarse, pues el matrimonio era una forma de esclavitud sexual. Incluso alguna les espetó: "Están celosas porque sus galanes vienen con nosotras". Otra les echó en cara la rivalidad económica: "¡Ganamos más dinero que ustedes!" (Millett, 1973: 24).

La álgida discusión puso en cuestión ciertas ideas sobre el significado de *libertad sexual*. Algunas feministas modificaron su posición inicial respecto a la *prostitución*, incluso retomando públicamente frases y conceptos de las *prostitutas* feministas. Así lo hizo una integrante de The Feminists al declarar (en un artículo del *Village Voice*, cuyo significativo título fue "Víctimas de la guerra en torno a la sexualidad") que la diferencia entre las *prostitutas* y las otras mujeres que tienen relaciones con hombres es que las últimas son *vaginas que no cobran*.[1]

En su reflexión sobre la confrontación en esa conferencia, Kate Millett consigna que:

> La prostitución provoca emociones viscerales en las mujeres precisamente porque revela tan crudamente las creencias fundamentales y tácitas sobre las relaciones de mujeres en la sociedad patriarcal. Nos recuerda que estamos definidas por nuestra sexualidad: por ejemplo, esposa, solterona, lesbiana, puta; y nos recuerda que las mujeres dependemos de los hombres… de una u otra manera para asegurar nuestra sobrevivencia a cambio de la mercancía que los hombres más desean de nosotras. Las feministas ven esta objetivización sexual como deshumanizante y degradante, y la degradación peor es la que experimentan las mujeres que venden sus cuerpos para ganarse la vida (1973: 13).[2]

Para esas feministas neoyorquinas el problema de fondo era la brutal comercialización de los cuerpos de mujeres por el patriarcado capitalista. Sin embargo, del otro lado de la Unión Americana, en California, surgiría, con Margo St. James, una distinta reflexión política: la necesidad de activismo a favor de los derechos de las trabajadoras sexuales.

Esas primeras guerras en torno al sexo siguen vigentes en la actualidad y han convertido el debate feminista sobre el comercio sexual en una disputa feroz. Y pese a que, en los hechos, la igualdad de los papeles sociales entre mujeres y hombres ha supuesto (en sociedades desarrolladas) una mayor rotación de parejas sexuales para las mujeres, en términos simbólicos persiste la expectativa social con respecto a la sexualidad femenina, en el sentido de que las mujeres solamente *deben* tener sexo dentro del marco de una relación amorosa. Así, también se considera *puta* a quien tenga sexo casual o recreativo, aunque no cobre. Además, el trabajo sexual subvierte el ideal cultural de la feminidad y transgrede la concepción milenaria del cuerpo femenino como depositario de la semilla masculina y como dador de nueva vida, por eso es mayúscula la oposición a que se considere la venta de servicios sexuales como un trabajo digno. Pese a lo fundamental que es el hecho de que las propias trabajadoras sexuales hayan reivindicado su oficio y exigido derechos laborales, no será fácil eliminar un estigma de siglos.[3]

A la polarización respecto a la sexualidad se suma el alegato neoabolicionista de que las trabajadoras sexuales sufren y son humilladas al llevar a cabo una labor consistente en que un extraño invada *lo más íntimo* del cuerpo. Incluso otras personas no abolicionistas, que están a favor de una regulación del comercio sexual, suponen que hay algo negativo en estas transacciones pues consideran que las mujeres se vuelven objetos que los hombres usan a su antojo. Y esta acción resulta denigrante pues implica una enajenación de su sexualidad. A otras más les preocupa que convertir el acto sexual en mercancía afecte su valor intrínseco como mujeres. De ahí que cobre tanta relevancia la cuestión de la *intimidad* en la variedad de rechazos respecto a la utilización con fines comerciales de algo *tan privado* como una relación sexual.[4]

Aquí conviene recordar la reflexión de Viviana Zelizer sobre la forma en que se negocian las actividades económicas y las relaciones íntimas. La autora habla de un complejo proceso en el que:

> Las personas crean vidas conectadas, gracias a la diferenciación de sus múltiples lazos sociales, y establecen límites entre los distintos lazos a través de sus prácticas cotidianas, sustentándolos por medio de actividades conjuntas, que incluyen actividades económicas, pero negociando

de una manera constante el contenido exacto de los lazos sociales importantes (2009: 55).

Según Zelizer, todos los seres humanos experimentamos tres cuestiones: 1) la construcción de lazos significativos, con distinciones entre los derechos, las obligaciones y las transacciones; 2) el establecimiento de diferencias entre los lazos, distinguiéndolos con nombres, símbolos, prácticas y medios de intercambio, y 3) el papel significativo que las actividades económicas de producción, consumo, distribución y transferencia de bienes tienen en dichas relaciones (2009: 56). Obviamente, las trabajadoras sexuales también distinguen los vínculos con los clientes y establecen prácticas y medios de intercambio específicos con ellos.

Debido a que el trabajo sexual ha sido impactado de manera significativa por las transformaciones económicas y culturales mundiales, tanto las prácticas como las emociones que lo acompañan han sido ampliamente investigadas. Para documentar las maneras en que las trabajadoras sexuales conceptualizan su actividad y cómo autodefinen su *intimidad*, algunas investigadoras han convivido y hablado con ellas. Un punto de coincidencia entre las trabajadoras sexuales de distintos países es que consideran el intercambio mercantil como un acto *no íntimo*, sino que lo viven como un trabajo en el cual actúan sentimientos de deseo y cariño, que varios autores califican de *intimidad fingida*.[5] Arlie Hochschild (1983) calificó la simulación de sentimientos como parte de la práctica laboral, como *trabajo emocional*. Esta autora señala que un aspecto relevante de este trabajo implica que la persona que lo desempeña comprenda bien el papel de las emociones en su tarea o esfuerzo laboral. Hochschild incluso utiliza un concepto fundamental para el teatro y se refiere (como Stanislawski) a llevar a cabo una *actuación profunda*. Fingir deseo, placer o interés por sus clientes es la producción de una intimidad fingida o espuria (*counterfeit*), pero tiene matices que van desde una actuación superficial hasta una profunda, incluso, en ocasiones, con capacidad de desarrollar un lazo emocional temporal.

Wendy Chapkis (1997), quien investigó y entrevistó a trabajadoras sexuales de distintos niveles económicos, de calle y de departamento, analiza el *trabajo emocional* utilizado entre ellas. Las trabajadoras sexuales se han dado cuenta perfectamente que ciertas actitudes conducen a mejores resultados económicos. Fingir que el cliente es especial, que las satisface, que con él sí sienten "rico", es más productivo que quedarse tiesa o permanecer silenciosa. Por ese pragmatismo, diversas investigaciones concluyen que es muy común que ellas finjan deseo o interés romántico (Ronai y Ellis, 1989; Chapkis, 1997; Franck, 1998; Lamas, 2003; Bernstein, 2007; Brents y Hausbeck, 2010). Las trabajadoras sexuales definen el significado que dan a la transacción sexual: fijan los límites que desean establecer y deciden si hacen trabajo emocional. Pero la preservación de su intimidad es un límite que trazan de diferentes formas, con ciertas rutinas laborales que producen pautas específicas de significados relacionales. Chapkis destaca las paradigmáticas palabras de una de ellas:

> Hay partes mías que no quiero compartir con mis clientes. Pero poner límites en mi trabajo no significa que esté en peligro de ser destruida por él. La forma en la que te relacionas con los clientes es distinta de la forma en que te relacionas con novios o amigos (Chapkis, 1997: 75).

A partir de este tipo de señalamientos, Chapkis plantea que "para las trabajadoras sexuales, la capacidad de hacer llegar la emoción y de contenerla durante la transacción comercial puede ser vivida como una herramienta útil para el mantenimiento de un límite, en vez de una pérdida del yo" (1997: 75). Esto coincide en cierto sentido con lo que señala Zelizer respecto a que cuando la actividad económica se entrecruza con las relaciones interpersonales: "aumenta el esfuerzo que deben hacer las personas para definir y disciplinar sus relaciones" (Zelizer, 2009: 57).

Por su lado, Elizabeth Bernstein (2007), quien también realizó una investigación de campo, documentó las actitudes en relación con la intimidad en grupos de trabajadoras sexuales, y señaló que tienen fronteras muy definidas entre su vida profesional y su vida privada; que los servicios que prestan están marcados muy claramente; y que hay prácticas que no venden, como los besos en la boca. Ellas tienen muy claro el sentido de la transacción comercial: "lo que le vendo al hombre es su orgasmo" (2007: 49). Algo novedoso que encontró Bernstein es que cada vez hay más demanda de parte de los clientes de *autenticidad*, o sea, de sexo con una conexión emocional y física *auténtica*. Así como los turistas no quieren ir a ciertos lugares recreativos por considerarlos artificiales y buscan lugares *auténticos*, de la misma manera los clientes buscan y pagan más por un encuentro sexual *verdadero*. Esta aspiración se observa en la creciente preferencia por chicas con aspecto de estudiantes o amas de casa, más *naturales* y menos producidas que aquellas con el estereotipo de la *prostituta* (Bernstein, 2007). Tal parece que recientemente se valora con mayor frecuencia la transacción mercantil vivida como *comunicación* en lugar de como sexo. Ahora bien, la actuación emocional que responde al desafío pragmático de ganar más dinero rara vez cruza la frontera de lo que las propias trabajadoras definen como *su intimidad*. Así la actuación se convierte en una defensa de su *verdadera intimidad*.

El trabajo sexual puede ser desagradable, incluso aburrido, pero es un trabajo que además de tener una rutina, impone distintas puestas en escena. En la investigación que hice hace años, recopilé varios testimonios en los que la rutina conducía al *acostumbramiento* del trabajo, y se instalaba un proceso de normalización:

> Ya lo toma uno como un trabajo, sí, como una rutina del día, al principio sí le cuesta a uno trabajo aceptar en lo que está uno trabajando, pero después, con la misma rutina se acostumbra uno y ya no siente uno nada al estarse pintando, ya simplemente pues dice uno, pues voy a trabajar.

Algunas aludieron al proceso de escindirse psíquicamente:

> Mira, es un trabajo en el cual los sentimientos [una] los deja en su casa y sale simplemente a la calle.

Y tienen muy clara la separación entre su trabajo, sus sentimientos y su intimidad. Varias dijeron, casi como un mantra: "yo vendo mi cuerpo, pero no vendo mis sentimientos".

En la calle, la rutina empieza desde el momento en que se acerca el cliente y se establece el acuerdo. Aunque, supuestamente, los clientes ya saben en qué consiste el *rato*, hay que recordarles, antes que nada, que sólo implica levantarse la falda:

> [El cliente] me dice ¿cuánto, morena, cuánto? Pues ochenta y ocho con todo y habitación. ¿Cómo se trabaja? Pues de la cintura para abajo. ¿Cuánto tiempo? Quince minutos.

Dentro del cuarto puede darse otra negociación:

> Y ya adentro hace uno "rato", le dice uno: oye, ¿no quieres "encueradito", no quieres una posturita?

La transacción se explicita desde el inicio y, como ya lo dije *se cobra antes de ocuparse*. El dinero, como dice Zelizer, siempre está presente, por ejemplo, en lo que se refiere a saber *tratar* al cliente. Al interrogarlas sobre el significado de *tratar*, se ríen:

> "Tratarlo" en el sentido de tratarlo bien para poderle sacar más dinero [*risas*].

Al pedir una descripción sobre la forma de tratar a un cliente, la comunicación cobra importancia:

> Pues se le platica, ¿de qué?, pues si es posible hasta de su vida de uno, mentiras, ¿no? ¡Ay!, yo he pasado esto y tengo tantos hijos y acabo de enviudar, y tengo dos días trabajando y ayúdame, y ya el cliente, pues, te ayuda.

A diferencia de la *intimidad fingida*, hay ocasiones en que algunas trabajadoras sí establecen vínculos emocionales con ciertos clientes, y éstos se convierten en *regulares*, al grado de que, en ocasiones, sólo buscan la interlocución y no necesariamente la relación sexual. Muchas relatan que es común que los clientes paguen porque se les escuche contar sus penas amorosas, consolarlos e incluso dejarlos llorar:

> Como también uno a veces tiene problemas y quisiera que lo entendieran a uno, entonces uno les da un poco más de tiempo, los escucha uno más tiempo, pues está nomás platicando, quieren como un consejo o como un apoyo, no sé, se van a desahogar, y tú nomás escuchas más tiempo.

Ellas tienen claro el trabajo emocional que hacen:

> Pues uno, para darle confianza, para pues, por si viene de mal humor o cualquier cosa, pues, no se desquite con uno, o sea, no nos maltraten. Entonces hay que hacerle plática, así ya sí se presta, pues cómo te llamas, dónde vives, pues dónde trabajas o así, y tú cuántos hijos tienes, estás casado y todo eso, y algunos pues empiezan a platicar sus problemas. Por ejemplo, ya cuando regresan cuatro o cinco veces, entonces ya empiezan a contar sus problemas, pues tienen problemas con su mujer o son viudos, también, pero se desahogan platicando con uno, y uno se tiene que prestar.

Como expliqué antes, ellas se dan cuenta del aspecto de inversión emocional en el trabajo y hasta dicen que son *psicólogas*:

> Desde el primer momento que le llega a uno una persona, ya la está estudiando uno psicológicamente, ¿verdad? A ver qué clase de persona es, muchas veces la conoce uno por la mirada.

Las trabajadoras sexuales entienden que esa relación sexual, que *deja fuera los sentimientos*, es un trabajo, y preservan lo que Plummer (2003) denomina su *zona de intimidad*. La relación con su pareja es la *zona* donde sí se da la intimidad, tal y como se concibe generalmente: como una forma de cercanía que conlleva apertura emocional. Las trabajadoras sexuales establecen vínculos diferenciados que distinguen las relaciones que llevan a cabo con los clientes, de las que establecen con sus parejas, sean novios, maridos, amantes, incluso padrotes; no hay confusión. Como apunta Zelizer, las personas se preocupan por establecer límites entre relaciones significativas y los señalan por medio de etiquetas y prácticas de fuerte sentido simbólico (2009: 60). Ellas cumplen ciertos ritos para preservar su intimidad: no usan su verdadero nombre, no se dejan besar en la boca o tocar de cierta forma, no se desnudan totalmente. Las que trabajan en locales cerrados o como *call girls*, que sí se desnudan, mantienen su intimidad con otro tipo de *prohibiciones íntimas*: no consumen cierta bebida con el cliente ni bailan determinada canción. Hay una zona, definida internamente, que preservan. La más común es la del *beso en la boca*. Pero resulta interesante que, así como muchas trabajadoras no se dejan besar en la boca, a muchos clientes tampoco les interesa besarlas a ellas. Porque también los clientes ponen sus límites. En este sentido, aunque tradicionalmente la relación íntima ha sido representada como algo a lo que todos aspiramos, para algunos varones la intimidad puede resultar opresiva, especialmente cuando se vuelve una demanda constante de cercanía emocional o, como señaló Welldon (1993), cuando se vive como una amenaza de engullimiento. Ante las distintas necesidades de los clientes, las trabajadoras sexuales responden a la demanda y eligen *fingir* y ganar más, o quedarse calladas y aceptar el *rato*.[6]

El proceso de asumir que se trata de un trabajo también lo efectúan los padrotes. Óscar Montiel Torres (2011) señala que, para poder explotar sexualmente a las mujeres, los proxenetas tienen que elaborar un trabajo emocional: "Aprender a manejar los sentimientos es un punto clave en la comprensión del oficio de padrote".

Montiel relata que uno de los principios que tienen que entender muy bien es que "en el negocio de la prostitución femenina su mujer va a 'coger con un chingo de cabrones', y si tiene corazón de pollo no sirve para ser padrote".

Un *maestro* padrote afirma: "nos tenemos que tragar el sentimiento y asumir que nuestras mujeres están desempeñando un trabajo" (Montiel Torres, 2011: 118); y llama a esa fase "matar el corazón" y "matar el sentimiento" (2011: 118). Según Montiel, entender que lo que la mujer hace es un trabajo y dejar fuera lo emocional resulta fundamental para que mujeres y hombres asimilen el comercio sexual (2011: 119). El padrote obtiene su objetivo cuando la mujer ya está "dispuesta a todo por amor" (2011: 116). Así, para todos los involucrados queda muy claro que el comercio sexual no significa intimidad, sino trabajo.

Sin embargo, para muchas personas, ganar dinero por actos sexuales degrada un intercambio humano que debe ser íntimo, incluso significa una violación a la intimidad. En relación con este planteamiento, Martha Nussbaum (1999) ha desarrollado una muy buena argumentación, en su ensayo sobre la venta de servicios corporales: "'Whether from Reason or Prejudice'. Taking Money from Bodily Services". Ahí retoma una idea de Adam Smith,[7] quien dice que "existen algunos talentos muy agradables y bellos que son admirables, siempre y cuando no reciban pago, pero cuando se los lleva a cabo con el fin de ganar dinero, son considerados, *sea por razonamiento o por prejuicio,* una forma de prostitución pública". Al explorar por qué está mal visto que las mujeres tengan sexo para ganar dinero, Nussbaum hace un paralelismo muy elocuente con lo que ha ocurrido con las cantantes de ópera. Pocas profesiones hoy son más honrosas que la de cantante de ópera; sin embargo, apenas hace doscientos años ese uso público del cuerpo femenino fue considerado una forma de prostitución. Las cantantes mujeres eran *inaceptables* socialmente durante la primera época de la ópera, al grado que los *castrati* sustituían a los personajes femeninos. La restricción provenía de la creencia de que, para una mujer, era vergonzoso mostrar el cuerpo a personas extrañas, especialmente cuando expresaba una emoción apasionada (1999: 280). Por ello, fue inadmisible que las mujeres decentes cantaran en público, y las primeras mujeres que empezaron a hacerlo fueron consideradas inmorales, que se prostituían. Ese prejuicio no aludía a la actividad en sí de cantar, que las mujeres podían hacer en familia o en su círculo íntimo, sino al hecho de hacerlo en público para ganar dinero (1999: 279). Esa prohibición (no en público y por dinero, sí en privado y por amor) está vigente en nuestros días para la relación sexual, y conlleva una serie de presunciones sobre lo que es vergonzoso o inapropiado en una mujer decente. Nussbaum recuerda el desagrado y repudio que inicialmente produjeron las cantantes, así como las actrices y bailarinas, y señala que, cuando reflexionamos sobre nuestras perspectivas relativas al comercio sexual, debemos tomar en consideración dos vertientes: el prejuicio aristocrático clasista en contra de ganar dinero, y el miedo al cuerpo y sus pasiones (1999: 280). Nussbaum reflexiona sobre cómo los juicios y las emociones que subyacían en la estigmatización de las cantantes eran irracionales y censurables, igual que sucede hoy con otros prejuicios. Lo que pasó con las cantantes de ópera ocurre en la actualidad con quienes reciben dinero por el acto sexual. Si la mujer lo realiza *por amor*, gratuitamente, es una mujer decente; si toma dinero a cambio, es una *puta*. ¿Qué significa esto? Según Nussbaum, que debemos poner bajo cuidadoso escrutinio nuestras ideas sobre el dinero y la mercantilización, pues están teñidas de prejuicios que son injustos.

Nussbaum concluye que la estigmatización de ciertas ocupaciones se basa en prejuicios de clase y en estereotipos de género, pero también plantea que el estigma puede transformarse cuando el contexto y los prejuicios cambien. Señala que hoy en día no tenemos la mínima razón para suponer que una cantante de ópera que no recibe pago es una artista más pura y verdadera que la que cobra por su trabajo. Y nos parece totalmente correcto que el buen arte reciba un buen salario. Y si un productor de ópera decidiera no pagarles a las cantantes, argumentando que darles dinero por su talento las denigra, pensaríamos que ese productor es un explotador dispuesto a hacerse de ganancias tratando mal a sus artistas. Lo que hoy se piensa es que lejos de abaratar o arruinar los talentos, la presencia de un contrato garantiza condiciones con las cuales el artista puede desarrollar su arte, con suficiente confianza y tranquilidad. Para Nussbaum, este ejemplo plantea un dilema análogo respecto al acto sexual. ¿Por qué un acto aceptado por ambas partes no puede tener un intercambio de dinero? ¿Por qué, en nuestra cultura, no está bien visto que las mujeres intercambien sexo por dinero? (1999: 293.)

En su alegato contra el prejuicio de recibir dinero por servicios corporales, Nussbaum se pregunta qué hace distinta a la prostitución. Para ella dos factores destacan como fuentes de estigma: uno es creer que el objetivo último del sexo es la procreación o la intimidad, por lo que entonces se considera que el sexo en la *prostitución* es vil porque no es procreativo ni llega a la intimidad; el otro es que esta práctica refleja una jerarquía de género, y contiene la idea de que debe haber mujeres disponibles para que los hombres den rienda suelta a sus incontrolables deseos sexuales. Por eso, Nussbaum considera que la valoración de la *prostitución* está vinculada a la visión que se tiene sobre la sexualidad y sobre las relaciones entre mujeres y hombres. Ella analiza siete argumentos típicos[8] que se esgrimen con el objetivo de criminalizar la *prostitución*, de los cuales destaco tres:

1. La *prostitución* implica la invasión del espacio íntimo en el cuerpo propio.
2. La *prostitución* dificulta que las personas desarrollen relaciones de intimidad y compromiso.
3. La *prostituta* aliena su sexualidad en el mercado; hace de sus actos y órganos sexuales, mercancías.

Además de que está presente una visión moralista sobre cualquier tipo de relación sexual que no se dé dentro del matrimonio y con intimidad, Nussbaum señala que establecer una relación no impide tener otra diferente, y pone como sencillo ejemplo que, a veces, leer un *best seller* no nos quita el gusto de leer a Proust (se pueden leer ambas obras en distintos momentos y derivar distintos placeres de tales lecturas). Además, plantea que tampoco hay razón para considerar que la *prostituta* enajena su sexualidad a cambio de dinero; y el hecho de que una *prostituta* reciba pago por sus servicios no implica una conversión funesta de su intimidad en una mercancía. Así como una cocinera que trabaja en un restaurante no pierde el gusto para cocinar en su casa, la sexualidad de la *prostituta* permanece intacta para usarla en su intimidad, con su pareja o en otro tipo de relaciones. Ella también podrá dejar de trabajar y ejercer su sexualidad como le plazca.

La pregunta entonces se reduce a: ¿es el sexo sin una relación íntima siempre inmoral? Para esta filósofa, evidentemente la ausencia de intimidad ocurre en muchas relaciones sexuales comerciales porque así se desea. El trabajo sexual no busca *intimidad,* justo porque de eso se trata. Para Nussbaum, lo que es problemático en el comercio sexual no es el hecho de que medie el dinero o que no exista un intercambio amoroso, sino las condiciones laborales y la forma en que la *prostituta* es tratada por los demás (1999: 92).

Así, Nussbaum centra su alegato contra los prejuicios de recibir dinero a cambio de servicios corporales diciendo que:

> Todas las personas, excepto las que son ricas de manera independiente y las desempleadas, recibimos dinero por el uso de nuestro cuerpo. Profesores, obreros, abogados, cantantes de ópera, prostitutas, médicos, legisladores, todos hacemos cosas con partes de nuestro cuerpo y recibimos a cambio un salario. Algunas personas reciben un buen salario y otras no; algunas tienen cierto grado de control sobre sus condiciones laborales, otras tienen muy poco control; algunas tienen muchas opciones de empleo, y otras tienen muy pocas. Y unas son socialmente estigmatizadas y otras no lo son (1999: 276).

Además, Nussbaum señala que no hay nada vil o humillante en tomar dinero por un servicio, incluso cuando éste implica algo que se considera íntimo (1999: 292). Y pone distintos ejemplos de cómo los seres humanos intercambian servicios corporales por dinero. En oposición a las declaraciones que califican las transacciones comerciales de la sexualidad femenina como denigrantes, Nussbaum explora por qué está mal visto recibir dinero o hacer contratos en relación con el uso de ciertas partes del cuerpo o por qué se piensa que implican tanto una mercantilización dañina como una enajenación de la sexualidad. Su crítica, entonces, se centra en el valor simbólico que le otorgamos a los genitales. Las abolicionistas dicen que las mujeres se vuelven objetos que los hombres controlan y usan a su antojo y que, al convertir la sexualidad en mercancía, se le despoja de su valor intrínseco. Nussbaum califica estas creencias como prejuicios, y al analizar la *prostitución* hace una revisión de las opciones y alternativas que tienen las mujeres pobres.

A Nussbaum no le preocupa que una mujer con muchas opciones

laborales elija el trabajo sexual, sino que la ausencia de opciones haga que la *prostitución* sea la única alternativa posible, lo que es verdaderamente alarmante (1999: 278). Para ella ése es el punto más candente que plantea la *prostitución*: el de las oportunidades laborales de las mujeres de escasos recursos y el control que pueden tener sobre sus condiciones de empleo. Por eso le inquieta que el interés de las abolicionistas esté demasiado alejado de las opciones laborales existentes (como si la venta de servicios sexuales eliminara las otras posibilidades que las mujeres pobres tienen para sobrevivir). Para ella, la legalización de la *prostitución* mejora un poco la situación de las mujeres y considera que la lucha de las feministas debería promover la expansión de las alternativas laborales, a través de la educación, la capacitación en habilidades y la creación de empleos (1999: 278). Lo grave, según ella, es que muy pocas personas en el mundo tienen la ocasión de usar sus cuerpos en su trabajo (lo que Marx llamaría una manera realmente humana de funcionar): "esto supone, entre otras cosas, tener opciones sobre el trabajo a elegir, una medida razonable de control sobre las condiciones laborales y también la posibilidad de usar el pensamiento y la habilidad, en lugar de funcionar como una parte de una maquinaria" (1999: 298). Por estas razones, para Nussbaum, el punto toral radica en cómo expandir las alternativas y oportunidades que tienen los trabajadores, en cómo aumentar la humanidad inherente en el trabajo y en cómo garantizar que sean tratados con dignidad (1999: 298).

Por otro lado, la pregunta: *¿es inmoral el sexo sin relación íntima?* remite a la discusión sobre el sexo recreativo. El trabajo sexual es menos íntimo, porque de eso se trata, y el *desfogue sexual* que el hombre realiza con una trabajadora sexual no se parece al que tiene con una amante, novia o esposa, pues la relación, y por tanto la *intimidad*, es totalmente distinta, y no sólo por el hecho del intercambio explícito de dinero. Ello explicaría el sexo episódico de quienes buscan alejarse de la intimidad conyugal. Como crudamente comentó un conocido: "si para echarse un *palo* hay que desarrollar un teatrito romántico de varias horas, mejor voy con las putas". Sin embargo, como muestran muchas investigaciones sobre los clientes, hay hombres que buscan una cierta *intimidad* que no encuentran con sus parejas y otros que buscan justamente lo contrario: un distanciamiento.

Ahora bien, aunque desde la perspectiva del liberalismo político de Nussbaum no hay razón para estar en contra del comercio sexual, mientras lo que cada quien haga con su cuerpo sea libremente decidido, algunas feministas ponen énfasis en que la compraventa de sexo es de un orden distinto de otras transacciones mercantiles. Tienen razón: el trabajo sexual no es un trabajo igual que los demás, y el estigma lo prueba claramente. Además, si evaluamos las relaciones políticas y sociales que el comercio sexual sostiene y respalda, y si examinamos los efectos que produce en hombres y mujeres, es posible ver, en las normas sociales y en el significado que imprimen a las relaciones entre ambos, que el comercio sexual refuerza una pauta de desigualdad sexista, y contribuye a la percepción de las mujeres como objetos sexuales y como seres socialmente inferiores a los hombres.

El grupo de trabajadoras sexuales que ha sido capaz de asumir una peculiar toma de posicionamiento político, al considerarse trabajadoras y reclamar el reconocimiento de sus derechos, contrasta con la gran hipocresía que existe respecto al comercio sexual y rebate la idea de que la *prostitución denigra* a las mujeres. No es cierto, como las propias trabajadoras dicen, que en los genitales se encuentre la dignidad de una persona. Y aunque ellas hacen una resignificación política de la *prostitución* como trabajo, el estigma sigue vigente, justo porque no es un trabajo como los demás.

Hace tiempo que varias filósofas y politólogas feministas han reflexionado sobre el efecto que el comercio sexual tiene en la justicia social, en especial, en cómo estructura las opciones vitales de las mujeres. Aunque resulta complicado hablar en abstracto del tema, sin ubicarlo en el contexto concreto e histórico en que ocurren intercambios sexo-mercantiles, en el debate entre feministas sobre cuál debería ser el estatus de la *prostitución* es posible escuchar que tanto la penalización como la despenalización pueden tener el efecto de exacerbar las desigualdades de género. Algunas autoras argumentan que ciertas transacciones vinculadas al cuerpo,[9] como la *prostitución*, deberían estar fuera del mercado porque dicha comercialización obstaculiza las relaciones igualitarias. La manera en que se habla del mercado suele ser muy economicista, pero las economistas feministas están ampliando la perspectiva de análisis, al subrayar que el mercado no sólo implica procesos económicos, sino que también da forma a la cultura y a la política. La economía feminista plantea que tanto los mercados como los intercambios contractuales no toman en consideración que el contexto en el que se llevan a cabo es de desigualdad entre hombres y mujeres (ONUMujeres, 2012). Las relaciones de género "marcan el terreno sobre el que ocurren los fenómenos económicos y ponen las condiciones de posibilidad de los mismos" (Pérez Orozco, 2012).

Sí, la división sexual del trabajo y sus usos y costumbres de género estructuran y validan las relaciones desiguales de manera absolutamente funcional para la marcha de la sociedad. Además, ciertas transacciones mercantiles frustran o impiden el desarrollo de las capacidades humanas (Sen, 1996), mientras que otras determinan algunas problemáticas y muchas respaldan relaciones jerárquicas y/o discriminatorias totalmente objetables. Como los mercados no sólo abarcan cuestiones económicas sino también éticas y políticas, por eso se habla de *mercados nocivos* (Satz, 2010) que aparecen cuando hay una distribución previa e injusta de recursos, ingresos y oportunidades laborales.

Debra Satz (2010) analiza dichos mercados, en los que incluye al del sexo, y establece cuatro parámetros relevantes para valorar un intercambio mercantil: 1) vulnerabilidad, 2) agencia[10] débil, 3) resultados individuales dañinos y 4) resultados sociales dañinos.

La vulnerabilidad aparece cuando las transacciones se dan en circunstancias de pobreza o desesperación, que llevan a las personas a aceptar cualquier condición; y la agencia débil se da cuando, para las transacciones, una parte depende de las decisiones de la otra (ambas aluden a lo que las personas aportan en la transacción). Los otros dos parámetros, daños individuales y sociales, son resultado de ciertos mercados que posicionan a los participantes en circunstancias en extremo malas, por ejemplo, en las que son despojados o en las que sus intereses básicos son pisoteados. También eso produce consecuencias dañinas, pues socava la igualdad y alienta relaciones humillantes de subordinación.

177

En efecto, el mercado no es un mecanismo neutral de intercambio, y sus transacciones dan forma a las relaciones sociales. Y aunque, en principio, cualquier mercado puede convertirse en nocivo, algunos tienen más posibilidades de hacerlo al producir mayor desigualdad. Satz señala, por ejemplo, que el mercado de las verduras resulta mucho más inocuo y no es comparable con el del comercio sexual, que indudablemente refuerza una pauta de disparidad sexista, y contribuye a la percepción de las mujeres como objetos sexuales y como seres socialmente inferiores a los hombres. También en otros mercados de servicios personales, como en el trabajo doméstico, se llevan a cabo transacciones con consecuencias significativas en las relaciones de género que producen creencias negativas sobre el papel de las mujeres.

Por eso, la preocupación ética y política que provoca la *prostitución* no puede ser abordada únicamente desde una perspectiva neocontractual, con el relativo consentimiento de las personas involucradas, o desde el punto de vista de la *eficacia* del mercado. Idealmente, en una sociedad justa, el papel del mercado debería estar acotado a una igualdad redistributiva, para que todas las personas tuvieran acceso a bienes básicos (salud, educación, vivienda, empleo). Y si a partir de tal supuesto hubiera mujeres que quisieran trabajar en el comercio sexual, no habría impedimento ético para que lo hicieran.

Sin embargo, y esto es muy relevante, Satz (2010) subraya que, aunque los mercados nocivos tienen efectos importantes en quiénes somos y en el tipo de sociedad que desarrollamos, la mejor respuesta no siempre es proscribirlos. Al contrario, las prohibiciones pueden llegar a intensificar los problemas que condujeron a que se condenara tal mercado. En ese sentido, ella reconoce que es menos peligrosa la *prostitución* legal y regulada que la ilegal y clandestina, pues esta última aumenta la vulnerabilidad y los riesgos de salud, tanto para las trabajadoras como para los clientes. Por eso no es benéfica una postura prohibitiva respecto al comercio sexual sino una política de regulación, de cara a la necesidad de quienes requieren ese trabajo, además de otras consideraciones relacionadas con la necesidad de una política de salud pública. Satz concluye que la mejor manera de acabar con un mercado nocivo es modificar el contexto en que surgió, o sea, redistribuir la riqueza y dar más derechos y oportunidades laborales.

No hay que olvidar que las prohibiciones y restricciones, además de que son *maternalistas*[11] y van contra la libertad constitucional de las mujeres, no son una solución. Como lo que impulsa a las trabajadoras de la calle a dedicarse a tal actividad suele ser una fuerte necesidad económica, desautorizarla, sin garantizarles un ingreso similar, les quita su *tabla de salvación*. Si no se resuelven las circunstancias socioeconómicas que las llevan a realizar tal actividad, proscribir el comercio sexual las hundiría o marginaría aún más.

Respecto a las políticas públicas, la regulación de nuevas formas de organización del comercio sexual sería una mediación *necesaria*. Además, no hay que olvidar que varias investigadoras sostienen que el comercio sexual también es un medio de emancipación personal y movilidad social importante para muchas mujeres (Agustín, 2007; Day, 2010; Kempadoo, 2012). Y como la legalidad del trabajo sexual ha demostrado ser una excelente aliada en el combate a la trata es un error plantear la criminalización del comercio sexual (las neoabolicionistas lo hacen de manera permanente con el argumento de la *explotación sexual*). Claro que la explotación es un problema, pero repito, también existe con las demás trabajadoras (empleadas del hogar, obreras, jornaleras, campesinas, barrenderas, meseras, costureras, enfermeras, taquilleras y tantas otras) que venden su fuerza de trabajo en condiciones deleznables y de gran extracción de plusvalía. Sin embargo, en el trabajo sexual, la cantidad de dinero que se intercambia es mayor a la de otro tipo de trabajo. O sea, desde un punto de vista monetario, en el comercio sexual hay menos explotación laboral. Como bien dijo una trabajadora de La Merced:

> ¿Explotación? Ésa la viví cuando trabajaba en una empresa de limpieza de oficinas y me pagaban el salario mínimo al mes. Aquí gano, al día, varias veces lo que corresponde al salario mínimo. (Comunicación personal, La Merced, 2015.)

Sí, son muchas las trabajadoras sexuales que ganan en un día lo que percibirían en un mes en otro tipo de trabajos. Pero, en lugar de luchar por que suban los salarios y todas las trabajadoras tengan mejores condiciones y prestaciones laborales, el neoabolicionismo pretende *rescatar a las víctimas* que ganan más que las demás trabajadoras de su nivel social.

Por eso creo que el escándalo respecto a la *prostitución*, más que tratarse de explotación laboral, tiene que ver fundamentalmente con el uso del cuerpo femenino en una actividad sexual. La *prostitución* voluntaria femenina produce reacciones adversas porque atenta contra el ideal cultural de la feminidad (Leites, 1990). Y el asunto de fondo es justamente la existencia de una doble moral: el ejercicio de la sexualidad de las mujeres debe ser distinto al de los hombres.

El eje estructurador de la valoración de la feminidad, el conjunto de virtudes asociadas con la maternidad, deja fuera a la sexualidad. Por eso, en la tradición judeocristiana, el ideal femenino está presente en la secuencia feminidad/maternidad/amor/servicio/altruismo/abnegación/sacrificio. Simbólicamente, las madres no están sexualizadas. El ejemplo arquetípico es la Virgen María. Esta figura *máxima* encarna el paradigma cultural de la feminidad desexualizada: ser madre sin haber tenido relaciones sexuales. Así, la aspiración normativa del ideal femenino plantea un mensaje paradójico que se convierte, paulatinamente, en un rechazo a las mujeres que tienen una sexualidad activa, desvinculada de la reproducción. Si la definición de una mujer *decente* se caracteriza indefectiblemente por su recato y fidelidad, no debe sorprender que a las mujeres se les juzgue principalmente por su reputación sexual y que sean estigmatizadas como *ligeras*, *zorras* o *putas*. En *La invención de la mujer casta* (Leites, 1990), un elemento relevante es la idea de que las mujeres no desean ni necesitan el sexo en la misma medida que los varones. Esta creencia sirve para negar el otro lado de la moneda que la doble moral consolida: el grave problema de represión sexual de las mujeres, con su expresión cultural de frigidez. La negación simbólica del deseo sexual femenino opera como un dispositivo de control y, desde la lógica del género, la sexualidad se vuelve, perversamente, la vara para medir si una mujer es *decente* o *puta*. El insulto de *puta* se dirige a mujeres que se salen

180

de la estrecha norma de la doble moral, comercialicen o no su actividad sexual: también es *puta* la que se *acuesta* libremente con varios hombres, sin cobrar.

La devaluación cultural de la sexualidad femenina lleva a interrogarse, con rigor, sobre las circunstancias en las que las mujeres acceden a una relación sexual. ¿Qué tan diferentes son entre sí las mujeres que se venden abiertamente de quienes acceden a distintas formas de intercambio de servicios sexuales (por seguridad, por una posición, por un favor)? Además, aunque la llamada *prostitución* es la actividad exclusiva de un grupo determinado de mujeres, no hay que olvidar que también es una actividad complementaria de un grupo muy amplio de amas de casa, estudiantes y trabajadoras que *se ayudan* económicamente o colaboran con el ingreso familiar de esa manera. La tenue línea que hay entre la actividad exclusiva y la esporádica llevó a que muchas feministas afirmaran en un momento: *Todas las mujeres somos putas.* Creo que esta provocación tiene que matizarse para que se capte la verdad que contiene. Coincido más con la formulación de Roberta Tatafiore (1986), que atinadamente cuestiona si "la diferencia de las prostitutas respecto a las otras mujeres no sería precisamente un exceso de semejanza". Yo interpreto esta frase en el sentido de que la mayoría de las otras mujeres trabajadoras (profesionistas, secretarias, amas de casa, enfermeras, etcétera) mezclan su desempeño laboral y su sexualidad con otros fines más que el puro placer sexual. O sea, usan su sexualidad de manera *instrumental* y no como el mandato de la feminidad exige: de manera expresiva.

Al analizar los conflictos relacionados con el uso del cuerpo femenino cuando hay dinero de por medio, y también el uso del cuerpo femenino cuando supuestamente no hay dinero de por medio (por ejemplo, dentro del matrimonio), se puede comprobar que en ambas situaciones se pueden dar formas extremas, tanto de dependencia femenina como de abuso masculino. Por eso, aunque es un tanto tajante, la afirmación de Emma Goldman obliga a revisar que:

En ninguna parte se trata a la mujer de acuerdo al mérito de su trabajo. Es imperiosamente inevitable que pague su derecho a existir, a ocupar una posición cualquiera mediante el favor sexual. No es más que una cuestión de gradaciones que se venda a un hombre, casándose o a varios (Goldman, 1977a: 103-104).

La violencia simbólica opera en ambos espacios: el doméstico y el comercial. La mercantilización de la actividad sexual puede servir como cortina de humo para distraer de la estructura de poder que sostiene y da forma al modelo dominante de valoración sexual. El problema está, sin duda, cruzado por el dinero y por la mercantilización de servicios personales, pero no se circunscribe a eso: viene de antes y lo rebasa. La división de las mujeres en "putas y decentes" se trata precisamente de una concepción que no toma en cuenta que existe la libido en todas ellas.

En nuestra cultura, unas mujeres complementamos a las otras, somos lo que las otras desean o temen ser, somos las dos caras de una misma moneda. En esa línea de pensamiento me parece importante el señalamiento de Paola Tabet (1987), quien considera que tenemos que rechazar un modelo único de relaciones *prostituidas* frente a otro modelo único de relaciones sexuales gratuitas y, en vez de ello, ver que existen formas más o menos reguladas de servicios sexuales que suministran las mujeres a los hombres, a cambio de algún tipo de compensación. Aunque hay un umbral entre la *prostitución profesional* y otras formas de servicios sexuales compensados, el fondo es demasiado parecido como para no interrogarse sobre él.

Comprender la relación sexual como una acción *instrumental* (para conseguir algo) y no únicamente como una acción *expresiva*[12] pone en evidencia el intercambio de servicios sexuales y otros bienes que llevan a cabo tanto las amas de casa como las empleadas y las trabajadoras sexuales. Dicho en otras palabras, el discurso hegemónico plantea, para las mujeres, la relación sexual como la forma de expresar emociones, especialmente amor; sin embargo, en la práctica, es también una transacción *instrumental*. ¿Por qué se acepta el servicio sexual implícito cuando lo lleva a cabo un ama de casa, y se rechaza el caso del servicio sexual explícito de la *prostituta*? Hay que poner en cuestión la idea de una división tajante entre amas de casa y *prostitutas*, y más bien interrogarnos por qué se considera que unas tienen una conducta normal y las otras una patológica o degradante. Sorprenden las similitudes que hay entre la práctica tan estigmatizada de las trabajadoras y la de muchísimas mujeres *decentes* que frígidamente *cumplen* su rutina sexual, con el marido o el compañero, a cambio de diversos grados de gratificación material o sustento. De igual forma, ¿hay equivalencia entre las trabajadoras sexuales que disfrutan el sexo y las amas de casa que también gozan sexualmente?[13] La dificultad radica en reconocer el nexo entre aquello que se presenta como patología social (la relación sexual retribuida monetariamente) y lo que se presenta como normalidad social (la relación sexual retribuida con bienes y servicios, favores y promociones laborales), y en pretender que todas las mujeres viven de igual manera su situación, sean amas de casa o trabajadoras sexuales.

Para explorar la diferencia de valoración social de la actividad sexual vale recordar un aspecto generalizado de apreciación que plantea una diferencia sustantiva entre una obrera que usa como instrumento de trabajo una parte del cuerpo, por ejemplo, sus brazos, y una trabajadora sexual que usa sus genitales. Aunque el uso de los genitales valora a los hombres,[14] deshonra a las mujeres. Sin embargo, ¿qué implicaciones tiene aquí la diferencia anatómica? Una muy obvia es que, en el trabajo sexual, las mujeres tienen una *ventaja* sobre los hombres: su anatomía les permite recibir a muchos clientes en una noche, y su desempeño laboral no requiere la erotización previa, sólo la disposición a aceptar la penetración del cliente (a veces con la ayuda de una jalea lubricante). No estar a merced de un reflejo erótico activo, como la erección masculina, no quita *la otra parte* del trabajo sexual (la psicológica), pero la exigencia fisiológica es menor que la que tienen los hombres para lograr una erección. Pero, por la valoración cultural, o sea, por el género, esa *ventaja biológica* (es más fácil abrir las piernas que penetrar) se traduce en nuestra sociedad como *desventaja social*. Así, aprovechar su *ventaja laboral* marca a las mujeres con el desprecio, y el costo es el estigma.

El estigma es fundamental en la dificultad de las trabajadoras sexuales para fortalecerse políticamente y transformar sus condiciones laborales. Tiene que ver con el orden simbólico, y la conceptualización cristiana

183

del sexo como algo pecaminoso y la mujer como la incitadora al pecado, lo que ha imprimido una valoración distinta a la sexualidad femenina y a la masculina. En épocas recientes, las mujeres ejercieron su sexualidad más libremente por el desarrollo de los anticonceptivos. Sin embargo, a pesar de los avances tecnológicos y científicos, los *habitus* hacen que persistan creencias y prácticas sexistas, generadas por una moral diferenciada para hombres y mujeres. La diferencia de la conducta sexual entre mujeres y hombres no se debe a una mayor libido o energía sexual de ellos, sino a una simbolización que *domestica* culturalmente a las mujeres con la amenaza de la mala *reputación*. El estigma de *puta* es lo que más afecta a la *reputación* de cualquier mujer, y es justamente por eso que la mayoría de las trabajadoras sexuales rechaza asumirse públicamente como tal.

Además, de un tiempo para acá, las trabajadoras callejeras comienzan a ser vistas como una amenaza, porque "están ubicadas en la intersección de un conjunto de miedos públicos sobre la delincuencia, la explotación, el desorden" (Hubbard, 2004: 1699). Al establecer una asociación entre el desorden urbano y su presencia, se genera una reacción negativa hacia el trabajo sexual. Por eso, además de las personas puritanas que se sienten incómodas cuando las trabajadoras se ofrecen en la calle, hoy en día quienes las asocian con la delincuencia también las rechazan. Es obvio que si el comercio sexual no se regula, se propician condiciones de ilegalidad que la delincuencia organizada aprovecha, y a ésta se suman algunas trabajadoras. Asimismo va en aumento una disputa por la calle que afecta frontalmente a las trabajadoras. En la modernidad capitalista, al nuevo urbanismo, que busca una mayor capitalización de ciertos espacios, le estorba la *visibilidad* del trabajo sexual callejero. Smith (2002) detalla cómo quienes viven y trabajan en la calle se vuelven obstáculos para el aburguesamiento de los centros de las grandes ciudades, y son expulsados sin contemplaciones, con tácticas autoritarias o represivas como la denominada *cero tolerancia*. La gentrificación de los espacios de clase media necesita expulsar el comercio sexual a locaciones periféricas o marginales, y va impulsando el desalojo de las trabajadoras callejeras. ¡Qué lejos estamos de la forma en que las *putas honestas* prehispánicas andaban alegres por las calles!

A partir de la década de 1970, con la administración del presidente Luis Echeverría, se reinstaló, en las calles del Distrito Federal, el comercio sexual que Uruchurtu había prohibido, y las mujeres volvieron a *pararse* en las esquinas. Desde 1977, con la creación del Fideicomiso del Centro Histórico, la política urbana conducida por el GDF (en asociación con los corporativos empresariales y el apoyo de la jerarquía católica) ha tomado la gentrificación del centro de la Ciudad de México como su eje, facilitando que el capital privado desplace a las trabajadoras sexuales hacia otros espacios, abandonados de la política social. Hubbard (2004) señala que, al limpiar ciertas zonas urbanas de trabajadoras sexuales callejeras, se les puede sacar más rédito mediante la promoción de habitaciones familiares o centros comerciales. La remodelación del Centro Histórico, como un lugar seguro, con espacios de consumo para familias de clase media, es ya una realidad; y la compra y reutilización de edificios que antes servían como hoteles de paso, ha forzado a reubicarse a quienes ofrecen trabajo sexual en la calle. Este proceso de desalojo y prohibición ha ido diseñando una geografía moral que privilegia la segregación. La especulación inmobiliaria es más fuerte en los centros históricos (como ocurre en la Ciudad de México, en zonas como La Merced), y los gobiernos municipales de varias entidades federativas están privilegiando la política de desplazamiento de las trabajadoras pobres. De ahí que, al no cambiar las condiciones sociales que producen pobreza y delincuencia, una política de *limpieza urbana* se acaba convirtiendo en una política de *limpieza social* (Hall y Hubbard, 1996).

Y como el delito de lenocinio impide que las mujeres renten departamentos o locales donde puedan dar el servicio, éstas tienen que desplazarse. Tampoco hay, por supuesto, ninguna propuesta legislativa para regular distintas formas de organización del trabajo, lo que les permitiría, al menos, rentar departamentos sin el riesgo de ser acusadas de *lenocinio* o de *explotación de la prostitución*. Ese limbo legal las obliga, hoy, a luchar por cambios legislativos que les autoricen desarrollar formas de organización del trabajo en locales cerrados. Aunque esta reducción de los espacios empieza a despertar la participación política de los grupos marginados, y las trabajadoras sexuales reivindican que *La calle es de quien la trabaja*, el avance gentrificador que cierra los lugares a donde ellas llevaban a los clientes hace que su situación no sea muy promisoria.

En la Ciudad de México, aun cuando el gobierno ya otorgó las licencias de trabajadoras no asalariadas, todavía falta que las distintas delegaciones formalicen su reconocimiento y definan los lugares donde las trabajadoras puedan *pararse* para ofrecer sus servicios. Por eso las trabajadoras que ya obtuvieron sus licencias siguen movilizadas políticamente. Si bien su conquista de las licencias marca el inicio de una política de derechos y reconocimiento (lo cual les otorga identidad pública y legal ante los demás y, sobre todo, ante ellas mismas) de ninguna manera les garantiza que la calle se conserve como un lugar donde ofrecer su trabajo. Indudablemente, al luchar por sus derechos laborales como uno de los medios para lograr una ciudadanía igualitaria, estas trabajadoras han obtenido un sentido de realización personal y política. Sin embargo, persiste el riesgo de ser desplazadas de las calles y tienen que continuar enfrentando la nefasta política que intenta expulsarlas de sus espacios de trabajo. Las trabajadoras independientes son un claro ejemplo de agencia, alimentada por la organización y el trabajo político, que han acrecentado junto con Brigada Callejera. Y aunque resulta complicado hacer coincidir procesos de identificación social y política con procesos de individualización, estas activistas lo han logrado. Los grupos Mujeres Libres y Ángeles en Busca de la Libertad, así como el Taller de Periodismo Aquiles Baeza, se han constituido como cooperativas con el objetivo de abrir, legalmente, espacios donde llevar a cabo el trabajo sexual. Esta batalla requiere alianzas con otros sectores de la sociedad, para lo cual es necesario que se debata públicamente la llamada *prostitución* y se discuta la perspectiva neoabolicionista, que defienden adversarios poderosos.

La cuestión de los derechos laborales es significativa, porque la participación política activa de las trabajadoras sexuales es una expresión de su ciudadanía. Hace años, Rian Voet apuntó así el objetivo feminista: "en lugar de ver a la ciudadanía como el medio para obtener derechos deberíamos ver a los derechos como uno de los medios para lograr una ciudadanía igualitaria" (1998: 73). El largo proceso de reflexión, organización e incidencia de estas mujeres para obtener el reconocimiento a sus derechos laborales ha sido una forma difícil y laboriosa de ejercer su ciudadanía. A pesar de su triunfo, estas trabajadoras se encuentran en medio de una disputa por el espacio urbano, alentada por los ya mencionados procesos de gentrificación. ¿Hasta cuándo la organización y movilización que han desarrollado, y que ha conducido a la resignificación de su oficio, como un trabajo legal, les permitirá enfrentar el desplazamiento de sus lugares de trabajo?

VII

CONCLUSIÓN: *EL FULGOR DE LA NOCHE*

A lo largo de estas páginas he tratado de mostrar que la manera de interpretar el trabajo sexual se ha transformado a través del tiempo: de una ocupación honesta ha pasado a considerarse como una degeneración, un recurso de subsistencia, un oficio, y ahora también como una forma de violencia. La división de las mujeres en *putas* y *decentes* tiene antecedentes históricos que han desempeñado un papel estructurante, y la doble moral que, desde hace siglos, se ha ido entrelazando con pautas locales que moldean los intercambios entre mujeres y hombres, ha producido formas específicas de dominación y subordinación, pero también de resistencia y liberación.

No obstante las diferencias culturales, en el mundo hay una apreciación compartida sobre lo que significa *trabajar de noche*. La noche, junto con la calle, son ámbitos de las *malas* mujeres. Su oscuridad favorece los encuentros que no se quieren hacer evidentes, como es el caso que señala Sahagún respecto a las jóvenes sacerdotisas que se encontraban en secreto con los *teachcahuan* (los jóvenes con mando militar): "Y la mujer sólo sale en la noche; pasa (con él) la noche; sólo sale cuando la noche está avanzada" (Sahagún, citado en Dávalos López, 2002: 23). Evocar a las mujeres que salen a la calle, de noche, remite al orden simbólico que correlaciona las oposiciones público/privado, calle/casa, y noche/día con dos tipos de mujeres: las *putas* y las *decentes*.

En su estudio sobre el mito y el pensamiento de los antiguos griegos, Jean-Pierre Vernant (1983) hace un riguroso análisis de fuentes míticas y textos filosóficos para rastrear cómo se fue conformando lo que

189

todavía hoy es una realidad incuestionable: el espacio doméstico es de connotación femenina y el espacio exterior, la calle, de connotación masculina. Vernant muestra no sólo que la mujer, en la casa, está dentro de su dominio sino que, además, ella no debe salir de ahí: "La mujer honrada debe permanecer en su casa; la calle es para la mujer casquivana" (Menandro, citado por Vernant, 1983). Desde entonces, la lógica cultural occidental ha marcado claramente a las mujeres: si están recluidas en la domesticidad serán honestas, decentes y castas; y si andan en la calle serán casquivanas, indecentes o *putas*. En ese sentido es más que elocuente la expresión *mujer pública* para referirse a la *prostituta*, a la *mujer que es de todos*. Esta concepción, tan profundamente arraigada, ha sido fundamental en el desarrollo de una moral distinta para mujeres y hombres, y rara vez ha requerido justificación.

A partir del ingreso de millones de mujeres al mercado laboral se ha modificado parcialmente la pauta de valoración respecto a la mujer que anda en la calle. Hoy se acepta cada vez más que la mujer *decente*, que trabaja por fuerza, tiene que circular por la calle. Sin embargo, todavía se mantiene el carácter prohibitivo de la noche. En la medida en que la mujer ocupa más espacios públicos y se amplía el rango de su actuación y movilidad, persiste la restricción arcaica de la noche como ámbito donde habita la desenfrenada sexualidad masculina. Además, la prohibición simbólica a que las mujeres *circulen solas de noche* está tan internalizada que cuando se tiene noticia de alguna violación ocurrida durante la noche, la reacción suele ser culpar a la propia mujer, pues ¿qué andaba haciendo a esas horas en la calle? Así, la noche y la calle se conjugan como ámbito de peligro, real y simbólico, para las mujeres.

Pero, más allá de lo que ocurre en el imaginario simbólico, la noche suele tener, para las mujeres, un sentido muy real de riesgo y exclusión. El reclamo *Recobremos la noche*[1] lanzado por las feministas ejemplifica claramente una sensación femenina, compartida a lo largo y lo ancho del planeta: "El hecho de que no podamos caminar en las calles de noche sin un macho que nos proteja del resto de los hombres ha sido asumido en esta sociedad desde hace tanto tiempo que las personas difícilmente pueden imaginar una cultura en la que esto no sea así" (Lederer, 1980).

Tan claramente masculina se piensa a la noche que aún hoy en día no cabe en la cabeza de nadie que una mujer quiera andar *sola de noche*. Esta forma de pensar el tiempo de la noche y el espacio de la calle es parte constitutiva de nuestra lógica cultural y, según Vernant, se remonta al inicio de la civilización occidental.

La simbolización sobre la noche y la calle convierte el trabajo en vía pública en un lugar no sólo de estigma sino también de transgresión sexual. Se protege a las mujeres de los riesgos de la noche para, supuestamente, evitarles el peligro de la violencia sexual, pero en cierto sentido también para *protegerlas* de tentaciones, o sea, de un ejercicio más libre de su propia sexualidad. Y precisamente *el fulgor de la noche* radica en una atracción en la que coincide la transgresión sexual con la posibilidad de ganar más dinero que en cualquier otra parte. Dinero y placer, fantasías y riesgos: el trabajo sexual conjunta demasiadas cuestiones como para conceptualizarlo únicamente como el horror que pintan las neoabolicionistas.

Esto tiene mucho que ver con la compleja definición de Freud de la libido, que aparece como una fuerza pulsional que desafía la tipificación fácil del comportamiento. Creer que el comercio sexual es un problema exclusivamente económico de las mujeres distorsiona la comprensión del fenómeno al no visualizar su contenido psíquico, en especial, el "carácter incoercible" del inconsciente en los clientes que acuden a comprar servicios sexuales. Por eso Freud encuentra el comercio sexual como ejemplo de "el atractivo de lo prohibido como tal" (1983c: 79).

Y si, como el psicoanálisis sostiene, el conflicto del sujeto consigo mismo no puede ser reducido a ningún arreglo social, ¿hasta dónde es posible considerar la reflexión freudiana sobre las vicisitudes de la elección del objeto sexual en una interpretación relativa al significado cultural del comercio sexual? Existe una articulación del deseo con la cultura, y ése es el *quid*: lo que ocurre con el deseo humano no tiene más límite que el que la cultura logra imponerle. Freud planteó que el ser humano se vuelve neurótico porque no puede soportar la frustración sexual que la sociedad le impone en aras de sus ideales culturales. Para Freud satisfacciones *más finas y superiores* "como las del artista, el intelectual o el científico no tienen la intensidad que produce saciar mociones pulsionales más groseras, primarias porque no conmueven nuestra corporeidad" (1983c: 79). *Conmover al cuerpo*, dice Freud, y por *cuerpo* no se refiere sólo a lo anatómico. El cuerpo es la envoltura del sujeto, y en él se encuentran inconsciente, pulsión y cultura. El cuerpo resulta algo así como una bisagra que articula lo social y lo psíquico. Atisbar la complejidad de esa bisagra psíquica/biológica/social permite una nueva lectura de las prácticas sexuales. La sexualidad humana tiene que ver tanto con la simbolización social, como con la imaginarización psíquica y con procesos fisiológicos. Conceptualizar a los seres humanos como *seres bio/psico/sociales* lleva a comprender el comercio sexual reconociendo su entramado de carne, inconsciente y mente. Este hecho bio/psico/social, con toda la carga libidinal que conlleva, entra en conflicto con la cultura. Por eso Freud considera que el malestar en la cultura está vinculado a la represión de la sexualidad.

De la reflexión de Freud a la de Lacan ha habido mucha elaboración y se han formulado nuevas interrogantes. Una central es explorar qué constituye el lazo sexual entre las personas. El psicoanálisis permite analizar quién pide qué y quién ofrece qué. La variedad de información que hay contribuye a descartar *las recetas* que aseguran saber lo que se intercambia en la transacción del comercio sexual entre mujeres y hombres e introduce la complejidad de las subjetividades. Por eso no es posible sacar conclusiones más que para decir que tal vez en *el fulgor de la noche* circulan y se filtran multiplicidad de deseos, muchos de ellos indecibles o incognoscibles para las propias personas involucradas.

Sin embargo, una cosa es tratar de comprender las complejidades inherentes al comercio sexual y otra muy diferente definir formas más seguras de que se lleve a cabo o, al menos, que pongan a las personas fuera de riesgos. Como señala Laura Agustín, las abolicionistas, con su objetivo de salvar al mayor número de víctimas posible, totalizan la experiencia de todas las mujeres (2007: 107), lo que impide ver la diversidad de situaciones en las que se encuentran, con distintos niveles de decisión personal respecto al trabajo sexual. Para elaborar políticas públicas y soluciones prácticas, es imprescindible enfatizar lo que ya señalaron Kempadoo y

Doezema (1998): la complejidad y variabilidad del trabajo sexual, contextualizado en estructuras económicas, socioculturales y transaccionales particulares.

En todas partes el trabajo sexual está condicionado por el creciente avance mundial del capitalismo neoliberal y sus factores locales, normas sexuales y narrativas sociales discriminadoras como el racismo y el sexismo. Existe ya un rico conjunto de investigaciones que muestran la diversidad de formas de vivir y ejercer el trabajo sexual, que ponen en cuestión el reduccionismo abolicionista y muestran cómo las formas que asume el comercio sexual dependen de factores económicos, culturales y psíquicos. Y es precisamente este conjunto de investigaciones lo que ha dado sustento a la reciente posición que ha tomado Amnistía Internacional (AI), relativa a la necesidad de despenalizar el comercio sexual y defender los derechos humanos de las y los trabajadores sexuales.

La primera declaración de AI se realizó en 2015, luego de elaborar una sólida investigación y consultar con una diversidad de organizaciones y personas: la Organización Mundial de la Salud (OMS), ONUSida, ONUMujeres, la Organización Internacional del Trabajo (OIT), la Anti-Slavery International, Human Rights Watch, Open Society Institution (OSI), la Alianza Global contra la Trata de Mujeres, y de recopilar de testimonios de más de 200 trabajadores y extrabajadores sexuales, policías y funcionarios de gobierno en Argentina, Hong Kong, Noruega y Papúa Nueva Guinea. Además, las oficinas nacionales de AI en todo el mundo contribuyeron con información, realizando consultas locales con grupos de trabajadoras y trabajadores sexuales que representan a supervivientes de trata, organizaciones abolicionistas, feministas y otros intermediarios de los derechos de las mujeres, activistas LGBTI, organismos contra la trata de personas, activistas que trabajan sobre el VIH/sida y muchos más.

Dicha declaración cayó como bomba entre los grupos neoabolicionistas, no obstante AI enfatizó que condena enérgicamente todas las formas de trata de personas, incluida la trata con fines de explotación sexual, pues constituye una violación inadmisible a los derechos humanos y debe ser penalizada como cuestión de derecho internacional. El escándalo fue mayúsculo y feroz en Estados Unidos, donde muchas actrices de

Hollywood usaron sus espacios mediáticos para protestar contra AI, repitiendo el *caballito de batalla* abolicionista que dice que la despenalización de la *prostitución* conduce *siempre* a la trata y que el comercio sexual *siempre* es violencia hacia las mujeres. Por su parte, AI explicó que la despenalización del trabajo sexual no significa eliminar las sanciones penales para la trata de personas, e insistió en que no hay estudios ni indicios serios que sugieran que la despenalización dé lugar a un aumento de la trata. AI señaló que defiende todos los aspectos del sexo consentido entre adultos que no incluyan coerción, explotación o abuso, al mismo tiempo que declaró que hay que proporcionar una mayor protección a los derechos humanos de los trabajadores sexuales, pues el estigma contribuye a la discriminación y la marginación de quienes se dedican a esa actividad. Convencida de que criminalizar expone a los y las trabajadores sexuales a mayores riesgos para su vida, AI declaró que el derecho penal no es la respuesta, y en eso coincide con ONUSIDA.

Amnistía Internacional también dijo que los Estados deben tomar medidas adecuadas para garantizar los derechos económicos, sociales y culturales de todas las personas, y para que ninguna persona se inicie en el trabajo sexual contra su voluntad ni se vea obligada a depender de él como único medio de supervivencia, además de que las personas que se dedican a esa actividad puedan abandonarla cuando lo deseen. Dada la conmoción que suscitó su declaración, AI tuvo que dar muchas explicaciones. Para aclarar su postura hizo un documento de preguntas y respuestas, que se encuentra en internet.[2] Una de las preguntas es: *¿Cuál es la diferencia entre legalización y despenalización? ¿Por qué no pide Amnistía Internacional que se legalice el trabajo sexual?* AI respondió:

> La despenalización del trabajo sexual significa que los trabajadores y las trabajadoras sexuales ya no infringen la ley por realizar trabajo sexual. No se ven obligados a vivir fuera de la ley, y hay un mayor espacio para proteger sus derechos humanos. Si se legaliza el trabajo sexual, eso significa que el Estado formula leyes y políticas muy específicas que regulan formalmente dicho trabajo. Esto puede dar lugar a un sistema de dos niveles en el que muchos trabajadores y trabajadoras sexuales —a

menudo los más marginados, los que realizan su trabajo en la calle— actúen fuera de esa normativa y sigan sufriendo criminalización. La despenalización pone en las manos de los trabajadores sexuales un mayor control para actuar de manera independiente, organizarse en cooperativas informales y controlar su propio entorno de trabajo de una manera que la legalización con frecuencia no permite.

Además, respondiendo a la pregunta *Quienes venden sexo necesitan protección, pero ¿por qué proteger a los proxenetas?*, AI señala que:

> Existen leyes excesivamente amplias, como las que prohíben "promover la prostitución" o "regentar burdeles", que se utilizan a menudo contra trabajadores y trabajadoras sexuales y criminalizan las acciones que emprenden para tratar de mantenerse a salvo. Por ejemplo, en muchos países, si dos trabajadores o trabajadoras sexuales trabajan juntos por motivos de seguridad se considera que forman un "burdel". La política de Amnistía Internacional pide que las leyes se reorienten para abordar los actos de explotación, abuso y trata, en lugar de establecer delitos de carácter muy general que criminalizan a los trabajadores y las trabajadoras sexuales y ponen en peligro su vida.

Esto es precisamente lo que ocurre en México con el supuesto delito de lenocinio. Lo que es indudable, y lo han comprobado quienes obtuvieron sus credenciales de *trabajadora no asalariada*, es que, como dice AI:

> Cuando los trabajadores y las trabajadoras sexuales dejan de ser vistos y tratados como "delincuentes" o "cómplices", corren menos riesgo de sufrir tácticas policiales agresivas, y pueden exigir protección y mejores relaciones con la policía. La despenalización devuelve sus derechos a los trabajadores y las trabajadoras, y los convierte en agentes libres.

Otra de las preguntas es: *¿Por qué no apoya Amnistía Internacional el modelo nórdico?*,[3] AI responde:

Aunque el modelo nórdico no criminaliza directamente a los trabajadores y las trabajadoras sexuales, hay aspectos operativos (como la compra de sexo o el alquiler de locales en los que vender sexo) que siguen estando criminalizados. Esto pone en peligro la seguridad de los trabajadores y las trabajadoras sexuales y los hace vulnerables a abusos; pueden seguir siendo objeto de persecución por parte de la policía, cuyo objetivo a menudo es erradicar el trabajo sexual mediante el cumplimiento de la ley penal. En realidad, las leyes contra la compra de sexo significan que los trabajadores y las trabajadoras sexuales tienen que correr más riesgos para proteger a los compradores y evitar que sean detectados por la policía. Los trabajadores y las trabajadoras sexuales relatan que los clientes les piden que los visiten en sus casas para evitar a la policía, en lugar de ir a un lugar donde el trabajador o trabajadora sexual se sienta más seguro. En el modelo nórdico, el trabajo sexual sigue estando sumamente estigmatizado, y contribuye a la discriminación y la marginación de quienes se dedican a él.

En 2016, AI avanzó esta posición y estableció una nueva respecto a las obligaciones que los Estados deben tener para respetar, proteger y garantizar los derechos humanos de las y los trabajadores sexuales. El documento se dio a conocer el 26 de mayo de 2016 y está disponible en internet. Ha sido muy importante que AI aborde esta problemática desde una perspectiva de defensa de los derechos de las personas que trabajan en el comercio sexual.

En México la reivindicación de ser reconocidas como *trabajadoras no asalariadas* introdujo la exigencia de los servicios de salud, educación y capacitación que acompañan a los derechos laborales. Al reconocerles su condición de *trabajadoras no asalariadas*, y otorgarles las licencias para trabajar en vía pública, las trabajadoras adquieren también una forma de protección ante las *razzias* policiacas, que arrasan con todo mundo en los operativos *antitrata*. Asimismo, las credenciales les permiten abrir cuentas de banco o pedir préstamos al declarar que su fuente de ingresos es legal. Pero, sin reconocimiento legal, la condición de trabajadora sexual se reduce a la invisibilización y al borramiento: "trabajo porque necesito alimentarme, pero no se acepta que lo que hago es trabajo". Sin las credenciales las trabajadoras sexuales son una especie de indocumentadas, con una presencia socialmente estigmatizada y, en ocasiones, considerada peligrosa o contaminante. Se encuentran atrapadas en un limbo legal: la *prostitución* no está prohibida, pero sus formas de organización del trabajo se consideran explotación o lenocinio, situación que se traduce en riesgos, extorsión y abusos.

Además, hay gran hipocresía, pues el Estado las usa, pero no les reconoce derechos. Esto ha sido muy evidente en la forma en que se impulsa el comercio sexual para dar servicio a destacamentos militares,[4] a zonas petroleras,[5] incluso a obreros en grandes proyectos de obra pública. Sobre esto último, está el caso de la construcción de la Siderúrgica Lázaro Cárdenas. Hace años escribí, con otras compañeras, un artículo[6] en el que analizábamos algunas de las luchas que las mujeres habían dado en México en los años setenta, intentando rescatar y elevar movilizaciones poco conocidas o inéditas al rango de lucha política. Una de ellas fue justamente la de trabajadoras sexuales que exigieron condiciones laborales durante la construcción de la Siderúrgica Lázaro Cárdenas. Ahí se empleó, en la primera etapa de la construcción de la planta, a unos 30 mil obreros, y en obras externas tanto del puerto como de la ciudad, a otros tantos. Las condiciones de vida de esta población flotante eran muy duras, pues estaban solos y alejados de sus familias. Rápidamente llegaron (o fueron llevadas *ex profeso*) cerca de mil trabajadoras sexuales. En el texto mencionado recabamos el testimonio de Soledad, que no había cumplido aún 25 años:

> Estaba en mi casa, pero necesitábamos dinero y me vine aquí, decían que había trabajo en las fondas y restaurantes. Pero sólo nos pagaban 25 pesos, la dueña decía que con las propinas sacábamos lo demás. Y aquí en Lázaro eso no alcanza para nada. Después de trabajar me hice de un novio, que como todos... piden la prueba de amor. Bueno, vivimos un tiempo juntos. Luego se fue y... pues he andado con otros, soy joven y aunque fuera feísima aquí los hombres necesitan mujeres para seguir trabajando, y eso no lo toma en cuenta la empresa. Habíamos

aquí, uy, más de mil prostitutas, todas al servicio de los trabajadores. Viendo esto y las condiciones horribles en que vivíamos, platiqué con algunas de mis compañeras. "No es posible que vivamos en estas condiciones", les dije; hay 50 mil hombres y nosotras apenas si más de mil, no descansábamos nunca, ni cuando nos bajaba la regla. Además teníamos que repartir feria al compa que te metía en el asunto y al policía que rondaba el lugar, dizque para protegernos.

Si queríamos atención médica, nos costaba a nosotras; si queríamos descansar, al compa no le gustaba; por todos lados estábamos controladas. Unas cuantas decidimos pedir nuestros derechos. Muchas se rieron, otras no dijeron nada, total, unas cinco fuimos a hablar con el presidente municipal para que nos dieran ciertos derechos, como trabajadoras. Así como la empresa ponía comedores y campamentos, pero olvidando otras necesidades que tienen los hombres. Fue horrible. Fui a hablar sobre esto y me mandaron con la policía, me hicieron toda clase de vejaciones y no conseguimos nada más que la cárcel y amenazas. Ahora vivo en Acapulco, ahí la cosa es de otro modo. Mis amigas tienen menos clientes, otras se han ido, esto se ve vacío, quién sabe dónde andarán (Acevedo *et al.*, 1980).

En la segunda etapa de la siderúrgica los trabajadores pudieron llevar a sus esposas o amantes y la demanda de *prostitutas* bajó notablemente. Y el recuerdo de la movilización se fue diluyendo.

Como ya dije, al analizar los conflictos que surgen en relación con el uso del cuerpo femenino cuando hay dinero de por medio, aparecen una multiplicidad de cuestiones que entretejen lo laboral con lo social, lo jurídico y lo cultural. Por eso es acertado lo que hace años declaró Nanette Davis: "No puede haber una política racional hacia la *prostitución* mientras exista la discriminación de género" (1993: 9). Sin embargo, acabar con la discriminación de género puede tardar decenas de años y, repito, hay que cambiar leyes y desarrollar políticas públicas que permitan a las mujeres trabajar acompañadas si así lo desean. Pero tal propuesta dista de ser tomada en cuenta debido a la manipulación discursiva que el neoabolicionismo ha hecho en relación con el comercio sexual. La distorsión de la compraventa de servicios sexuales le quita importancia a la lucha por los derechos laborales que permiten trabajar de manera independiente y fuera de las mafias.

Y ya lo expliqué: insistir en los derechos no implica considerar al trabajo sexual como cualquier otro trabajo. Varias feministas, entre las que me encuentro, consideramos que la compraventa de sexo es de un orden distinto de las demás transacciones mercantiles; es, como dijo Satz (2010), un mercado nocivo. Pero también Satz previene que no siempre la mejor respuesta es la prohibición, pues ésta puede intensificar los problemas que condujeron a que se condenara tal mercado. De ahí que las intervenciones más eficaces de política pública radiquen en resolver las circunstancias socioeconómicas que llevan al comercio sexual. Eso también lo apunta Nussbaum (1999) cuando señala que la alternativa frente al comercio sexual radica en expandir las opciones y oportunidades de las mujeres que requieren trabajar, por lo que se necesitan más iniciativas laborales y menos declaraciones moralistas.

En México, lograr una regulación del comercio sexual que preserve la independencia y seguridad de las personas que se dedican a dicho trabajo, y que les otorgue los derechos laborales de las demás trabajadoras, requiere que se acepten legalmente formas grupales de organización del trabajo (pequeñas empresas o cooperativas) donde la participación de varias personas para hacer negocio no se interprete como lenocinio. Esto implica retipificar el delito de lenocinio, y afinar y mejorar la Ley general para prevenir, sancionar y erradicar los delitos en materia de trata de personas y para la protección y asistencia a las víctimas de estos delitos. El riguroso texto de Claudia Torres "Ambigüedades y complejidades: la ley de trata con fines de explotación sexual y el no reconocimiento del trabajo sexual en México" (2016), que ya mencioné, es la herramienta por excelencia para analizar los principales problemas jurídicos de la ley y las dificultades para su aplicación sin obstaculizar el reconocimiento legal al trabajo sexual.

El reclamo de las trabajadoras independientes y la resolución de la juez García Villegas obligan a que el sistema judicial realice una armonización de nuestras leyes, pues la Ley de Trata es utilizada para impedir el pleno reconocimiento del trabajo sexual, al mismo tiempo que con el artículo 5° constitucional la resolución judicial ampara a las trabajadoras sexuales. Además, el sistema judicial debe rectificar el hecho de que sus funcionarios, asumiendo al extremo la postura neoabolicionista, están tomando la presencia de condones como indicio de trata. Ya comenté que la directora de Censida ha tenido que hacer un llamado a los procuradores de las 32 entidades federativas, incluyendo a la Ciudad de México, para que dejen de hacerlo (Uribe, 2013).

Por lo pronto, algo que dificulta un reordenamiento jurídico que busque nuevas formas de organización del trabajo es que el acceso de estas trabajadoras a un trato justo no forma parte de la agenda política: no hay partido que denuncie la explotación y maltrato al que son sometidas; no existe grupo parlamentario que proponga retipificar los delitos de trata y explotación con fines sexuales y reconocer formas de organización del trabajo sexual, con derechos y obligaciones (carga fiscal y seguridad social); son escasos los personajes de la política que se interesan en distinguir *comercio* y *trata*, y tampoco hay muchos grupos feministas que apoyen a las trabajadoras sexuales.[7]

Marcadas por la doble moral imperante, las trabajadoras sexuales se vuelven un motivo de conflicto para algunos grupos de la ciudadanía y, aunque ellas no escandalicen, su sola presencia es motivo de protesta. Recuerdo uno de los *shocks* que tuve cuando inicié mi acompañamiento político: que te corran de un lugar por tu aspecto. Algunas de las primeras reuniones con Claudia y otras representantes fueron en Sanborns, pero como eran justo antes de trabajar, como a las ocho de la noche, y ya llegaban *arregladas*, llamaban mucho la atención. Así que nos pidieron que desalojáramos. Entonces cambiamos las reuniones al Potzolcalli, y también allí tuvimos dificultades. Posteriormente, solicité permiso a Héctor Aguilar Camín para reunirnos en la sala de juntas de *Nexos*. Aunque Aguilar Camín nos lo otorgó gentilmente, algunas mujeres de la oficina se molestaron por la presencia de *putas* en su espacio de trabajo. Esto ocurrió, pues, como las mujeres tienen mucho que perder respecto al desprestigio sexual, son las primeras en defender ferozmente esa línea divisoria entre *decentes* y *putas*.

¿Qué ocurriría si la palabra *prostituta* perdiera su significado? Una provocadora iniciativa de Margo St. James decía: "Reivindicamos el nombre de 'puta' porque es utilizado contra todas las mujeres. Queremos difundirlo, reiterarlo y, sobre todo, retirárselo a los hombres que se sirven de este apelativo para dividir e intimidar a las mujeres" (1987). Desde esa misma línea de pensamiento es que algunas feministas declararon en un momento: *Todas las mujeres somos putas*. ¿Qué pasaría si, en la vida real, las mujeres se decidieran a acabar con la distinción entre *putas* y *decentes*? Utopía aparentemente descabellada, pero hacia la cual las nuevas generaciones se encaminan, como las jóvenes de la Marcha de las Putas.

A pesar del nombre, no se trata de una marcha de trabajadoras sexuales sino de mujeres, en su mayoría jóvenes, que protestan porque mucha de la violencia sexual se justifica con el pretexto de la *apariencia provocadora* de las víctimas. La Marcha de las Putas surgió por el comentario que el policía canadiense, Michael Sanguinetti, hizo durante un seminario sobre agresión sexual en la Universidad de York, en Toronto: "Las mujeres deben evitar vestirse como putas para no ser víctimas de la violencia sexual".[8] El escándalo estalló y Sanguinetti tuvo que ofrecer una disculpa pública, diciendo que estaba avergonzado por su comentario y que éste no reflejaba el compromiso de la Policía de Toronto con las víctimas de agresiones sexuales. Y la vocera de la Policía de Toronto, Meaghan Ray, declaró que los policías deben dar una lista detallada de los lugares y los tiempos en los que ocurren las agresiones sexuales para que las mujeres puedan adecuar su conducta, pero que no deben sugerirles cómo vestirse. Sin embargo, el comentario ya había encendido la mecha de la indignación. Más de tres mil mujeres salieron a la calle en Toronto vestidas como *putas* para expresar que no importa la vestimenta que se use, nada justifica la violencia sexual. Además, se burlaron de la idea de que esos atuendos excitan a los hombres al grado de perder el control. El mensaje fue claro: las agresiones sexuales son responsabilidad de quienes las llevan a cabo y no de las víctimas. Así, la Marcha de las Putas se diseminó a otras ciudades: Montreal, Londres, Matagalpa, Melbourne, Seattle, Los Ángeles, Tegucigalpa, Buenos Aires, Bogotá, entre otras.

En la Ciudad de México, el domingo 12 de junio de 2011, cientos de mujeres partieron de la Glorieta de la Palma, en Reforma, rumbo al

Hemiciclo a Juárez, replicando la Marcha de las Putas. La campaña tiene un eslogan central: "Cuando una mujer dice NO, significa que NO". En México, una de las organizadoras, Minerva Valenzuela, lo planteó de forma muy clara:

> Aunque use medias de red y tacones de aguja: si digo no, significa no. Aunque la apertura de mi falda suba hasta mi muslo: si digo no, significa no. Aunque en cualquier momento decida no consumar el acto sexual: si digo no, significa no. Aunque me ponga una borrachera marca diablo: si digo no, significa no. Aunque baile de forma sensual: si digo no, significa no. Aunque el escote de mi vestido sea tentador: si digo no, significa no.

Otras consignas fueron:

> Si Sor Juana viviera, con nosotras estuviera.
> Escote sí, escote no, eso lo decido yo.
> Mi falda chiquita no me hace facilita.
> Alerta, alerta, alerta que camina,
> la Marcha de las Putas por América Latina.

El objetivo de la marcha fue exigir respeto y protección ante violadores y acosadores, y también decirle a la sociedad y al gobierno que no se puede ya seguir culpando a las mujeres de la violencia que padecen porque supuestamente parecen *putas*. ¡Como si ser trabajadora sexual fuera una razón para ser agredida sexualmente!

Apropiarse del término estigmatizante de *puta* es una actitud desafiante y liberadora, que enfrenta a quienes intentan establecer un límite de lo *decente* en el aspecto y la conducta sexual.[9] Aunque la Marcha de las Putas implica una notable resignificación simbólica, no acaba por sí sola con la separación ideológica entre las mujeres *decentes* y las *putas*, pero provoca una reflexión muy necesaria respecto a la doble moral. Esto es fundamental para revisar la valoración desigual de la actividad sexual humana, comercial o gratuita, que es el andamiaje moral que rige la sociedad. No es lo mismo que un hombre tenga una expresión sexual libre a que la tenga una mujer.

Precisamente por eso, porque la actividad sexual de las mujeres es un desafío a la doble moral que considera que las transacciones sexuales de las mujeres son de un orden distinto a las de los hombres, hay que debatir sobre el estigma. En ese sentido, algo que también está en juego, en la contraposición entre abolicionistas y defensoras de los derechos laborales, es la definición de qué es una conducta sexual apropiada. Lo verdaderamente nodal radica en la interrogante: ¿quién debe definir la conducta sexual de los ciudadanos?, ¿el Estado, los grupos religiosos, las feministas abolicionistas o los propios ciudadanos? Ahí el tema del consentimiento cobra relevancia. Ahora bien, si una mujer consiente vender servicios sexuales por necesidad económica o por cualquier otra razón, ¿debe el Estado *rescatarla*? ¿Por qué el Estado no se propone *rescatar* a otras mujeres, que también son forzadas a trabajar en cosas que no les gustan, incluso que son peligrosas? Igual que las *prostitutas*, ellas están obligadas por sus circunstancias económicas. El Estado debería garantizarles a todas las personas seguridad social y empleo para que nadie venda sexo bajo coerción, amenazas o exigencias. Pero en el capitalismo, todas las personas que trabajan viven una presión económica, tanto por asegurar su subsistencia como por acceder a cierto tipo de consumo. El Estado debería garantizar derechos mínimos, pero no controlar la sexualidad de la ciudadanía. Para respetar la compraventa de servicios sexuales es necesario rechazar no sólo el intervencionismo eclesiástico en el ámbito de la sexualidad sino también el gubernamental, y criticar los discursos puritanos contra el comercio sexual.

Esto ya lo están haciendo las propias trabajadoras sexuales, y sus cambios de actitud se notan en las sociedades en las que, impulsadas por una lógica dominante de mercado, existe la legalidad del servicio sexual comercial (heterosexual y homosexual). En esos países despunta con fuerza un fenómeno que nos enfrenta a uno de los dilemas menos comunes en México: la reivindicación pública de trabajadoras que plantean la libertad de establecer contratos laborales en el marco de la defensa de sus derechos. Su reflexión sobre la *prostitución* como un trabajo elegido las ubica de lleno en un neocontractualismo. ¿Hasta qué punto ver la *prostitución* como un trabajo elegido se trata de una racionalización *a posteriori?* Las trabajadoras politizadas que reivindican su derecho a *elegir* asumen:

> Estar conscientemente en el escenario del sexo comercial, cada gesto, cada fingimiento, cada prestación, forma parte del ingreso con todas las de la ley en el escenario del mercado: hacer como que se da más para obtener lo más posible, como cualquier otro comerciante (Tabet, 1987).

Esta postura se desmarca de los dos estereotipos culturales: el de la pecadora y el de la víctima, y abre la posibilidad de establecer una manera distinta de asumirse públicamente.

Sin embargo, con el contractualismo en el ámbito sexual se juegan ciertas contradicciones en torno a la libertad y al mercado. Una es la que se da entre la supuesta libertad individual en el uso del propio cuerpo y la prohibición de utilizar la sexualidad como mercancía; otra, la contradicción inherente a la moral moderna, que defiende el ejercicio de la sexualidad como un derecho de las personas, pero que orienta las necesidades sexuales a la institución del matrimonio o, al menos, de la pareja establecida. Estas cuestiones forman parte de una madeja conceptual, cuyos elementos varios estudiosos han tratado de desenredar (Vance, 1984; Weeks, 1985; Altman, 2001; Lancaster, 2011). Además, conceptualizar la *prostitución* solamente como un trato de carácter privado entre una persona que vende y otra que compra oscurece su aspecto de institución social, oculta la ausencia de los derechos laborales elementales de las *prostitutas* y no alude al estigma asociado con ese medio de subsistencia.

Desde hace siglos, en México, las mujeres monopolizaban el capital *específico* de objetos de consumo sexual heterosexual. Desde hace bastante tiempo hay un crecimiento notable de travestis como objetos de consumo sexual masculino, lo cual da pie a la interrogante de hasta dónde las demandas de los consumidores tienen que ver con necesidades subjetivas o con cambios culturales suscitados por el proceso de mundialización de cierta economía. Lo que persiste, sin embargo, es que las posiciones ocupadas por las trabajadoras y los clientes/consumidores reproducen la configuración de las relaciones de género: el trabajo sexual, sea realizado por mujeres o por hombres, es culturalmente una posición femenina y quienes *compran* esos servicios son, casi exclusivamente, hombres. Ante esto, una pregunta que surge es: ¿dicha posición significa siempre ocupar un lugar de sumisión, de sometimiento, de pasividad? Giddens, al referirse a la *prostitución* en su ensayo sobre la transformación de la intimidad, comenta que: "Muchos de los hombres que frecuentan regularmente prostitutas desean asumir un rol pasivo, no uno activo, sea o no que involucre prácticas sadomasoquistas" (1992: 123).

Por último, para entender ciertos aspectos del comercio sexual, de su moral sexual, sus prácticas y sus representaciones culturales resulta muy útil comprender el orden social como lo hace Pierre Bourdieu (2000): como una inmensa máquina simbólica fundada en la dominación masculina, que se construye sobre la asimetría sexual de los hombres y las mujeres, y que produce asimetría social y simbólica. Los seres humanos simbolizamos la diferencia sexual del cuerpo y le adjudicamos un conjunto de atribuciones, creencias, prescripciones sobre *lo propio de los hombres* y *lo propio de las mujeres*, que cambia según la época y la cultura. Los seres humanos internalizamos ese conjunto de creencias culturales, y las aplicamos, incluso en contra de nuestro bienestar. Eso es violencia simbólica, una forma *invisible* de dominación, que impide que ésta sea reconocida como tal. Bourdieu postula que "lo esencial de la dominación masculina" es la violencia simbólica, o sea, la violencia que se ejerce sobre un agente social con su complicidad o consentimiento. La *complicidad* o el consentimiento de las personas dominadas ocurre cuando no pueden decodificar los signos relevantes para comprender la significación social escondida. Las trabajadoras sexuales encarnan, de manera especial, la situación de violencia simbólica: estigmatizadas como el mal, el pecado o la escoria social, muchísimas comparten la definición dominante sobre sus personas, y es doloroso constatar cómo ellas establecen sus interacciones a partir de aceptar la división entre *decentes* y *putas*. Atrapadas por la violencia simbólica, reproducen en sí mismas el proceso de represión social y al compartir el estigma se desprecian.

Claro que la única opción a largo plazo es la de redefinir simbólicamente esa conducta devaluada. Bourdieu (1997) señala que la redefinición de los términos simbólicos requiere de un proceso de toma de conciencia y de acción política. Tanto para las mujeres, en general, como para las *prostitutas*, en particular, este proceso resulta muy difícil de llevar a cabo, sea porque comparten la concepción desvalorizada que existe sobre ellas o porque se trata de mujeres, es decir, de personas con dificultades ante las formas tradicionales de la participación política. Las trabajadoras sexuales en México apenas se están abriendo a un proceso de reflexión y organización propios. Es de por sí difícil la transformación de una identidad devaluada (de *puta*) a una un poco más moderna (trabajadora sexual), pero igual de despreciada. El temor al estigma está presente intergeneracionalmente por diversas razones: entre las jóvenes, porque fantasean con rehacer sus vidas, casarse, etcétera; entre las mayores, porque temen que sus hijos y sus familias se enteren o porque significaría *abrir su pasado* a las amistades y los vecinos. Y como las batallas por la resignificación simbólica también se libran en el lenguaje, ése es el sentido de eliminar términos con connotaciones denigrantes (como el de *prostituta*) e introducir términos *políticamente correctos*, como el de trabajadora sexual. Además es necesario poner en evidencia la contradicción de que *venderse* sexualmente es abyecto, mientras que *comprar* sexo es una necesidad.

Es obvio que no se va a acabar, por decreto, con la separación ideológica entre las mujeres *decentes* y las *putas*, pero hay que empezar a deconstruir el estigma. Si bien las trabajadoras manifiestan explícitamente que ése es el trabajo más flexible y mejor pagado que pueden conseguir, solamente las politizadas tienen claro que el suyo no es un problema individual sino una respuesta al sistema social y su estructura de poder económico. Las trabajadoras que interpusieron el amparo que logró las credenciales son excepcionales en el uso público que le dan a una situación que se considera *vergonzosa*. Las demás son mucho más discretas, pues tienen dificultad para enfrentar los significados estigmatizantes de su oficio. Aunque tienen muy clara la existencia del machismo, la violencia simbólica las hace sentirse avergonzadas y culpables. Muchas comparten la necesidad de pensar que ese trabajo es *temporal*, y más que reflexionar sobre sus circunstancias, quieren olvidarse de ellas. En cambio, las vinculadas a Brigada Callejera tienen interés por explorar su determinación situacional y relacional. Esto las ha llevado a interesarse por otros procesos de representación y de producción de conocimiento que no tocan necesariamente el campo del trabajo sexual y que remiten al problema básico del ejercicio de su ciudadanía.

También hay que interpretar el llamado mundo de la *prostitución* como un conjunto estructurado de posiciones, un *campo* en el sentido que Bourdieu (1990) le otorga al concepto: una arena social donde las luchas y maniobras se llevan a cabo sobre y en torno al acceso a recursos. La mundialización del comercio sexual ha implicado el desarrollo de redes transnacionales con gran movilidad y rotación entre las trabajadoras sexuales. Este comercio requiere novedades, y un motor del mercado es la demanda de nuevas caras, nuevos cuerpos, nuevos estímulos, ¿nuevas subjetividades? Cuando lo local se percibe como limitado, se busca lo de fuera, lo *exótico*, lo *sofisticado*, lo *diferente*: mexicanas en Japón, rusas en México. Las mujeres cambian de lugar de trabajo, de ciudad, de país. Además de la circulación deliberada por renovación, está el creciente fenómeno de la migración que, dadas las condiciones de precariedad de las migrantes, empuja a muchas al trabajo sexual. En el caso de la frontera sur, paso obligado de las centroamericanas hacia Estados Unidos, muchas mujeres acceden al trabajo sexual para costear su desplazamiento. Existen coyotes que, del flujo de migración proveniente de Centroamérica, eligen a las muchachas con *mayor potencial* para el comercio sexual. Y a la Ciudad de México llegan diariamente cientos de jóvenes con expectativas falsas de trabajo o estudio, muchas de las cuales acaban enganchadas en el trabajo sexual.[10]

Todavía hoy grandes zonas de nuestro país se rigen con esquemas absolutamente tradicionalistas, con altas cuotas de estigma y de extorsión, lo que genera marginación y sufrimientos. Pero miles de mujeres *aguantan* esta situación por el hecho incontrovertible de que el trabajo sexual es la mejor ocupación que pueden conseguir, con horarios flexibles y una entrada de dinero superior a la que, dada su preparación, les ofrece el mercado laboral. Por eso resulta imprescindible reconocer la violencia simbólica en esa esfera *personal*, pues solamente así, *prostituirse* dejará de pensarse como un problema individual y empezará a ser una respuesta a la división sexual del trabajo, a la doble moral, a la precariedad laboral y el desempleo, al acceso desigual de las mujeres a las oportunidades educativas y a la carencia absoluta de seguridad social.

Mientras se consolida la transformación de las mentalidades en materia de costumbres sexuales, cambio que ya está en marcha, el tema de las trabajadoras sexuales destaca como la punta del iceberg. Abajo está el contrato simbólico entre los sexos, con todas sus ramificaciones políticas y económicas que otorgan a las mujeres su calidad de subordinadas en el contrato social vigente. Así, una reflexión sobre la *prostitución* muestra la trama de los elementos socio/simbólicos en juego y abre una caja de Pandora: la valoración discriminatoria de la sexualidad femenina, que indica elocuentemente su subordinación de género. De ahí que incidir sobre la situación de las trabajadoras sexuales sea, en alguna instancia, influir en un aspecto central de la condición de todas las mujeres. Por eso, en vez de proponer la *abolición* o la prohibición del trabajo sexual, habría que desarrollar una perspectiva en la cual quienes se dedican a este trabajo tengan mejores condiciones laborales, con la menor afectación a terceros y con mecanismos fiscales adecuados. Creo que un aspecto crucial para reformular el trabajo sexual es fortalecer con derechos y valorar simbólicamente a las personas que se dedican a él. Hay que lograr cierta recomposición de sus identidades y papeles sociales.

En estas páginas he tratado de explicar que en el trabajo sexual callejero confluyen y se cruzan vivencias paradójicas sobre la feminidad, el placer y el riesgo que no han sido suficientemente investigadas, y que nombro como *el fulgor de la noche*. Una reflexión más cuidadosa sobre el trabajo sexual podría conducir a nuevos modos de conciencia y de sensibilidad, y a promover el respeto de la reivindicación político/laboral de estas mujeres con un reordenamiento jurídico que facilite nuevas formas de organización del trabajo. Justamente por esto, el trabajo sexual o *prostitución* es un campo privilegiado para analizar la lectura sexista que se hace del cuerpo femenino en la sociedad. Hace años, Bennett Berger (1995) planteó que el gran desafío del estudio de la cultura radica en nuestra comprensión de la libertad. Poner al día la reflexión sobre las condiciones de la libertad remite a lo que ya señaló Freud, sobre la cultura como represión de la sexualidad: ¿acaso los límites que la cultura impone a la libertad no empiezan ahí, en la sexualidad?

Giddens imagina un horizonte utópico, sin límites para la actividad sexual, excepto los actos que implican las reglas negociadas de la *pura relación* (de igualdad sexual y emocional) y otras reglas democráticas de respeto para ambos lados (1992: 194). En su prospectiva, este autor (que reconoce la lenta pero persistente igualación de las actividades sexuales de las mujeres con las de los varones) no se pregunta por el camino que tomará la doble valoración sobre la compraventa de servicios sexuales. En otras palabras, ¿en qué dirección se dará la transformación de la doble moral sexual? ¿Los varones dejarán de comprar sexo recreativo, o las mujeres empezarán a hacerlo como clientas masivas de un inédito mercado?

Sin duda, estamos ante lo que Marcel Gauchet (1998) denominó una *mutación antropológica*, y dos claras expresiones de ello son los desplazamientos en los mandatos tradicionales de género (*lo propio de las mujeres* y *lo propio de los hombres*) y lo que varios autores han denominado una sexualización de la cultura:

> Una preocupación contemporánea con valores, prácticas e identidades sexuales; el giro público hacia actitudes sexuales más permisivas; la proliferación de textos sexuales; el surgimiento de nuevas formas de experiencia sexual; el quiebre aparente de reglas, categorías y regulaciones diseñadas para mantener a raya la obscenidad; nuestra afición por los escándalos, las controversias y los pánicos en torno al sexo (Attwood, 2006: 76).[11]

Hace rato que el placer sexual y el erotismo se han vuelvo componentes centrales en la cultura del ocio del capitalismo tardío (Beck y Beck-Gernsheim, 2001; Simon, 1996; Giddens, 1992; Plummer, 2003), y el nuevo paradigma referente a la sexualidad se ha transformado del sexo procreativo al sexo recreativo (Vance, 1984; Weeks, 1998; Altman, 2001). La interrogante que me queda es la de si un nuevo arreglo legal del trabajo sexual, acompañado de un discurso público que atenúe el estigma y los prejuicios, sería capaz de modificar las prácticas de la mayoría de las mujeres que hoy no compran servicios sexuales. Mi duda es la de hasta dónde las pautas y exigencias igualitarias del nuevo mandato cultural de la feminidad transformarán las ideas del grupo social de las mujeres al grado que éstas se permitan comprar sexo recreativo, con una conducta episódica, como lo hacen los varones.

Por último, este recorrido sobre algunos aspectos del trabajo sexual en las calles de la Ciudad de México me lleva a conceptualizar el fenómeno de la *prostitución* como un conjunto de *habitus* de larga duración, como una institución patriarcal y como una dinámica psíquica. El comercio sexual es un fenómeno que se establece sobre la diferencia sexual y su simbolización cultural, que refleja las transformaciones socioculturales, se potencia con cambios demográficos y económicos, e integra las variaciones en la subjetividad. Y aunque la mancuerna básica *prostituta/* cliente se sostiene, es posible reconocer el cambio generacional que se perfila entre las trabajadoras sexuales. De manera lenta, la liberalización de la vida sexual está mostrando su impacto. Por un lado, la virginidad femenina empieza a dejar de ser un requisito (*sello de garantía*) entre las jóvenes, por lo que hay muchas más posibilidades de que sostengan una doble vida sin sospecha, o que *rehagan* posteriormente sus vidas, por la vía matrimonial. Por otro lado, la demanda por parte de los jóvenes se ha reducido notablemente, ya que, cada vez más, las jóvenes están teniendo relaciones sexuales *libres* con ellos. Sin embargo, a pesar de este cambio no hay que hacerse la esperanza de que el comercio sexual vaya a desaparecer. La persistencia de servicios sexuales comerciales en países donde la sexualidad tiene un estatuto más aceptado que en el nuestro y donde existe un amplio sistema de seguridad social, como son los países europeos, hace pensar que la *prostitución* no se acaba con una mayor liberalidad sexual. Tanto las necesidades y los deseos inconscientes, como la incapacidad de relación y las dificultades sexuales, más la existencia de deseos inconfesados, discapacidades físicas y necesidades psíquicas, alimentan la demanda. Por eso, lo que manifiestan los testimonios de las trabajadoras sobre *vivir la noche* o *trabajar en la noche* remiten al fulgor que producen la transgresión, el dinero, lo prohibido y el deseo.

Por lo pronto, cierro esta reflexión con las palabras de Liv Jessen, una trabajadora social, directora de Pro Centre, un centro nacional para trabajadoras sexuales en Noruega, que aluden magistralmente a ese residuo insublimable y aculturizable de la pulsión, que explica en gran parte la persistencia del "comercio sexual":

> La prostitución es una expresión de las relaciones entre mujeres y hombres, con nuestra sexualidad y los límites que ponemos a ella, con nuestros anhelos y sueños, nuestro deseo de amor e intimidad. Tiene que ver con la excitación y con lo prohibido. Y tiene que ver también con el placer, la tristeza, la necesidad, el dolor, la evasión, la opresión y la violencia (2004: 201).

Todo ello es parte del *fulgor de la noche.*

Notas

A modo de introducción

[1] Aunque las ganancias varían según su estrato social, esta afirmación la hago considerando el ingreso que podrían obtener en otro trabajo, dadas sus calificaciones laborales o profesionales. La mayoría de las mujeres sabe que en una noche gana más que en una quincena o en un mes en otro tipo de empleo.

[2] Debido al estigma, no hay estadísticas sobre el número de mujeres que se dedican al comercio sexual, sin embargo, la organización Brigada Callejera, usando un modelo publicado por la OIT para calcular la cantidad de personas que se dedican al trabajo sexual, estima que por lo menos 800 mil mujeres se dedican a este trabajo, de las cuales 200 mil serían menores de 18 años. Véase: Lim, 1998.

[3] El concepto psicoanalítico de *goce* ofrece un campo fértil de interpretación, pues permite considerar plausible que las personas gocen psíquicamente aunque no tengan placer sexual. Véase: Braunstein, 1990.

I. Algunos antecedentes históricos

[1] Esta creencia invisibiliza el deseo sexual femenino, cuestión en la que no profundizaré. Para una reflexión al respecto, véase: Vance, 1984.

[2] En mi tesis de maestría en Etnología desarrollo ampliamente esta idea. Véase: Lamas, 2003.

[3] Revisé los trabajos de León-Portilla (1964), Moreno de los Arcos (1966), Muriel (1974), Gomezjara y Barrera (1982), Lagarde (1990), Atondo Rodríguez (1992), Quezada (1993 y 1996), Núñez (1996), Bliss (1996) y Dávalos López (2002).

[4] Los franciscanos Andrés de Olmos, Toribio de Benavente *Motolinía*, Alonso de Molina, Bernardino de Sahagún, Gerónimo de Mendieta y Juan de Torquemada, así como los dominicos Bartolomé de las Casas y Diego Durán. Véase: Dávalos López, 2002.

[5] Desde mediados del siglo XVI, fray Alonso de Molina, en su *Vocabulario en lengua castellana y mexicana* (1555) consigna un término que alude a la *puta honesta*. Véase: Molina, 1992.

[6] El antiguo Hospital de San Juan de Dios actualmente alberga al Museo Franz Mayer.

[7] Fue hasta la epidemia del sida (a finales de la década de 1980) que el gobierno de la Ciudad de México se planteó la necesidad de volver a instrumentar algunas medidas de salud pública.

[8] Uruchurtu gobernó el D.F. durante 14 años, bajo el mandato de tres presidentes (Ruiz Cortines, López Mateos y Díaz Ordaz), pero se vio obligado a renunciar debido a fuertes presiones en su contra.

[9] La gentrificación es un proceso de reestructuración urbana que implica un flujo de capital y transformaciones sociales, económicas, culturales y urbanísticas.

[10] En el argot es *prostituta*. Viene de *hook*: gancho o anzuelo, y alude a la mujer que *engancha* clientes o que es el anzuelo en el comercio sexual.

[11] St. James relató los inicios de su proceso y la creación de su organización en el prefacio del libro de Pheterson (1989).

[12] Su traducción podría ser algo así como: "desecha tu vieja y gastada ética".

[13] Se trata de la famosa Glide Church, de denominación metodista, que por sus programas sociales se ha destacado como una de las Iglesias más liberales de Estados Unidos.

[14] En un juicio en 1962 el juez la había etiquetado como *prostituta*, pese a que entonces no lo era. St. James ganó notoriedad porque apeló a la decisión del juez y ganó. Decidió trabajar como *prostituta* después de la sentencia (St. James, 1989).

[15] Las descripciones de los crímenes son espantosas, basta decir que eran muertes a las que precedían diversas formas de tortura y mutilación. Véase: Jaget, 1977. No deja de ser aterradora la coincidencia con los asesinatos de mujeres en Ciudad Juárez.

[16] En Frankfurt: Huren wehren sich gemeinsam, en Stuttgart: HWG; en Hamburgo: Solidaritaet Hamburger Huren; en Múnich: Messalina; en Nuremberg: Kassandra, en Colonia: Lysistrata, y en Bremen: Nitribitt.

[17] En 2001 se dividió en dos: Censida y Conasida.

[18] Debido a esta consideración negativa, la doctora Patricia Uribe, directora de Censida, envió a todos los procuradores de Justicia de los estados el oficio 939/13, que explica que el uso correcto del condón es la alternativa que ha mostrado más eficacia en la prevención del VIH/sida y que "criminalizar los condones desalienta su uso y aceptación, en sitios estratégicos donde deben promoverse". Por ello, concluye respetuosamente señalando: "Apelo a su compromiso y voluntad para que la presencia de insumos de prevención del VIH e ITS no sea utilizada como evidencia de delitos y se contribuya a un mayor uso del mismo y a una mejor difusión de la información requerida para la prevención del VIH y otras ITS en el país, en aras de lograr un México más sano, seguro e incluyente, y con mayores oportunidades para todas y todos los mexicanos". Véase: Uribe, 2013.

[19] El Primer Simposium Internacional de Educación y Comunicación en Sida, organizado por la Secretaría de Salud, Conasida, la Organización Mundial de la Salud (OMS) y la Organización Panamericana de la Salud (OPS), que se llevó a cabo en Ixtapa, en octubre de 1988.

[20] La Comisión de Salud y Asistencia Social y el Comité de Promoción y Participación Ciudadana propusieron la realización de estas jornadas.

[21] A pesar de sus intentos por organizar a las mujeres que trabajan en las peores condiciones, ni los propios *representantes* ni la organización de Fernando Jaimes le permitieron a Claudia entrar en la zona de La Merced, en la Delegación Venustiano Carranza.

En esa demarcación al menos 30 por ciento de las trabajadoras sexuales eran independientes y "Humanos del mundo" sólo pudo establecer relación con una parte.

[22] En 1991 fue candidata para la Asamblea de Representantes del D.F., puesto que no consiguió, aunque su postulación tuvo un importante efecto simbólico.

[23] La estancia infantil ubicada en Fray Servando Teresa de Mier 480, Delegación Venustiano Carranza, fue inaugurada el 18 de abril de 1994.

[24] La IAF era una organización antiesclavista, que empezó a documentar el tráfico de mujeres y niñas con el objetivo de la prostitución o el matrimonio.

[25] Su nombre oficial es Protocolo para prevenir, reprimir y sancionar la trata de personas, especialmente mujeres y niños, que complementa la Convención de las Naciones Unidas contra la delincuencia organizada transnacional.

[26] Algunas autoras establecen la Conferencia sobre Mujeres y Sexualidad, de Barnard Women Scholars, de 1982, como la cristalización pública de la confrontación entre feministas prosexo y feministas radicales. La contraposición toma forma en los escritos de dos figuras paradigmáticas: Gayle Rubin (1984), por las prosexo; y Catharine MacKinnon (1993 y 2011) por las radicales. Véase: Vance, 1992; Duggan y Hunter, 1995.

[27] La evidencia indica que el fenómeno de migración relacionado con el trabajo sexual es diverso y complejo. Hay *varias trayectorias migratorias* y *distintas experiencias de trabajo* que pueden implicar mucha coerción o explotación, o buena información e intencionalidad consciente de parte de la migrante. Véase: Chang, 2013.

[28] De la Barreda fue el único defensor con una clara postura a favor de las trabajadoras sexuales. No ocurrió lo mismo con Álvarez Icaza ni posteriormente con Luis González Plascencia. Elvira Reyes Parra, que vivió el proceso, hace un relato detallado del conflicto en su libro. Véase: Reyes Parra, 2007.

[29] Los centros CAIS operan actualmente bajo un nuevo esquema, como parte del Instituto de Asistencia e Integración Social. Véase: http://www.iasis.df.gob.mx/cais.php

II. Mi llegada al *ambiente* de la *prostitución*

[1] El Conasida fue el primer organismo federal que se ocupó específicamente de la pandemia. El centro de atención ubicado en la calle de Flora 8, en la colonia Roma, fue el elegido para atender a las trabajadoras sexuales.

[2] La figura de *asesora* era la forma en que algunas feministas trabajábamos políticamente con mujeres de otros sectores. Véase: Mercado, 1990.

[3] El término jurídico es *lenonas*, el término político *representantes* y el término coloquial *madrotas* (que corresponde al francés *madame*).

[4] El nonoxinol-9 es un espermaticida muy potente que, en ese tiempo, se consideraba eficaz contra el VIH.

⁵ *Chicas* era el eufemismo con el que autoridades y representantes se referían a las trabajadoras, y que ellas mismas utilizaban para hablar de sus compañeras.

⁶ El porcentaje varía entre 30 por ciento y 70 por ciento dependiendo del tipo de negocio (vía pública, estética o apartamento).

⁷ Utilizo el término *fantasma* en su sentido psicoanalítico, como fantasía, representación, guion escénico imaginario, ensoñación que pone en escena de manera más o menos disfrazada un deseo. Véase: Chemama *et al.*, 1998: 157.

⁸ Mi presencia en El Oro fue de miércoles a sábado. Hay *puntos* que trabajan seis días a la semana (de martes a domingo); otros, cuatro o cinco días; y algunos excepcionalmente trabajan los siete días. Eso depende de la ubicación del *punto* y de lo *prestigiado* que esté en su oferta de caras nuevas o de *chicas* extranjeras.

⁹ Una de las *representantes* que conocí, Alejandra Gil, quien fundó la Asociación Pro Apoyo a Servidores (APROASE), fue detenida y está pagando una pena en la cárcel.

¹⁰ Que se presentó en el festival Ambulante 2016: bit.ly/1TGDrsI y en Sundance: bit. ly/25aIYDo

¹¹ Puede escucharse en YouTube: "No nos van a centavear", de Liliana Felipe. Y la partitura se puede leer en las páginas 223-225 de este libro.

III. Hay de todo. Las trabajadoras y sus circunstancias

¹ Realizadas en paralelo a mi observación participativa, las sesiones con ocho grupos focales de Conasida fueron llevadas a cabo entre mujeres que trabajaban en Sullivan, La Merced, Meave y Libertad. Presencié algunas sesiones en cámara de Gesell y leí todas las transcripciones, gracias a la doctora Patricia Uribe.

² La relación de dependencia amorosa con frecuencia es el disparador de la entrada al trabajo sexual, y el engaño radica en las promesas de amor que el padrote hace. Hay mujeres que cuando se decepcionan lo pueden abandonar, pero hay quienes siguen involucradas emocionalmente con él; a otras les son retenidos los hijos, y por ello siguen en el *ambiente*. Aunque no están secuestradas, hay *trata*, ya que no cuentan con libertad de abandonar el trabajo.

³ La cineasta María del Carmen de Lara hizo un corto sobre esta situación titulado *No me digas que esto es fácil*.

⁴ En la jerga coloquial, *putañero* es el hombre que va rutinariamente con trabajadoras sexuales.

⁵ *Tortilla* es el eufemismo para el acto sexual entre mujeres.

⁶ En la jerga del trabajo sexual, se le dice *el chico* al ano.

IV. LOS CLIENTES Y SU CRIMINALIZACIÓN

[1] Fueron analizados alrededor de 215 mil criterios emitidos por la SCJN y los Tribunales Colegiados de Circuito, publicados en la *Gaceta del Semanario Judicial de la Federación*, desde la quinta a la novena épocas, y más de 35 mil criterios contenidos en apéndices y algunos informes de labores del mismo periodo. También se realizó una búsqueda global y consulta *por palabra* sobre el total de tesis contenidas en la base de datos. Se consultaron índices de los criterios, ordenados alfabéticamente, de acuerdo con la materia o instancia emisora. También se hizo una consulta temática y una consulta especial, que permitió reunir un conjunto relevante sobre los conceptos mencionados y sobre las instituciones jurídicas que los regulan. Posteriormente, se solicitaron, al archivo de la SCJN, 147 expedientes impresos y, en algunos casos más recientes, sus respectivas versiones electrónicas. Véase: Fondevila, 2009.

[2] Según un estudio de la Cátedra Extraordinaria sobre Trata de Personas de la UNAM, la regulación del comercio sexual en 24 entidades federativas considera medidas de tipo sanitario y, de éstas, 21 se centran en el control y la vigilancia sanitaria. Véase Fuentes *et al.*, 2014: 37-38. En seis entidades de nuestro país todavía existen las tarjetas de control sanitario; no obstante la OMS, ONUSIDA, el Censida, el Instituto Nacional de Salud Pública y otras instituciones han señalado, reiteradamente, que el control sanitario no representa ningún beneficio a la salud pública y, en cambio, estigmatiza a quienes son sometidos a tal trámite (Gruskin *et al.*, 2013).

[3] Gendes, A.C. (Género y Desarrollo) tiene una publicación denominada *Hombres que compran cuerpos* (2012), que copia el modelo abolicionista del Mouvement du Nid.

[4] Månsson tiene una larga lista de publicaciones en sueco, de las cuales algunas se han traducido al inglés y francés. Véase: Månsson, 1988 y 1992.

[5] El término en inglés es *restless*.

[6] El término en inglés es *pursuits*.

[7] Éste es el primero de tres ensayos publicados bajo el nombre *Aportaciones a la psicología de la vida erótica* (trad. de López Ballesteros) y *Contribuciones a la psicología del amor* (trad. de Etcheverry). Los otros dos ensayos son "Sobre la más generalizada degradación de la vida amorosa" y "El tabú de la virginidad". Véase: Freud, 1910, 1912, 1917.

[8] Desvirgar, quitar la virginidad a una persona.

[9] Se refiere a la *obligación* que siente el hombre de *cumplir* o satisfacer a una mujer.

[10] El nombre completo del proyecto es "How Much? A Pilot Study on Four Key EU Member and Candidate Countries on the Demand for Trafficked Prostitution" y fue realizado por la fundación Iniziative e Studi sulla Multietnicità (ISMU) de Italia, el Consejo Sueco para la Prevención del Delito, el Departamento de Criminología de la Universidad Erasmus en Rotterdam (Holanda) y el Instituto Nacional de Criminología (Rumania). Véase: Di Nicola *et al.*, 2009.

[11] La encuesta se realizó entre 726 varones de los cuales 35 aceptaron ser entrevistados

de manera anónima por teléfono; se formuló en cinco idiomas (italiano, sueco, ruma-no, holandés e inglés) pero no es representativa porque 77.5 por ciento de quienes respondieron era sueco. Véase: De Nicola *et al.* 2009: 211.

[12] Para tener una aproximación a esas preguntas habría que realizar estudios caso por caso, para ver quién pide qué y quién ofrece qué. Después habría que intentar esta-blecer un registro cuantitativo, con una muestra que resultara representativa. Que yo sepa, no hay un estudio de ese tipo.

[13] "Het onzichtbare zichtbaar maken". Documento original disponible en: bit.ly/1VQQKMI

[14] Documento disponible en: dro.dur.ac.uk/2557/1/2557.pdf

[15] Véase: *The Economist*, 2014. "A personal choice. The internet is making the buying and selling of sex easier and safer. Goverments should stop trying to ban it."

[16] La currícula de estas escuelas está influida por las actitudes antiprostitución. Las cla-ses incluyen a funcionarios de salud que les hablan de los riesgos de las ETS; activis-tas comunitarios que sermonean sobre los disturbios callejeros y las molestias que les causan a los vecinos; padres de familia que hablan del impacto que la *prostitución* de sus hijas y hermanas tiene en la comunidad; *exprostitutas* que relatan sus experiencias y el dolor del estigma; y psicólogos que comunican qué tipo de medidas deben tomar para evitar comprar sexo.

[17] Está prohibida o es ilegal en Haití, Jamaica, Trinidad y Tobago, Guyana y Surinam.

[18] La sentencia T629, de 2010, abrió el camino para reconocer derechos laborales, y la sentencia T736, de 2015, contra el ordenamiento territorial, legitimó el derecho de uso de suelo de las trabajadoras. Véase: Laverde 2014a y 2014b.

[19] La Convención de las Naciones Unidas contra la Delincuencia Organizada Transna-cional, llamada Convención de Palermo, tiene tres protocolos: uno, "Para prevenir, re-primir y sancionar la trata de personas, especialmente de mujeres y niños"; otro, sobre el contrabando de migrantes, y el tercero contra la fabricación y tráfico ilegal de ar-mas. El Protocolo de trata implica tres cuestiones: 1) conductas: captación, transpor-te, traslado, acogida o recepción de la persona; 2) medios: amenaza, uso de la fuerza, engaño, y 3) fines: explotación.

V. El nuevo abolicionismo y el nuevo activismo

[1] Continuada por George Bush (padre) y luego por George Bush (hijo).

[2] A la administración demócrata de Obama le ha resultado difícil transformar esta pers-pectiva en sus leyes e instituciones estatales y en sus métodos de aplicación de la ley (Weitzer, 2014).

[3] Excepto en Nevada, donde se legalizó el comercio sexual desde 1971, pero no se han otorgado muchas licencias para abrir burdeles. Más bien, a los que ya existían se les dio estatuto legal. Los burdeles cumplen con estrictas medidas de seguridad (botones

de alarma, supervisión continua con micrófonos ocultos), lo que los convierte en lugares muy seguros para trabajar. Véase: Weitzer, 2012; Dewey y Kelly, 2011.

4 El Anti-Prostitution Pledge se encuentra en: en.wikipedia.org/wiki/Anti-prostitution_pledge

5 Filial para América Latina y el Caribe de la Coalition Against Trafficking in Women (CATW).

6 En ciertos países la política de *rescate de víctimas* migrantes implica deportación, mientras que en otros se les otorgan los papeles de residencia. Véase: O'Connell Davidson, 2014.

7 El Reglamento para los Trabajadores No Asalariados del Distrito Federal dice textualmente en el artículo 2: "Para los efectos de este Reglamento, trabajador no asalariado es la persona física que presta a otra física o moral, un servicio personal en forma accidental u ocasional mediante una remuneración sin que exista entre este trabajador y quien requiera de sus servicios, la relación obrero patronal que regula la Ley Federal del Trabajo".

8 La licencia implica la obtención de *credenciales* que los trabajadores sexuales deben llevar consigo.

9 Organización integrante de La Otra Campaña del EZLN.

10 Todo el caso mencionado corresponde al *Expediente 112/2013*, del 31 de enero de 2014, con la sentencia de la juez Paula María García Villegas Sánchez Cordero, y puede consultarse en: bit.ly/1QkItdD.

11 La Red Mexicana de Trabajo Sexual conmemora esta fecha para tener presente a las catorce trabajadoras sexuales de Castaños, Coahuila, que, en 2006, fueron golpeadas y violadas tumultuariamente por soldados del ejército nacional, y que además de recibir amenazas de muerte fueron víctimas de una simulación de fusilamiento.

12 Instancia regional de la Alianza Global contra la Trata de Mujeres (GAATW, The Global Alliance Against Traffic in Women).

13 Los encuentros se realizaron en: I y II, Iglesia de la Soledad, D.F.; III y IV, hotel, D.F.; V, hotel, Querétaro, Querétaro; VI, hotel, Guadalajara, Jalisco; VII, hospedaje del DIF, Ixhuatlancillo, Veracruz; VIII, convento, Morelia, Michoacán; IX, hotel, D.F.; X, hotel, Guadalajara, Jalisco; XI, hotel, D.F.; XII, hotel, Apizaco, Tlaxcala; XIII, XIV y XV, hotel, D.F.; XVI, XVII, XVIII y XIX, tienda "El Encanto del Condón", D.F.

14 Se acordó también la adhesión de la Red Mexicana de Trabajo Sexual a la Sexta Declaración de la Selva Lacandona del EZLN y se constituyó el Observatorio Nacional del Trabajo Sexual en México.

15 Documento disponible en: www.diputados.gob.mx/LeyesBiblio/pdf/LGPSEDMTP.pdf

16 Las denuncias están clasificadas en cuatro rubros que corresponden a las cuatro ruedas del capitalismo (la represión, la explotación, el despojo y el desprecio) analizadas en la Sexta Declaración de la Selva Lacandona del EZLN.

17 Las denuncias de ese informe vienen de: 1. Aguascalientes; 2. Baja California (Mexicali

219

y Tijuana); 3. Coahuila (Torreón); 4. Chiapas (Tapachula); 5. Chihuahua (Camargo, Chihuahua y Ciudad Juárez); 6. Estado de México (Chiconautla, Coacalco, Ecatepec, San Mateo Atenco, Tultepec, Tecámac, Toluca y Tultitlán); 7. Guanajuato (Silao); 8. Guerrero (Tlapa); 9. Jalisco (Guadalajara,); 10. Michoacán (Uruapan); 11. Nayarit (Ixtlán del Río); 12. Oaxaca; 13. Puebla (Apizaco, Cuautlancingo, Sierra Norte de Xicotepec de Juárez, Tehuacán); 14. San Luis Potosí (Ciudad Valles y San Luis Potosí); 15. Sinaloa (Los Mochis); 16. Sonora (Hermosillo); 17. Tamaulipas (Tampico); 18. Tlaxcala (Santa Ana Chiautempan); 19 Veracruz (Veracruz); 20. Yucatán (Mérida y Oxkutzcab); 21. Zacatecas; y 22. D.F. (Cuauhtémoc y Venustiano Carranza).

[18] Las entidades en las que existen las tarjetas son: Aguascalientes, Chiapas, Hidalgo, Morelos, Querétaro y Sonora. Véase: Fuentes *et al.*, 2014.

[19] La gentrificación prioriza los intereses de la elite por encima de los habitantes más pobres y vulnerables, Las *zonas rojas* se vuelven objeto de *limpieza moral*. Los gobiernos consideran la *prostitución callejera* como antitética a la reinvención de los centros de las grandes ciudades como lugares seguros y espacios de consumo para familias de clase media. Véase: Hubbard, 2004.

[20] Empieza a surgir una crítica sobre las *consecuencias invisibles* del rescate de bailarinas eróticas (*table dance*) y otros empleados de los cabarets. Véase: Ezeta y Salazar, 2015.

[21] Juliana Vanessa Maldonado Macedo, "Relaciones entre trata de pesona y trabajo sexual, en la frontera México-Guatemala: distinciones para su análisis", tesis de maestría en Antropología Social, México, CIESAS.

[22] Torres consigna que la trata de personas apareció por primera vez en el texto constitucional en 2008, cuando se sentaron las bases de procedencia de la extinción de dominio. En 2011, se reformó el artículo 73 constitucional para facultar al Congreso de la Unión a expedir una ley general en la materia. También se establecieron la oficiosidad de la prisión preventiva en casos de trata (artículo 19) y la posibilidad de resguardar los datos personales de las víctimas menores de edad o en situación de riesgo (artículo 20). Véase: Torres, 2016.

[23] Inseguridad en el empleo, bajos salarios, disminución de derechos laborales, dependencia personal respecto al empleador, malas condiciones de trabajo, ausencia de reconocimiento profesional.

[24] Creo que entre tales *efectos no deseados* se encuentra el fortalecimiento de la figura de la mujer como víctima del hombre, además de las exigencias sociales de más *mano dura*.

VI. ¿UN TRABAJO COMO CUALQUIER OTRO?

[1] Karen Durbin, "Casualities of the Sex Wars", en *Village Voice*, 6 de abril de 1972.
[2] La traducción es mía.

[3] Lo mismo ocurre entre las trabajadoras del hogar. El paralelismo entre la exigencia a ser llamadas *trabajadoras sexuales* en lugar de *prostitutas* y la de ser denominadas *trabajadoras del hogar* en lugar de *sirvientas* subraya la importancia de combatir el estigma y reconocer esas labores como trabajo.

[4] Este rechazo se extiende a otras formas de uso mercantil del cuerpo, como el llamado *alquiler* o subrogación del útero. Véase: Phillips, 2013a.

[5] El concepto de *counterfeit intimacy* lo desarrolló Nelson N. Foote, en 1954, y posteriormente ha sido retomado por diversos especialistas. Véase: Foote, 1954.

[6] Me refiero exclusivamente a las que están en la calle. En locales cerrados y apartamentos, la dinámica es muy distinta, pues deben *complacer* al cliente y ello casi siempre implica realizar *trabajo emocional.*

[7] El ensayo de Nussbaum basa su título en la frase del economista y filósofo Adam Smith (1723-1790) de *La riqueza de las naciones:* "whether from Reason or Prejudice, as a sort of public prostitution".

[8] Éstos son: 1) la *prostitución* conlleva riesgos a la salud y peligro de violencia; 2) la *prostituta* no tiene autonomía; sus actividades son controladas por otras personas; 3) la *prostitución* implica la invasión del espacio íntimo en el cuerpo propio; 4) la *prostitución* dificulta que las personas desarrollen relaciones de intimidad y compromiso; 5) la *prostituta* aliena su sexualidad en el mercado; hace de sus actos y órganos sexuales, mercancías; 6) la actividad de la *prostituta* está moldeada por la dominación masculina sobre las mujeres, y la perpetúa; 7) la *prostitución* es un oficio que no se elige libremente, por lo tanto los tratos que establecen las personas no deberían verse como reales. Véase: Nussbaum, 1999.

[9] No sólo se trata de los servicios sexuales, sino también del alquiler de úteros, la venta de óvulos, incluso de órganos. Véase: Madhok *et al.*, 2013.

[10] En las ciencias sociales, se denomina *agencia* a la capacidad de hacer y de actuar con conciencia.

[11] Laura Agustín llama *maternalismo* al paternalismo de las feministas abolicionistas, que pretenden *rescatar* y *salvar* a las mujeres. Véase: Agustín, 2007.

[12] Agradezco a María Jesús Izquierdo por haberme llamado la atención sobre este punto.

[13] El deseo femenino existe, pero no es mi objeto de reflexión en estas páginas.

[14] Para los hombres no existe una etiqueta devaluatoria de su actividad sexual, a menos que se trate de la homosexualidad pasiva, pero eso es otra historia que rebasa los límites de este trabajo.

VII. Conclusión: *EL FULGOR DE LA NOCHE*

[1] *Take back the night* fue el lema con el que las feministas marcharon en contra de la violencia hacia las mujeres. Véase: Lederer, 1980.

[2] El documento se titula "Preguntas y respuestas: política para proteger los derechos humanos de los trabajadores y las trabajadoras sexuales" y se encuentra disponible en: www.amnesty.org/es/qa-policy-to-protect-the-human-rights-of-sex-workers/

[3] Más que nórdico, había que hablar del modelo sueco, ya que otros países nórdicos no lo suscriben.

[4] Sobre la zona galáctica en Chiapas, véase: Kelly, 2008.

[5] Sobre la zona petrolera en Carmen, Campeche, véase: Cabrapan, 2016.

[6] Véase: Acevedo *et al.*, 1980.

[7] El feminismo está muy dividido, al grado de que en algunos encuentros feministas se llegó a plantear que las trabajadoras sexuales no asistieran.

[8] "Women should avoid dressing like sluts in order not to be victimized." Puede consultarse una nota en inglés: "SlutWalking gets rolling after cop's loose talk about provocative clothing", disponible en: bit.ly/1XLlh0w.

[9] Hay un muy interesante análisis sobre lo que implica vestirse de manera sexy, tanto en las consecuencias en las valoraciones que se hacen las demás personas como en la respuesta machista que produce. Véase: Kennedy, 1992.

[10] La problemática de las trabajadoras sexuales migrantes rebasa el objetivo de este trabajo. Para un acercamiento, véase: Chang, 2013. Para el caso específico de la frontera sur, véase Maldonado, 2016.

[11] La traducción es mía.

No nos van a centavear (354)

Jesusa Rodríguez

Liliana Felipe

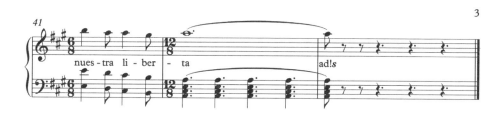

NO NOS VAN A CENTAVEAR

No somos brujas ni somos magas, pero tampoco somos sirenas.
Somos mujeres igual que todas, somos nosotras y no cualquiera.
Se nos antojan las mismas cosas que a todo el mundo y a los demás.
Ya lo dijo la gran Sor Juana, ¿a quién más vamos a culpar?
La que peca por la paga o el que paga por pecar,
la que pica por la droga o el que droga por picar,
la que todo el día le chinga o el que chinga por chingar,
o la culpa que es culposa y no sabe a quién culpar.
No somos santas ni somos cosas pero tampoco tan peligrosas.
Somos mujeres de carne y hueso, tenemos esto, tenemos eso,
tenemos ganas, entre otras cosas, de mantener nuestra dignidad.
Ya lo dijo la peor de todas, ¿a quién más vamos a culpar?
La mujer porque se deja o el que deja a la mujer,
la madrota porque explota o el padrote al explotar,
la moral porque se dobla o el que dobla la moral,
o los socios de la sucia mentirosa sociedad.
Que nos dejen, libremente, por las calles circular,
porque, pase lo que pase, no nos van a centavear.
Porque de hoy en adelante, nos haremos respetar.
Somos libres y queremos trabajar.
Porque todos los derechos nos los van a respetar.
Y que vivan las mujeres. ¡Viva nuestra libertad!

Bibliografía

Abad, A., Briones, M., Cordero, T., Manzo R. y Marchán, M. (1998). "The Association of Autonomous Women Workers, Ecuador 22nd June", en Kempadoo y Doezema (eds.), *Global Sex Workers. Rights, Resistance and Redefinition.* Nueva York: Routledge.

Acevedo, M., Lamas, M. y Liguori, A. L. (1980). "México: una bolsita de cal por las que van de arena", *fem*, vol. 4, núm. 13, pp. 7-25.

Agustín, L. M. (2007). *Sex at the Margins: Migration, Labour Markets and the Rescue Industry.* Londres: Zed Books.

Alonso, L. E. y Fernández Rodríguez, C. J. (2009). "Usos del trabajo y formas de la gobernabilidad: la precariedad como herramienta disciplinaria", en Crespo, Prieto y Serrano (coords.), *Trabajo, subjetividad y ciudadanía. Paradojas del empleo en una sociedad en transformación.* Madrid: Universidad Complutense de Madrid, CISS.

Altman, D. (2001). *Global Sex.* Chicago: The University of Chicago Press.

Aries P. y Béjin, A. (1985). *Western Sexuality. Practice and Precept in Past and Present Times.* Oxford: Basil Blackwell.

Atondo Rodríguez, A. M. (1992). *El amor venal y la condición femenina en el México colonial.* México: INAH.

Attwood, F. (2006). "Sexed Up: Theorizing the Sexualization of Culture", *Sexualities*, vol. 1, núm. 9, pp. 77-94.

Barry, K. (1987). *Esclavitud sexual de la mujer.* Barcelona: laSal edicions de les dones.

_____. (1995). *The Prostitution of Sexuality. Global Explotation of Women.* Nueva York: New York University Press.

Bautista López, A. y Conde Rodríguez, E. (2006). *Comercio sexual en La Merced: una perspectiva constructivista sobre el sexoservicio.* México: UAM-I/Miguel Ángel Porrúa.

Beauvoir, S. de. (1982). *El segundo sexo.* Buenos Aires: Siglo XX.

Beck, U. y Beck-Gernsheim, E. (2001). *El caos normal del amor. Las nuevas formas de la relación amorosa.* Barcelona: Paidós.

Bell, L. (1987). *Good Girls/Bad Girls. Feminists and the Sex Trade Workers Face to Face.* Seattle: The Seal Press.

Benhabib, S., Butler, J., Cornell, D., Fraser, N. (1995). *Feminist Contentions. A Philosophical Exchange.* New York: Routledge.

Berger, B. M. (1995). *An Essay on Culture. Symbolic Structure and Social Structure.* Oakland: University of California Press.

Bernstein, E. (1999). "What's Wrong with Prostitution? What's Right with Sex Work? Comparing Markets in Female Sexual Labor", *Hastings Women's Law Journal*, vol. 10, núm. 1, 1999, pp. 91-117.

_____. (2005). "Desire, Demand and the Commerce of Sex", en Bernstein y Schaffner (eds.), *Regulating Sex. The Politics of Intimacy and Identity.* Nueva York: Routledge, pp.

101-128.

_____. (2007). *Temporarily Yours. Intimacy, Authenticity and the Commerce of Sex.* Chicago: The University of Chicago Press.

_____. (2014). "¿Las políticas carcelarias representan la justicia de género? La trata de mujeres y los circuitos neoliberales del crimen, el sexo y los derechos", *debate feminista*, núm 50, pp. 280-320.

Bliss, K. E. (1996). *Prostitution, Revolution and Social Reform in Mexico City, 1918-1940* (tesis doctoral). Chicago: University of Chicago, Department of History.

Bouamama, S. (2004). *L'homme en question. Le processus du devenir client de la prostitution.* París: IFAR/Mouvement du Nid.

Bourdieu, P. (1988). "Espacio social y poder simbólico", en *Cosas dichas*, Buenos Aires: Gedisa.

_____. (1990). "Algunas propiedades de los campos", en *Sociología y Cultura*. México: Grijalbo/Conaculta.

_____. (1991). *El sentido práctico.* Madrid: Taurus.

_____ y Wacquant, L. (1995). *Respuestas. Por una antropología reflexiva.* México: Grijalbo.

_____. (1997). *Razones prácticas. Sobre la teoría de la acción.* Barcelona: Anagrama.

_____. (2000). *La dominación masculina.* Barcelona: Anagrama.

Braunstein, N. (1990). *Goce.* México: Siglo XXI.

Brents, B. y Hausbeck, K. (2010). "Sex Work Now: What the Blurring of Boundaries Around the Sex Industry Means for Sex Work, Research and Activists", en Ditmore, Levy y Willman (eds.), *Sex Work Matters. Power and Intimacy in the Sex Industry.* Londres: Zed Books.

Bumiller, K. (2008). *In an Abusive State. How Neoliberalism Appropriated the Feminist Movement Against Sexual Violence.* Durham: Duke University Press.

Cabrapan Duarte, M. (2016). "La isla de la fantasía: indagando los vínculos entre el mercado sexual y la industria petrolera en Ciudad del Carmen", manuscrito en prensa.

Cacho, L. (2010). *Esclavas del poder. Un viaje al corazón de la trata sexual de mujeres y niñas en el mundo.* México: Paidós

Califia, P. (1994). *Public Sex. The Culture of Radical Sex.* San Francisco: Cleis Press.

Caplan, P. (ed.). (1987). *The Cultural Construction of Sexuality.* Nueva York: Tavistock.

Casillas, R. (2011). "Apuntes para una estrategia legislativa en temas de trata de personas", en Orozco (coord.), *Trata de personas.* México: Inacipe, pp. 19-24.

_____ (coord.). (2013) *Aspectos sociales y culturales de la trata de personas en México.* México: Inacipe.

Chang, G. (2013). "This is What Trafficking Looks Like", en Flores-González, Guevara, Toro-Morin y Chang (eds.), *Immigrant Women Workers in the Neoliberal Age.* Chicago: University of Illinois Press.

Chanquía, D. (2006). "Discursividad masculina sobre la prostitución. El cliente de La Merced", en Bautista y Conde (coords.) *Comercio sexual en La Merced: una perspectiva constructivista sobre el sexoservicio*, México: UAM-I/Miguel Ángel Porrúa, pp. 167-194.

Chapkis, W. (1997). *Live Sex Acts. Women Performing Erotic Labour*. Nueva York: Routledge.

Chateauvert, M. (2013). *Sex Workers Unite. A History of the Movement from Stonewall to Slut-Walk*. Boston: Beacon Press.

Chejter, S. (2011). *Lugar común. La prostitución*. Buenos Aires: Eudeba.

Chemama, R., Vandermersch, B. y Lecman T. P. (1998). *Diccionario de psicoanálisis*, Buenos Aires: Amorrortu.

Cohen, S. (2002). *Folk Devils and Moral Panics*. Londres: Routledge.

Csordas, T. J. (1994). *Embodiment and Experience. The Existencial Ground of Culture and Self*. Cambridge: Cambridge University Press.

Dávalos López, E. (2002). *Templanza y carnalidad en el México prehispánico. Creencias y costumbres sexuales en la obra de los frailes historiadores*. México: El Colegio de México, Programa Salud Reproductiva y Sociedad.

Davis, N. (1993). *Prostitution. An International Handbook on Trends, Problems and Policies*. Westport: Greenwood Publishing Group.

Day, S. (2010) ."The Re-Emergence of 'Trafficking': Sex Work between Slavery and Freedom", *Journal of the Royal Anthropological Institute*, vol. 16, núm. 4, pp. 816-834.

Delacoste, F. y Alexander, P. (eds.). (1987). *Sex Work. Writings by Women in the Sex Industry*. San Francisco: Cleis Press.

Devereux, G. (1977). *De la ansiedad al método*. México: Siglo XXI Editores.

Dewey, S. y Kelly, P. (2011). *Policing Pleasure. Sex Work, Policy and the State in Global Perspective*. Nueva York: New York University Press

Di Nicola, A., Cauduro, A., Lombardi, M. y Ruspini, P. (2009). *Prostitution and Human Trafficking. Focus on Clients*. Nueva York: Springer Science & Business Media.

Dietz, M. G. (1990). "El contexto es lo que cuenta: feminismo y teorías de la ciudadanía", *debate feminista*, vol. 1, pp. 114-140.

Ditmore, M. H., Levy, A. y Willman, A. (eds.) (2010). *Sex Work Matters. Exploring Money, Power and Intimacy in the Sex Industry*. Londres: Zed Books.

Doezema, J. (2000). "Loose Women or Lost Women? The Re-Emergence of the Myth of White Slavery in Contemporary Discourses of Trafficking in Women", *Gender Issues*, vol. 18, núm. 1, pp. 23-50.

Douglas, M. (1973). *Pureza y peligro. Un análisis de los conceptos de contaminación y tabú*. Madrid: Siglo XXI de España Editores.

———— e Isherwood, B. (1979). *El mundo de los bienes. Hacia una antropología del consumo*. México: Grijalbo.

Duby, G. (1982). *El caballero, la mujer y el cura*. Madrid: Taurus.

Duggan, L. y Hunter, N. D. (1995). *Sex Wars. Sexual Dissent and Political Culture*. Nueva York: Routledge.

Dworkin, A. (1997). *Intercourse*. Nueva York: Touchstone Books.

Echeverría, B. (2008). "La modernidad americana. Claves para su comprensión", en B. Echeverría (comp.), *La americanización de la modernidad*. México: Era/UNAM.

Evans, D. (1993). *Sexual Citizenship. The Material Construction of Sexualities.* Nueva York: Routledge.

Ezeta, F. y Salazar, M. (2015). *Consecuencias invisibles del rescate. El caso del table dance.* México: Colectivo contra la TDP.

Fernández Chagoya, M. y Vargas Urías, M. A. (2012). *Hombres que compran cuerpos: aproximaciones al consumo asociado a la trata de mujeres con fines de explotación sexual.* México: Gendes.

Firestone, S. (1970). *The Dialectic of Sex,* Nueva York: Morrow and Co.

Fondevila, G. (2009). "Ambigüedad social y moral pública en las decisiones judiciales", *Revista La Ventana,* Centro de Estudios de Género de la Universidad de Guadalajara.

Foote, N. N. (1954). "Sex as Play", *Social Problems* vol. 1, núm. 4, pp. 159-163.

Foucault, M. (1977). *Historia de la sexualidad,* vol. 1: *La voluntad de saber.* México: Siglo XXI.

_____. (1986). *Historia de la sexualidad,* vol. 2: *El uso de los placeres.* México: Siglo XXI.

_____. (1987). *Historia de la sexualidad,* vol. 3: *La inquietud de sí.* México: Siglo XXI.

Franck, K. (1998). "The Production of Identity and the Negotiation of Intimacy in a 'Gentleman's Club'", *Sexualities,* vol. 1 núm. 2, pp. 175-203.

Fraser, N. (2013). "How Feminism Became Capitalism's Handmaiden and How to Reclaim It", *The Guardian,* 14 de octubre de 2013 [en español: "De cómo cierto feminismo se convirtió en la criada del capitalismo, y cómo remediarlo", traducción de Lola Rivera]. Disponible en: bit.ly/245Ntys

Freud, S. (1983a) [1910]. "Sobre un tipo particular de elección de objeto en el hombre", en *Obras completas,* tomo XI. Buenos Aires: Amorrortu, pp. 155-168.

_____. (1983b) [1912]. "Sobre la más generalizada degradación de la vida amorosa", en *Obras completas,* tomo XI. Buenos Aires: Amorrortu, pp. 169-183.

_____. (1983c). "El malestar en la cultura", en *Obras completas,* tomo XXI. Buenos Aires: Amorrortu, pp. 65-140.

_____. (1983d). "Tres ensayos de teoría sexual", en *Obras completas,* tomo VII, Buenos Aires, Amorrortu, pp. 109-222.

_____. (1983e). "Análisis terminable e interminable", en *Obras completas,* tomo XXIII. Buenos Aires: Amorrortu, pp. 251-252.

_____. (1983f) [1917]. "El tabú de la virginidad", en *Obras completas,* tomo XI. Buenos Aires, Amorrortu, pp. 185-203.

Fuentes Alcalá, M., González Veloz, A. y Ochoa Romero, R. (2014). *Medios de comunicación y trata de personas con fines de prostitución ajena u otras formas de explotación sexual.* México: Cátedra Extraordinaria de Trata de la UNAM.

Fuller, N. (2001). *Masculinidades, cambios y permanencias. Varones de Cuzco, Iquitos y Lima.* Lima: Pontificia Universidad Católica del Perú.

Fundación Solidaridad Democrática. (1988). *La prostitución de las mujeres.* Madrid: Ministerio de Cultura/Instituto de la Mujer.

Gauchet, M. (1998). "Essai de psychologie contemporaine. Un nouvel âge de la personnalité", *Le Débat,* núm. 99, pp. 34-92.

Giddens, A. (1992). *The Transformation of Intimacy. Sexuality, Love and Eroticism in Modern Societies*, Cambridge: Polity Press/Blackwell.

Goffman, E. (1970). *Ritual de la interacción*. Buenos Aires: Tiempo Contemporáneo.

_____. (1980). *Estigma: la identidad deteriorada*. Buenos Aires: Amorrortu.

Goldman, E. (1977a). *La hipocresía del puritanismo y otros ensayos*. México: Ediciones Antorcha.

_____. (1977b). *Tráfico de mujeres y otros ensayos sobre feminismo*, Barcelona: Anagrama.

Gomezjara, F. y Barrera, E. (1982). *Sociología de la prostitución*. México: Fontamara.

Gonzalbo Aizpuru, P. (1987). *Las mujeres en la Nueva España. Educación y vida cotidiana*. México: El Colegio de México.

González Rodríguez, S. (1989). *Los bajos fondos. El antro, la bohemia y el café*. México: Cal y Arena.

_____. (1993). "Pornografía histórica mexicana", *Epitafios. Otra Historia*, año 2, núm. 7, noviembre-diciembre.

Gruskin, S., Williams, G. y Ferguson, L. (2013). "Realigning Government Action with Public Health Evidence: The Legal and Policy Environment Affecting Sex Work and HIV in Asia", *Journal of Culture, Health and Sexuality: An International Journal for Research, Intervention and Care*, vol. 16, núm. 1, pp. 14-29.

Gutmann, M. C. (2000). *Ser hombre de verdad en la ciudad de México*. México: El Colegio de México.

Hall, T. y Hubbard, P. (1996). "The Entrepreneurial City: New Urban Politics, New Urban Geographies", *Progress in Human Geography*, vol. 20, núm. 2, pp. 153-174.

Hekman, Susan J. (1995). *Moral Voices, Moral Selves. Carol Gilligan and Feminist Moral Theory*. Pennsylvania: PolityPress/The Pennsylvania State University Press.

Héritier, Françoise. (1996). *Masculino/femenino. El pensamiento de la diferencia*. Barcelona: Ariel.

Hidalgo, M. (1979). *La vida amorosa en el México antiguo*. México: Diana.

Hier, S. P. (2011). "Introduction: Bringing Moral Panic Studies into Focus", en Sean P. Hier (ed.), *Moral Panic and the Politics of Anxiety*. Londres: Routledge, pp. 1-16.

Hochschild, A. R. (1983). *The Managed Heart. Commercialization of Human Feeling*. Berkeley: University of California Press.

Huacuz, G. (2011). "Reflexiones sobre el concepto de violencia falocrática desde el método de la complejidad", en G. Huacuz (coord.), *La bifurcación del caos. Reflexiones interdisciplinarias sobre violencia falocéntrica*, México: UAM-X/Ítaca.

Hubbard, P. (1999). *Sex and the City: Geographies of Prostitution in the Urban West*. Londres: Ashgate.

_____. (2004). "Cleansing the Metropolis: Sex Work and the Politics of Zero Tolerance", *Urban Studies*, vol. 41, núm. 9, pp. 1687-1702.

Hunt, A. (1999). "The Purity Wars. Making Sense of Moral Militancy", *Theoretical Criminology*, vol. 3, núm. 4, pp. 409-436.

Illouz, E. (2014). *Erotismo de autoayuda*. Buenos Aires: Katz Editores.

Izard, M. y Smith, P. (1989). *La función simbólica*, Madrid: Júcar Universidad.

Izquierdo, M. J. (2011). "La estructura social como facilitadora del maltrato", en G. Hua-cuz (coord.), *La bifurcación del caos. Reflexiones interdisciplinarias sobre violencia falocéntrica*, México: UAM-X/Ítaca.

Jacobson, M. (2002). "Why Do Men Buy Sex? The Interview: Professor Sven-Axel Måns-son, Sweden", *NIKK Magazine*, núm. 1, pp. 22-25.

Jaget, C. (1977). *Una vida de puta*, Madrid: Júcar.

Jaggar, A. (ed.). (1994). *Living with Contradictions. Controversies in Feminist Social Ethics*. Colorado: Westview Press.

Jessen, L. (2004). "Prostitution Seen as Violence Against Women", en Day y Ward (eds.), *Sex Work, Mobility and Health in Europe*. Londres: Kegan Paul.

Jordan, J. (2007). *Josephine Butler*, Londres: Hambledon Continuum.

Kelly, P. (2008). *Lydia's Door. Inside Mexico's Most Modern Brothel*. Berkeley: University of California Press.

Kempadoo, K. (1998). "Introduction: Globalizing Sex Workers' Rights", en Kempadoo y Doezema (eds.), *Global Sex Workers: Rights, Resistance, and Redefinition*. Nueva York: Routledge, pp. 1-27.

_____. (2012). "The Anti-Trafficking Juggernaut Rolls On", en Kempadoo, Sanghera y Pattanaik (eds.), *Trafficking and Prostitution Reconsidered. New Perspectives on Migration, Sex Work and Human Rights*. Londres: Paradigm Publishers, pp. 249-260.

_____ (coord.). (2012). *Trafficking and Prostitution Reconsidered. New Perspectives on Migration, Sex Work and Human Rights*. Londres: Paradigm Publishers.

_____ y Doezema, J. (eds.). (1998). *Global Sex Workers. Rights, Resistance and Redefinition*. Nueva York: Routledge.

Kennedy, D. (1992). "Sexual Abuse, Sexy Dressing and the Eroticization of Domination", *New England Law Review*, vol. 26, verano, pp. 1309-1393.

Kinsey, A. C., Pomeroy, W. B., Martin, C. E. y Gebhard, P. H. (1948). *Sexual Behavior in the Human Male*. Filadelfia: Saunders.

_____. (1953). *Sexual Behavior in the Human Female*. Filadelfia: Saunders.

Kulick, D. (2003). "Sex in the New Europe. The Criminalization of Clients and Swedish Fear of Penetration", *Anthropological Theory*, vol. 3, núm. 2, pp. 199-218. Disponible en: http://bit.ly/239AAO8

Kurnitzky, H. (1978). *La estructura libidinal del dinero. Contribución a la teoría de la femineidad*. México: Siglo XXI.

Lagarde, M. (1990). *Cautiverios de las mujeres: madresposas, monjas, putas, presas y locas*. México: UNAM.

Lamas, M. (1993). "El fulgor de la noche", *debate feminista*, año 4, vol. 8, pp. 103-134.

_____. (1996a). "Trabajadoras sexuales: del estigma a la conciencia política", *Estudios Sociológicos*, vol. 14, núm. 40, pp. 33-52.

_____. (1996b). "Violencia simbólica, mujeres y prostitución", en Héctor Tejera (ed.) *Antropología política*. México: Plaza y Valdés/INAH, pp. 391-408.

_____. (2002). *Cuerpo: diferencia sexual y género*. México: Taurus.

_____. (2003). *La marca del género: trabajo sexual y violencia simbólica* (tesis de maestría). México: ENAH-INAH.

_____. (2014) "Las *putas honestas*, ayer y hoy", *Cuerpo, sexo y política*, México: Océano, pp. 67-92.

_____. (2014) "¿Prostitución, trata o trabajo?", *Nexos*, núm. 441. Disponible en: http://www.nexos.com.mx/?p=22354

Lancaster, R. N. (2011). *Sex Panic and the Punitive State*. Berkeley: University of California Press.

Laqueur, T. (1990). *Making Sex. Body and Gender from the Greeks to Freud*. Cambridge: Harvard University Press.

Laverde Rodríguez, C. A. (2014a). *Impacto de la normatividad jurídica del trabajo sexual en la Ciudad de Bogotá sobre las condiciones laborales y sociales de las mujeres trabajadoras sexuales* (tesis de maestría). México: UNAM, PUEG. Disponible en: bit.ly/1WsQqmX

_____. (2014b). "Aportaciones desde una perspectiva socio-jurídica al debate del trabajo sexual en Colombia", *debate feminista*, núm. 50, pp. 321-330.

Lederer, L. (ed.). (1980). *Take Back the Night: Women on Pornography*. Nueva York: Morrow Quill Paperbacks.

Lees, S. (1994). "Aprender a amar. Reputación sexual, moral y control social de las jóvenes", en Larrauri (comp.), *Mujeres, derecho penal y criminología*. Madrid: Siglo XXI de España Editores.

Leites, E. (1990). *La invención de la mujer casta. La conciencia puritana y la sexualidad moderna*. Madrid: Siglo XXI de España Editores.

León-Portilla, M. (1964). "La alegradora de los tiempos prehispánicos", *Cuadernos del Viento*, núm. 45-46, p. 708.

Lerner, G. (1986). "The Origin of Prostitution in Ancient Mesopotamia", *Signs, Journal of Women in Culture and Society*, vol. 11, núm 2, pp. 236-254.

Lévi-Strauss, C. (1964). *El pensamiento salvaje*. México: FCE.

_____. (1976). *Mitológicas IV. El hombre desnudo*. México: Siglo XXI.

_____ (dir.). (1981). *La identidad*. Barcelona: Petrel.

Levine, J. y Madden, L. (1988). *Lyn: A Story of Prostitution*. Londres: The Women's Press.

Librería de Mujeres de Milán. (1991). *No creas tener derechos. La generación de la libertad femenina en las ideas y vivencias de un grupo de mujeres*. Madrid: Horas y horas.

Liguori, A. L. y Aggleton, P. (1998). "Aspects of Male Sex Work in Mexico City", en Aggleton (ed.) *Men Who Sell Sex*. Filadelfia: Temple University Press, pp. 103-137.

Lim, L. L. (ed.). (1998). *The Sex Sector: The Economic and Social Bases of Prostitution in Southeast Asia*. Ginebra: ILO.

López Austin, A. (1998). Comunicación personal. México, septiembre de 1998.

MacKinnon, C. A. (1993). "Prostitution and Civil Rights", *Michigan Journal of Gender and Law*, vol. 1, núm. 13, pp. 13-31. Disponible en: http://bit.ly/1VE2brG

_____. (2011). "Trafficking, Prostitution and Inequality", *Harvard Civil Rights-Civil Liberties Law Review*, vol. 46, pp. 271-309.

Madhok, S., Phillips, A. y Wilson K. (eds.). (2013). *Gender, Agency and Coercion*, Londres: Palgrave Macmillan.

Madrid, E., Montejo, J. y Madrid, R. I. (2013a). *ABC de la trata de personas*. México: Brigada Callejera de Apoyo a la Mujer "Elisa Martínez". Disponible en: bit.ly/1VUJPTG

_____. (2013b). *Por el derecho a decidir: Reflexiones básicas sobre trata de personas para la movilización comunitaria de las trabajadoras sexuales contra todo tipo de explotación*. México: Brigada Callejera de Apoyo a la Mujer "Elisa Martínez". Disponible en: http://bit.ly/1XX2N9F

_____. (2014). "Trabajadoras sexuales conquistan derechos laborales", *debate feminista*, núm. 50.

Maldonado Macedo, J. V. (2016). "Política anti-trata (de personas) en la frontera México (Chiapas)-Guatemala: ¿rescatando víctimas o criminalizando el trabajo sexual y las migraciones (indocumentadas)?", manuscrito en prensa.

Malinowski, B. (1950). *Los argonautas del Pacífico Occidental*. Barcelona: Península.

Månsson, S. (1988). *The Man in Sexual Commerce*. Lund: University of Lund, School of Social Work.

_____. (1992). "L'homme dans le commerce du sexe", en Van der Vorst y May (eds.), *La prostitution quarente ans après la convention de New York*, Bruselas: Bruylant.

_____. (2001). "Men's Practices in Prostitution: The Case of Sweden", en Pease y Pringle (eds.), *A Man's World? Changing Mens Practices in a Globalized World*. Londres: Zed Books.

_____. (2006). "Men's Demand for Prostitutes", *Sexologies*, vol. 15, núm. 2, pp. 87-92.

Marcet, G. P. (1993). *Entrar, quedarse, avanzar. Aspectos psicosociales de la relación mujer-mundo laboral*. Madrid: Siglo XXI de España Editores.

Marcus, G. y Fischer, M. (1986). *Anthropology as Cultural Critique. An Experimental Moment in the Human Sciences*. Chicago: The University of Chicago Press.

Masters, W. H. y Johnson, V. E. (1966). *Human Sexual Response*. Boston: Little Brown.

McIntosh, M. (1996). "Feminist Debates on Prostitution", en Adkins y Merchant (eds.), *Sexualizing the Social: Power and the Organization of Sexuality*. Londres: Palgrave MacMillan.

Melgar, L. (2011). "Tolerancia ante la violencia, feminicidio e impunidad: algunas reflexiones", en G. Huacuz (coord.), *La bifurcación del caos. Reflexiones interdisciplinarias sobre violencia falocéntrica*, México: UAM-X/Ítaca.

Mercado, P. (1990). "Lucha sindical y antidemocracia feminista", *debate feminista*, vol. 1, núm. 1, marzo, pp. 272-287.

Merleau-Ponty, M. (1997). *Fenomenología de la percepción*. Madrid: Península.

Millet, K. (1973). *The Prostitution Papers: A Candid Dialogue*. Nueva York: Avon Books

Molina, A. (1992). *Vocabulario en lengua castellana y mexicana y mexicana y castellana*. México: Porrúa.

Moliner, M. (1983). *Diccionario del uso del español*, Madrid: Gredos.

Monsiváis, C. (1981). *Escenas de pudor y liviandad*. México: Grijalbo.

_____. (1995). "Ortodoxia y heterodoxia en las alcobas. Hacia una crónica de creencias y costumbres sexuales en México", *debate feminista*, núm. 11, pp. 183-210.

_____. (1998). "La noche popular: paseos, riesgos, júbilos, necesidades orgánicas, tensiones, especies antiguas y recientes, descargas anímicas en forma de coreografías", *debate feminista*, año 9, vol. 18, octubre, pp. 55-73

_____. (2001) Entrevista personal, 21 de junio de 2001.

Montiel Torres, O. (2011). "El oficio de padrote", en Orozco (coord.), *Trata de personas*, México: Inacipe, pp. 103-134.

Moreno de los Arcos, R. (1966). "Las ahuianime", *Historia Nueva*, núm. 1, México: Centro Mexicano de Estudios Históricos, pp. 13-31.

Mouffe, C. (1992). "Democratic Politics Today", en Mouffe (ed.), *Dimensions of Radical Democracy. Pluralism, Citizenship, Community*. Londres: Verso.

Muriel, J. (1974). *Los recogimientos de mujeres. Respuesta a una problemática social novohispana*. México: UNAM, IIH.

Murphy, C. (2015). *Sex Workers Rights are Human Rights*. Amnesty International. Disponible en: http://bit.ly/1IX9Uss

Nava, C. (1990). *Informe de la búsqueda de referencias sobre prostitución en el Archivo General de la Nación*. México, manuscrito.

Nengeh Mensah, M., Thiboutot, C. y Toupin, L. (2011). *Lutes XXX. Inspirations du mouvement des travailleuses du sexe*, Quebec: Les éditions du remue-ménage.

Novo, S. (1979). *Las locas, el sexo y los burdeles*. México: Diana.

Núñez, F. (1996). *El juez, la prostituta y sus clientes: discursos y representaciones sobre las prostitutas y la prostitución en la ciudad de México, en la segunda mitad del siglo XIX* (tesis de maestría). México: ENAH.

Núñez, L. (2011). "Contribución a la críitica del feminismo punitivo", en G. Huacuz (coord.), *La bifurcación del caos. Reflexiones interdisciplinarias sobre violencia falocéntrica*, México: UAM-X/Ítaca.

Núñez Roldán, F. (1995). *Mujeres públicas. Historia de la prostitución en España*. Madrid: Temas de hoy.

Nussbaum, M. (1999). "'Whether from Reason or Prejudice': Taking Money for Bodily Services", en *Sex and Social Justice*. Nueva York: Oxford University Press.

O'Connell Davidson, J. (2008). "Trafficking, Modern Slavery, and the Human Security Agenda", *Human Security Journal*, vol. 6, pp. 8-15.

_____. (2014). "¿Podría la verdadera esclava sexual dar un paso adelante?", *debate feminista*, núm, 50, pp. 256-279.

_____ y Bridget Anderson. (2006). "The Trouble with Trafficking", en Christien L. van der Anker y Jeroen Doomernik (eds.), *Trafficking and Women's Rights*, Hampshire: Palgrave Macmillan.

ONUMujeres. (2012). *La economía feminista vista desde América Latina. Una hoja de ruta sobre los debates actuales en la región*. Santo Domingo: ONUMujeres.

Ortner, S. B. y Whitehead H. (eds). (1981). *Sexual Meanings: The Cultural Construction of Gender and Sexuality*. Cambridge: Cambridge University Press

Osborne, R. (1978). *Las prostitutas*. Barcelona: Dopesa (colección Los Marginados, 2).

_____. (1991). *Las prostitutas: una voz propia. (Crónica de un encuentro)*. Barcelona, Icaria.

Parkin, D. (1992). "Ritual as Spatial Direction and Bodily Division", en De Coppet (ed.) *Understanding Rituals*. Nueva York: Routledge.

Pateman, C. (1988). *The Sexual Contract*. Cambridge: Polity Press.

Pérez Orozco, A. (2012). "Prólogo", en *La economía feminista vista desde América Latina. Una hoja de ruta sobre los debates actuales en la región*. Santo Domingo: ONUMujeres.

Peristiany, J. G. (1968). *El concepto del honor en la sociedad mediterránea*. Madrid: Nueva Colección Labor.

Pheterson, G. (comp.). (1989). *A Vindication of the Rights of Whores*. Seattle: Seal Press [edición española: *Nosotras, las putas*. Madrid: Talasa Ediciones, 1989.]

Phillips, A. (2013a). *Whose Body? Whose Property?* Londres: Palgrave.

_____. (2013b). "Does the Body Make a Difference?", en Madhok, Phillips y Wilson (comps.), *Gender, Agency and Coercion*. Londres: Palgrave Macmillan, pp. 143-156.

Plummer, K. (2003). *Intimate Citizenship: Private Decisions and Public Dialogues*. Seattle: University of Washington Press.

Pratt, M. L. (1986). "Fieldwork in Common Places", en Clifford y Marcus (eds.), *Writing Culture. The Poetics and Politics of Ethnography*. Berkeley: University of California Press, pp. 27-50.

"Prostitution: A Personal Choice. The Internet is Making the Buying and Selling of Sex Easier and Safer. Goverments Should Stop traying to Ban It", *The Economist*, 9 de agosto de 2014. Disponible en: http://econ.st/13WQvs5

Quezada, N. (1993). *Amor y magia amorosa entre los aztecas*. México: UNAM, Instituto de Investigaciones Antropológicas.

_____. (1996). *Sexualidad, amor y erotismo. México prehispánico y México colonial*. México: UNAM, Instituto de Investigaciones Antropológicas/Plaza y Valdés.

Ramírez, S. (1968). *El mexicano. Psicología de sus motivaciones*. México: Pax/Asociación Psicoanalítica Mexicana.

Raymond, J. G., (2003). "Ten Reasons for Not Legalizing Prostitution and a Legal Response to the Demand for Prostitution", *Journal of Trauma Practice*, vol. 2, núms. 3-4, pp. 315-332.

Rekart, M. (2005). "Sex-Work Harm Reduction", *The Lancet*, vol. 366, pp. 2123-2134.

Real Academia Española. (1992). *Diccionario de la lengua española*. Madrid: RAE.

Reyes Parra, E. (2007). *Gritos en el silencio: niñas y mujeres frente a redes de prostitución. Un revés para los derechos humanos.* México: Cámara de Diputados, LX Legislatura/Miguel Ángel Porrúa.

Rico, B., Bronfman, M. y Del Río, C. (1995). "Las campañas contra el SIDA en México: ¿Los sonidos del silencio o puente sobre aguas turbulentas?", *Salud Pública en México*, vol. 37, núm. 6, pp. 643-653.

Ricoeur, P. (1974). "Psicoanálisis y cultura", en *Sociología contra psicoanálisis*. Barcelona: Martínez Roca.

Ronai, C. R. y Ellis, C. (1989). "Turns-ons for Money. Interactional Strategies of the Table Dancer", *Journal of Contemporary Ethnography*, vol. 18, núm. 3, pp. 271-298.

Rubin, G. (1984). "Thinking Sex: Notes for a Radical Theory of the Politics of Sexuality", en Vance (ed.), *Pleasure and Danger: Exploring Female Sexuality*. Boston: Routledge & Kegan Paul.

Sahagún, B. (1956). *Historia general de las cosas de Nueva España*. 4 vols. México: Porrúa.

Satz, D. (2010). *Why Some Things Should Not Be for Sale. The Moral Limits of Markets*. Nueva York: Oxford University Press.

Saucedo, I. y Huacuz, M. G. (2010). "Movimientos contra la violencia hacia las mujeres", en Espinosa y Lau (coords.), *Un fantasma recorre el siglo. Luchas feministas en México, 1910-2010*, México: UAM/Ítaca/Ecosur, pp. 213-243.

Saunders, P. (2004). "Prohibiting Sex Work Projects, Restricting Women's Rights: The International Impact of the 2003 U.S. Global AIDS Act", *Sexuality, Human Rights and Health*, vol. 7, núm. 2, pp. 179-192.

Scoular, J. (2010). "What's Law Go To Do With It? How and Why Law Matters in the Regulation of Sex Work", *Journal of Law and Society*, vol. 37, núm. 1, pp. 12-39.

Sen, A. (1996). "Capacidad y bienestar", en Nussbaum y Sen (comps.), *La calidad de vida*. México: FCE.

Sepúlveda, J. (1993). "Prevención a través de la información y la educación: experiencia en México", en Sepúlveda, Fineberg y Mann, *Sida: su prevención a través de la educación: una perspectiva mundial*. México: Manual Moderno.

Simon, W. (1996). *Postmodern Sexualities*. Londres: Routledge.

Singer, M. (1992). "Sexism and Male Sexuality", en Seidler (ed.), *Men, Sex and Relationships*. Londres: Routledge.

Smith, N. (2002). "New Globalism, New Urbanism: Gentrification as Global Urban Strategy", *Antipode*, vol. 34, núm 3, pp. 427-450.

Snitow, A., Stansell, C. y Thompson, S. (eds). (1983). *Powers of Desire. The Politics of Sexuality*. Nueva York: Monthly Review Press.

Spradley, J. P. (1979). *The Ethnographic Interview*. Fort Wort: Harcourt Brace Jovanovich College.

_____. (1980). *Participant Observation*. Nueva York: Holt, Rinehart and Winston.

St. James, M. (1987). "The Reclamation of Whores", en Bell (ed.) *Good Girls/Bad Girls*, Toronto: The Seal Press.

_____. (1989). "Preface", en Pheterson (ed.), *A Vindication of the Rights of Whores*. Seattle: The Seal Press.

Stanton D. C. (ed.). (1992). *Discourses of Sexuality, from Aristotle to AIDS*. Ann Arbor: The University of Michigan Press.

Strathern, M. (1995a). "Foreword", en Strathern (ed.) *Shifting Contexts. Transformations in Anthropological Knowledge*. Londres: Routledge.

_____. (1995b). "The Nice Thing about Culture Is that Everyone Has It", en Strathern (ed.), *Shifting Contexts. Transformations in Anthropological Knowledge*. Londres: Routledge.

Sumner, C. (1983). "Re-thinking Deviance: Towards a Sociology of Censures", en Spitzer (ed.) *Research in Law, Deviance and Social Control*, vol. 5. Greenwich: JAI Press, pp. 187-204.

Tabet, P. (1987). "Du don au tarif. Les relations sexuelles impliquant une compensation", *Les Temps Modernes*, vol. 42, núm. 490, pp. 1-53.

Tatafiore, R. (1986). "Le prostitute e le altre", *Memoria*, núm. 17, pp. 101-115.

Thomas, K. (1959). "The Double Standard", *Journal of the History of Ideas*, vol. 20, núm. 2, pp. 195-216.

Thompson, K. (1998). *Moral Panics*. Londres: Routledge.

Torres, C. (2014). "Trabajo sexual: los prejuicios de la ley", *Nexos*, núm. 441. Disponible en: http://www.nexos.com.mx/?p=22367

_____. (2016). "Ambigüedades y complejidades: la ley de trata con fines de explotación sexual y el no reconocimiento del trabajo sexual en México (2016)", Cátedra Extraordinaria "Trata de Personas", Universidad Nacional Autónoma de México.

Tyldum, G. y Brunovskis, A. (2005). "Describing the Unobserved: Methodological Challenges in Empirical Studies on Human Trafficking", *International Migration*, vol. 43, núms. 1-2, pp. 17-34.

UNFPA. (2013). "Modelo integral de intervención contra la trata sexual de mujeres y niños". ONU.

Uribe, P. (2013). Oficio número 939/13, México: Censida.

_____, Hernández, M., De Zalduondo, B., Lamas, M., Hernández, G., Chávez Peón F. y Sepúlveda J. (1991). "HIV Spreading and Prevention Strategies among Female Prostitutes", *Seventh International Conference on AIDS*; Abstract WC3135, p. 2.

_____ y Panebianco, S. (1997). "Situación de la mujer mexicana ante la infección por VIH/SIDA", en Rico, Vandales, Allen y Liguori (eds.), *Situación de las mujeres y el VIH/SIDA en América Latina*. México: Instituto Nacional de Salud Pública.

Vance, C. S. (1984). "Pleasure and Danger: Towards a Politics of Sexuality", en Vance (ed.), *Pleasure and Danger: Exploring Female Sexuality*. Boston: Routledge/Paul Kegan.

_____. (1992). "More Danger, More Pleasure: A Decade after the Barnard Sexuality Conference", en Vance (ed.), *Pleasure and Danger: Exploring Female Sexuality*. Londres: Pandora Press.

_____ (ed.). (1984). *Pleasure and Danger: Exploring Female Sexuality*. Boston: Routledge/Paul Kegan.

Vanwesenbeeck, I. (2001) "Another Decade of Social Scientific Work on Sex Work: A Review of Research 1990-2000", *Annual Review of Sex Research* vol. 12, núm 1, pp. 242-289. Disponible en: http://bit.ly/1VX1JW2

Vernant, J.-P. (1983). *Mito y pensamiento en la Grecia antigua*. Barcelona: Ariel.

Voet, C. y Voet, R. (1998). *Feminism and Citizenship*. Londres: Sage.

Volnovich, J. C. (2010). *Ir de putas. Reflexiones acerca de los clientes de la prostitución*. Buenos Aires: Topía.

Wacquant, L. (2013). *Castigar a los pobres. El gobierno neoliberal de la inseguridad social*, Barcelona: Gedisa.

Wagner, D. (1997). *The New Temperance: The American Obsession with Sin and Vice*. Colorado: Westview Press.

Weeks, J. (1985). *Sexuality and Its Discontents. Meanings, Myths, and Modern Sexualities*. Londres: Routledge.

_____. (1998). *Sexualidad*. México: PUEG, UNAM/Paidós.

Weitzer, R. (2005). "Flawed Theory and Method in Studies of Prostitution", *Violence Against Women*, vol. 11, núm. 7, pp. 934-949.

_____. (2007). "The Social Construction of Sex Trafficking: Ideology and Institutionalization of a Moral Crusade", *Politics and Society*, vol. 35, núm. 3, pp. 447-475.

_____. (2009). "Sociology of Sex Work", *Annual Review of Sociology*, vol. 35, pp. 213-234.

_____. (2010), "The Mythology of Prostitution: Advocacy Research and Public Policy", *Sexuality Research and Social Policy*, vol. 7, núm. 1, pp. 15-29.

_____. (2012). *Legalizing Prostitution. From Illicit Vice to Lawful Business*. Nueva York: New York University Press.

_____. (2014). "El movimiento para criminalizar el trabajo sexual en Estados Unidos", *debate feminista*, vol. 50, pp. 187-219.

Welldon, E. (1993). *Madre, virgen, puta. Idealización y denigración de la maternidad*. Madrid: Siglo XXI de España Editores.

Widdows, H. (2013). "Rejecting the Choice Paradigm: Rethinking the Ethical Framework in Prostitution and Egg Sale Debates", en Madhok, Phillips y Wilson (eds.), *Gender, Agency and Coercion*. Londres: Palgrave, Macmillan.

Worthman, C. M. (1999). "Faster, Farther, Higher: Biology and the Discourses on Human Sexuality", en Suggs y Miracle (comps.), *Culture, Biology and Sexuality*. Georgia: The University of Georgia Press.

Young, J. (2009) "Moral Panic: Its Origins in Resistence, Ressentiment and the Translation of Fantasy into Reality", *British Journal of Criminology*, vol. 49, núm 1, pp. 4-16.

Zelizer, V. (2009). *La negociación de la intimidad*. Buenos Aires, FCE.

ÍNDICE ANALÍTICO

abolicionismo, 25, 36, 120, 121, 133, 135, 137, 139, 141, 143, 145, 147, 149, 151-154, 159
aborto, 70, 161
activismo, 13, 17, 40, 59, 70, 128, 133, 135, 137, 139, 141, 143, 145, 147, 149, 150, 161, 163
actuación profunda, 165
Adela (activista), 17, 67, 68, 70, 71
Aguilar Camín, Héctor, 200
Agustín, Laura, 192, 221 n. 11
ahuianime. Véase alegres y alegradoras
AIDS and Reproductive Health Network, 45
Albores, Roberto, 49
alcohol, 80, 99, 120
    Véase también drogas
alegres y alegradoras, 21-23
Alemania, 29, 126, 127, 158
Alianza Global contra la Trata de Mujeres, 193, 219 n. 12
Álvarez Icaza, Emilio, 40, 215 n. 28
ambiente, el, 26, 33, 35, 41, 43, 44, 47, 48, 50-52, 56, 58-60, 64, 67, 71, 74, 136
Ambigüedades y complejidades; la ley de trata con fines de explotación sexual, 151, 199
Amnistía Internacional (AI), 193-195
amparo. *Véase* juicios
Anti-Slavery International, 193
aplanadora antitráfico, 155
Argentina, 193
argumentos biologicistas, 111
Aristegui, Carmen, 142
Asamblea de Representantes del Distrito Federal, 25, 34
asilo, 67, 68
Asociación de Meretrices Profesionales del Uruguay (Amepu), 30

Asociación de Mujeres Meretrices de la Argentina (Ammar), 30
Asociación de Mujeres Trabajadoras Autónomas, 30
Asociación Internacional de Trabajadoras del Sexo, 35
Aspasie, 29
Australia, 158
Austria, 29, 126
autoengaño, 62, 63, 123

bailarinas, 147, 148, 172
Barreda Solórzano, Luis de la, 40
Barry, Kathleen, 37, 38, 133
Bautista Rebollar, Juana Camila, 144, 145
Beauvoir, Simone de, 27
Bélgica, 126
Berger, Bennet, 208
Bernstein, Elizabeth, 136, 155, 166, 167
beso en la boca, 170
Bouamama, Saïd
    cuatro determinantes de insatisfacción, 119
    elementos disparadores del clientelismo, 120
    perfil del cliente, 118
Bourdieu, Pierre
    campo, 207
    habitus, 21, 184, 210
    revolución simbólica, 159
    violencia simbólica, 104
Brasil, 30, 131
Brigada Callejera, 12, 17, 41, 71, 138, 141, 143, 144, 146, 147, 158, 186, 207
Brigada Callejera en Apoyo a la Mujer Elisa Martínez, A.C., 141
buenas costumbres, 108

Bumiller, Kristin, 156
burdel, 20, 21, 23, 31, 115, 118, 127, 128, 131, 195, 218 n. 3
Butler, Josephine, 36, 37, 122

Cabezas, Amalia Lucía, 54
Cacho, Lydia, 136
Calderón, Felipe, 146, 151
call girls, 65, 154, 170
Call Off Your Old Tired Ethics (COYOTE), 26
calle
    como lugar de trabajo, 78
    desplazamiento por la gentrificación, 25, 147, 184, 185
    Véase también noche
Camacho Solís, Manuel, 45
Canadá, 29, 130
Canadian Organization for the Rights of Prostitutes (CORP), 29
cantantes de ópera, 171, 172, 174
Cárdenas, Lázaro, 25, 197
Cáritas, 36
Carmen (líder de ancianas), 68
carta de las prostitutas de Lyon, 27, 28
Casa de las Mercedes, 36, 54, 67
casa de mancebía, 23
Casa Xochiquetzal, 68, 105
casas de citas, 73
castidad, 20
Censida, 15, 146, 200, 214 n. 17
Centro Ambulatorio para la Prevención y Atención en sida e Infecciones de Transmisión Sexual (CAPASITS), 45
Centro de Atención Interdisciplinaria y Servicios (CAIS), 36, 40
Centro de Investigación y Docencia Económicas (CIDE), 108, 152
Centro Flora, 44, 45
Centro Internacional de Documentación sobre Prostitución, 29

Chapkis, Wendy, 165, 166
Chejter, Silvia, 123
chicas, 28, 33, 34, 47, 48, 50, 52, 54, 56-65, 67, 71, 73, 74, 78-80, 82, 83, 86, 88, 92, 94, 96, 98, 104, 105, 109, 116, 144, 167
Chile, 30
Ciudad de México, 12-14, 36, 43, 44, 52, 61, 71, 116, 138, 143, 154, 159, 185, 186, 200
clientelismo, 110, 119, 120, 131
clientes
    agresivos, 83, 136
    ancianos, 95
    borrachos, 58, 59
    experimentados, 87
    generosos, 136
    groseros, 101
    habituales, 62, 113
    ocasionales, 113
    peligrosos, 62
    primerizos, 88
    que lloran, 88
    selección de, 65
    sucios, 83
Clínica Especializada Condesa, 144
Coalición contra el Tráfico de Mujeres y Niñas en América Latina y el Caribe (CATWLAC), 136
Coalition Against Trafficking in Women (CATW), 37, 219 n. 5
Código Sanitario de los Estados Unidos Mexicanos, 24
coerción, 11, 15, 16, 24, 194, 203, 215 n. 27
Colimoro, Claudia, 25, 32, 33, 41, 44, 47, 51, 54, 55, 61
Colombia
    resolución de la Corte Constitucional, 131
comercio sexual, 12, 15, 37, 38, 71, 85,

127, 134, 135, 149, 153-155, 157, 179, 184, 194

Comisión de Derechos Humanos del Distrito Federal (CDHDF), 36, 40

Comisión de Violencia contra las Mujeres, 125

Comisión Europea, 126

Comitato Per I Diritti Civili Delle Prostitute, 29, 129

compraventa de servicios sexuales, 198, 203, 209

conciencia política, 35, 43

condón
como fetiche, 62
como indicio judicial, 32, 200
negociación del, 45, 46, 48, 51
resistencia al, 48, 60
uso del, 30, 45

connotación, de un espacio
femenina, 190
masculina, 190

Consejo Nacional de Prevención y Control del Sida (Conasida), 31-33, 35, 44-46, 50, 71

contrato
matrimonial, 19
sexual, 38

control
de las autoridades, 33, 34, 36, 50, 145, 146, 203
de los padrotes, 15, 61, 66
de las representantes, 45, 49, 61, 65, 99
sanitario, 23-25, 107, 109, 127, 144-146
territorial, 61

Cooperativa de Trabadoras Sexuales Mujeres Libres, 138

Cooperativa de Trabajadores Sexuales Ángeles en Búsqueda de la Libertad, S.C., 138

Costa Rica, 30, 131

credenciales de trabajador no asalariado, 138, 195

criminalización
de clientes, 14, 107-131
del comercio sexual, 179
de proxenetas, 125
de trabajadoras sexuales, 14, 43, 194, 195

cruzada moralista, 134

Cuba, 131

cuerpo, 11, 15, 95, 104, 107, 161, 163, 164, 167, 171, 180, 181, 192, 198, 208

Cuilotzin, 34

cultura, 20-22, 60, 72, 76, 123, 156, 172, 177, 182, 190-192, 205, 208, 209

D'Ancona, Hedy, 38

Dávalos López, Enrique, 21, 22, 189

Davida, 30

Davis, Nanette, 198

Day, Sophie, 150

De Rode Draad, 29

De Roze Draad, 29

debate feminista (revista), 144, 216 n. 11

Declaración Universal de Derechos Humanos, 37

derecho y moral, 108-110

derechos laborales, 11, 13, 14, 40, 131, 136, 138, 141, 142, 148, 157, 160, 164, 186, 187, 196, 199, 203, 204

desempleo, 19, 208

despojo
de clientes, 16, 86, 87
de empresarios, 148
de policías, 145

desquinte, 116

diferencias entre *tráfico* y *trata*, 120

Dinamarca, 126

dinero, 15, 19, 33, 48, 73-75, 80, 81, 84, 87, 92, 94, 98, 111, 118, 171, 197, 198, 207, 211

doble moral, 20, 44, 109, 180, 181, 189, 200, 202, 203, 208, 209
drogas
blandas, 80
clientes bajo influjo de, 83, 84

Echeverría Andrade, Bolívar, 161
Ecuador, 30, 131
Edad Media, 23
Encuentro Nacional de Sida y Participación Social, 32, 33, 43
enfermedades venéreas, 24, 26, 150
engaño
a la familia, 80
de los padrotes, 72
English Collective of Prostitutes, 29
España, 22, 23, 115, 126
Espinoza, María Antonieta, 32
Estados Unidos, 13, 24, 27, 29, 37, 45, 115, 134-136, 148, 151, 156, 158, 193, 207
estatus, 30, 66, 104, 176
estéticas, 31-33, 60, 64, 65, 130, 154
estigma, 15, 22, 30, 35, 44, 59, 61, 63, 77, 80, 82, 103, 146, 148, 158, 162, 164, 172, 176, 183, 191, 194, 203-207, 210, 213
Etiopía, 45
Europa, 29, 36, 120, 126
expansión del dominio, 133
explotación sexual, 13, 14, 125, 126, 129, 131, 133, 135, 144, 148, 149, 151-153, 155, 179, 193, 199
extorsión, 35, 68, 71, 138, 140, 144-147, 197, 207

fantasma de la puta mala, 113
Federación Abolicionista Internacional (IFA), 25, 27
Felipe, Liliana, 69
feminidad, 156, 164, 180, 181, 208, 210

feminismo, 11, 12, 26, 39, 44, 122, 124, 156, 157, 161, 162, 222, 225
Femministe in Rivolta, 39
femócratas, 131
Fideicomiso del Centro Histórico, 25, 185
Finlandia, 115, 126
Firestone, Shulamith, 72
Fondevila, Gustavo, 108-110
Fondo de Población de las Naciones Unidas (UNFPA), 148
Fox, Vicente, 146
francés (servicio adicional), 56, 101
Francia, 27-29, 118, 128
Franco, Jean, 17
Fraser, Nancy, 156, 157
Freud, Sigmund, 113, 114, 122, 191, 192, 209
amor por las mujeres fáciles, 113
objeto degradado, 113
nexo inconsciente, 133
frigidez como expresión cultural, 180
Fuller, Norma, 115
funcionarios delegacionales, 61
Fundación Hivos, 32
Fundación Margen, 30

Ganza, la, 55, 57
García Villegas Sánchez Cordero, Paula María, 137, 139, 199
Gauchet, Marcel, 209
género, 20, 21, 23, 26, 30, 64, 109, 143, 110, 172, 176, 177, 180, 198, 205, 208, 209
Género y Desarrollo A.C. (Gendes), 110, 217 n.3
gentrificación, 25, 147, 184, 185, 187, 214 n. 9
Giddens, Anthony, 111, 112, 205, 209
giros negros, 31
Giscard D'Estaing, Valéry, 28
Goded, Maya, 68

Goldman, Emma, 181, 182
González Rodríguez, Sergio, 21
gratuidad, en la actividad sexual, 19, 20, 172, 182, 202
Grecia, 126
guardería, 35, 40
Gutiérrez de la Torre, Cuauhtémoc, 142
Gutman, Matthew, 116, 117

habitus, 21, 184, 210
Hank González, Carlos, 25
Hernández Ávila, Mauricio, 45, 46, 48, 56
higienismo, 24
Hochschild, Arlie, 165
Holanda, 29, 115, 121, 126, 127, 158
hombres
    en general, 100, 101
    necesidad de, 100
hooker, 26, 162
Hospital de San Juan de Dios, 24, 213 n. 6
How Much (proyecto), 120, 217 n. 10
Huacuz, Guadalupe, 156
Human Rights Watch, 193
Humanos del mundo contra el sida, 32
Hydra, 29

Iglesia de Saint-Bonaventure, 27
inconsciente, 114
informantes
    Alicia, 51
    Bombón, 51
    Laura, 51
    Leti, 51
    Martha Silvia, 51
Inglaterra, 29, 36, 37
inspección sanitaria, 145
Institut de Formation des Agents de Recherches (IFAR), 118
Instituto de las Mujeres del D.F., 68

Instituto Nacional de las Mujeres (Inmujeres), 136, 137
Instituto Nacional de Salud Pública, 15, 144, 146, 217
International Abolitionist Federation (IAF), 37
International Committee for the Rights of Sexual Workers in Europe (ICRSE), 128
International Committee on Prostitutes' Rights (ICPR), 30, 38
intimidad
    ausencia de, 111
    defensa de, 167
    fingida, 165, 168
    opresiva, 170
    verdadera, 167
investigación, 12, 46, 51, 122
Irlanda, 29, 126
Islandia, 126
Italia, 29, 121, 126, 128

Jackson, Enrique, 31
Jaimes, Fernando, 32-34
Jessen, Liv, 211
Jóvenes Constructores de la Comunidad, 68
juicios
    de amparo, 138, 141, 159, 206
    legales, 108, 132, 138
    morales, 110

Kempadoo, Kamala, 13, 20, 54, 155, 179, 192

La Bandida, 25
La Malinche, 25
La Merced, 25, 50, 52, 67, 68, 179, 185
La Unión Única, 54
Lacan, Jacques, 192
Lancaster, Roger, 157, 204
Lees, Sue, 111
legalización, 11, 158, 175, 194, 195

Leite, Gabriela, 30
Leites, Edmund, 180
lenocinio, 16, 31, 56, 61, 108, 128, 131,
    146, 148, 151-154, 185, 195, 197, 199
León-Portilla, Miguel, 22
lesbianas, 26, 96
Lévi-Strauss, Claude, 55
Ley de Trata, 151-153, 157, 199
libertad
    de movimiento, 80, 179
    de trabajo, 15, 64, 65
    sexual, 163
libido, 107, 110, 112, 182, 184, 191
licencias. *Véase* credenciales de trabajador
    no asalariado
Liguori, Ana Luisa, 15, 17, 34, 151
limpieza
    social, 144, 185
    urbana, 25, 185
litigio jurídico, 12
López Austin, Alfredo, 22
López Obrador, Andrés Manuel, 68
Luxemburgo, 126

Madrid Romero, Elvira, 138
madrota, 32-34, 45, 47, 49, 54, 61, 69
Maldonado, Chaneca, 17
Månsson, Sven-Axel, 110
    complicidades masculinas según, 125
marca del género, 20
Marcha de las putas, 201, 202
Margarita (activista), 17, 67, 68, 70
María Antonieta (afectada de sida), 31, 32
marihuana, 80
masturbación
    a clientes, 111, 118
    chaqueteros y, 117
maternidad, 76, 77, 80, 180
Maximiliano (emperador), 23
medios de comunicación, 134, 149, 154

Mercado, Patricia, 137, 141
mercados nocivos, 177, 178
meseras, 81, 147, 149, 179
Messing, Ulrika, 125
metro Revolución, 12, 41, 67, 70, 71
Micher, Malú, 136
miedo
    a contagiarse de sida, 121
    a la policía, 58, 59, 145, 198
    a la violencia, 73
    a perder a los hijos, 81
Millet, Kate, 162, 163
modelo sueco. *Véase* Suecia
Moliner, María, 107
Mónaco, 126
monjas, 22
Monsiváis, Carlos, 21, 25, 30, 32, 45, 47, 49,
    52, 64
Montejo, Jaime, 17, 145
Montiel Torres, Óscar, 170
Morales Lechuga, Ignacio, 49
mordida, 58, 61
Moreno de los Arcos, Roberto, 22
Mouffe, Chantal, 159
Mouvement du Nid, 118, 120
móviles
    de crímenes sexuales, 147
    principales para la compra de sexo, 112
movimiento de *liberación de la mujer*, 161
Movimiento de Mujeres Unidas
    (Modemu), 30
mujer pública, 190
mujeres *decentes*, 103, 109, 112, 183, 202,
    206
Mujeres Unidas por la Salud (Musa), 34,
    54
multas, 61, 128, 129, 146
Multicenter Intervention Study on
    Commercial Sex Workers and HIV
    Transmission, 45

Museo de la Fama, 68

National Association for the Repeal of the Contagious Diseases Acts (LNA), 36
National Organization for Women (NOW), 26, 29
Nava, Carmen, 23
necesidades sexuales, 109, 111, 112, 120, 204
neoabolicionismo, 13, 14, 16, 17, 32, 36-38, 41, 54, 70, 110, 122-124, 131, 134, 136, 143, 148, 149, 151, 152, 155-159, 164, 179, 180, 186, 191, 193, 198, 200
New Democratic Coalition, 162
New Women Lawyers, 162
nexos (revista), 144
noche
    como ámbito de peligro, 190
    como atracción, 191
nombres de batalla, 44, 47
"No nos van a centavear" (himno), 69, 216 n. 11
Noruega, 115, 126, 193, 211
Novo, Salvador, 21
Nueva Zelanda, 158
Nussbaum, Martha
    estigmatización, prejuicios y estereotipos, conclusiones de, 171-173

objeto erótico, 113, 122
Observatorio Nacional del Trabajo Sexual en México, 145
ONU, 37, 122, 131, 135-137
ONUMujeres, 193
ONUsida, 15, 146, 193
Open Society Institution (OSI), 193
operativos, 11, 14, 143, 148, 196
    de rescate, 154
Organización Internacional del Trabajo (OIT), 193
Organización Mujer Libertad, 30

Organización Mundial de la Salud (OMS), 146, 193
Organización Nacional de Casas de .Acogida para Mujeres en Suecia (ROKS), 124
orgasmo
    llegar al, 94
    vender el, 166, 167
Ornelas, Gloria, 31, 33
Ortega, Gerardo (*la Mema*), 33

padrote, 15, 61, 66, 69, 72, 98, 99, 101, 130, 136, 142, 144, 146, 155, 170, 171
padrotismo, 56*
pánico
    moral, 149-151, 153, 155
    sexual, 157
parejas
    abandono de, 100
    desempleo de, 99
    violencia de, 16
París, 27, 28, 37
Parlamento Europeo, 38
Pateman, Carole, 38
pautas morales, 109
Perú, 115, 131
Poder Judicial de la Federación, 108
políticas públicas, 14, 16, 24, 134, 143, 179, 192, 198
poppers, 80
pornografía, 37, 39, 112, 118, 119
Portugal, 126
prescripciones culturales, 114
Priego, María Teresa, 17
Primeiro Encontro Nacional de Prostitutas, 30
Primer Congreso Mundial de Prostitutas, 29
primera guerra mundial, 37

Pro Centre, 211
Programa Universitario de Derechos
    Humanos de la UNAM, 144
Programa Universitario de Estudios
    de Género (PUEG), 17
proliferación de servicios, 20, 155
prostitución
    como pecado, 34, 205
    como vicio, 34
    connotaciones del término, 12, 190, 206
    masculina, 34
    prehispánica, 21, 184
    voluntaria, 44, 120, 152, 156, 180
    y feminismo, 11, 26, 39
    y tráfico, 38, 122, 136
prostituyentes, 110, 118, 131
Protocolo de Palermo, 37, 131, 135, 136,
    153
Provencio, Enrique, 68
psicoanálisis, 113, 122, 191, 192
pulsión, 192
puntos
    El Oro, 50, 55, 56, 60, 61, 65, 66, 71, 79,
        80, 83, 84, 96, 116
    La Merced, 25, 50, 52, 67, 68, 179, 185
    Libertad, 50
    Meave, 50
    puente de Insurgentes, 50, 52
    Querétaro, 50
    Sullivan, 48, 52
puta vieja, 105
putas honestas prehispánicas, 184

Quinta Alicia, 32

Radical Feminists, 162
Ramírez, Santiago, 75
Ramírez, Soledad, 32
rato (servicio), 56, 65, 118, 168, 170
Raymond, Janice, 158

razzias. Véase redadas
Reagan, Ronald, 134
Réal, Grisélidis, 27, 29
Red de Mujeres Trabajadoras Sexuales de
    Latinoamérica y el Caribe (RedTraSex),
    30
Red Latinoamericana y del Caribe contra
    la Trata de Personas (Redlac), 143
Red Mexicana de Trabajo Sexual, 30, 41,
    67, 71, 138, 143, 145, 159
redadas, 25, 27, 145, 148
Reglamento Gubernativo de Justicia Cívica
    para el Distrito Federal, 25
Reino Unido, 126, 129
relación simbiótica, 114
relaciones sexuales
    como representación de las jerarquías
        sociales, 19
remasculinización del Estado, 155
representantes, 25, 45, 48-50, 52, 61, 65, 69,
    99, 154
República Dominicana, 30
riesgos
    de contagio, 46
    del trabajo sexual, 35, 157, 194
    de violencia sexual, 191
    por clientes, 59, 64, 65, 126
    por ilegalidad, 39, 135, 197
Rodríguez, Jesusa, 67-69
Rumania, 121

sacerdotisas, 22, 189
sacrificio, 77
Sahagún, Bernardino de, 22, 189
San Francisco, 26
Sanguinetti, Michael, 201
Satz, Debra, 177, 178, 199
Saucedo, Irma, 156
Scoular, Jane, 150
Secretaría de Salud, 43, 45, 55

segunda guerra mundial, 37
Segundo Congreso Mundial de Prostitutas, 38
sentencias judiciales, 108
Sepúlveda Amor, Jaime, 31
Servicios Integrales para las Enfermedades de Transmisión Sexual (SIETS), 45
Sex Wars, 37, 161
sexualidad episódica, 111
sida. *Véase* VIH
sífilis, 25, 150
sindicalización, 40
Singer, Michael, 118
sistema IUS, 108
Smith, Adam, 171
socialización *sexuada y desigual*, 110
Sociedad Austriaca de Prostitutas, 29
"somos madres" (lema), 77
St. James, Margo, 26, 29, 163, 200
Suecia, 29, 110, 115, 121, 125
Suiza, 29, 115, 126
Suprema Corte de Justicia de la Nación, 108
Syndicat du Travail Sexuel (STRASS), 128

Tabet, Paola, 182, 204
Tailandia, 13, 29, 45
Taller de Periodismo Aquiles Baeza, 186
taloneo, 20
tarifas, 56
Tatafiore, Roberta, 181
The British, Continental and General Federation for the Abolition of the Government Regulation of Vice, 36
The Economist (revista), 129
The Feminists (organización), 162, 163
Torres, Claudia, 151-154, 199
trabajadoras sexuales, 11-14, 20, 30, 35, 43, 52, 105, 129, 145, 154, 155, 163, 179, 180, 207

trabajo emocional, 165, 166, 169, 170
trabajo sexual
    aliado en combate a trata, 13, 179
    componente emocional del, 166
    componente psicológico, 183
    concepto e interpretación del, 13, 111, 189
    condiciones laborales del, 197
    medio de emancipación, 179
    medio de movilidad social, 179
    tabla de salvación, 24, 179
Trafficking in Persons Report (informe), 158
tráfico de personas, 13, 40, 126, 134
trata de blancas, 37, 150
travestis, 33, 204

UNESCO, 27, 29
United States Agency for International Development (USAID), 128, 136
Universidad de Gotemburgo, 110
Universidad de York, 201
Uribe Zúñiga, Patricia, 17, 32, 44-46, 48, 200
Uruchurtu, Ernesto P., 25, 31, 185
Uruguay, 30, 131

Valenzuela, Minerva, 202
valer y cobrar (diferencia), 104
Vázquez Torres, Ignacio, 49
vejez, 12
    albergue para la, 105
    falta de trabajo en la, 105
Vélez, Fabio, 67
Venezuela, 131
Vernant, Jean-Pierre, 189-191
vestidas, 34, 64
víctimas
    consentimiento de las, 157, 205
    falsas, 51, 134, 137, 142, 148
VIH, 20, 30, 44, 46, 51, 64, 143, 144, 146, 193

Village Voice, The (semanario), 163
Villamil, Jenaro, 17
Vincent, Lyn, 162
violencia
    de la policía, 16, 27, 28, 59, 65, 86, 138, 145, 147
    de los clientes, 16, 83, 99, 126, 136, 146
    del sistema, 137, 148
    simbólica, 63, 104, 182, 205, 206, 208
Virgen María, 180
virilidad
    complicidades masculinas y, 125
    confirmación de, 112
    eyaculación precoz, 112
    incitación a mostrar, 120
    temor de impotencia y, 112
Voet, Rian, 186
Volnovich, Juan Carlos, 122

Wacquant, Loïc, 155
Weitzer, Ronald, 20, 133, 134, 136, 150, 151, 153, 156, 158
Welldon, Estela, 113, 114, 170
Whores, Housewives and Others (WHO), 26
Women's Forum on Prostitutes Rights, 29
Women's Organization for Equality (WOE), 39

XVII Encuentro Nacional de la Red Mexicana de Trabajo Sexual, 145

YouTube
    videos incriminatorios en, 146

Zamora, Bárbara, 138
Zelizer, Viviana, 141
zona roja, 25

Esta obra se imprimió y encuadernó
en el mes de enero de 2017,
en los talleres de Impregráfica Digital, S.A. de C.V.,
Av.Universidad 1330, Col. Del Carmen Coyoacán,
C.P. 04100, Coyoacán, Ciudad de México.